公路桥梁工程设计与施工建设

张东生　张洪波　郭亚辉　主编

吉林科学技术出版社

图书在版编目（CIP）数据

公路桥梁工程设计与施工建设 / 张东生，张洪波，郭亚辉主编 . -- 长春：吉林科学技术出版社，2023.5
ISBN 978-7-5744-0442-7

Ⅰ. ①公… Ⅱ. ①张… ②张… ③郭… Ⅲ. ①公路桥—桥梁施工—施工管理—研究 Ⅳ. ① U448.145.1

中国国家版本馆 CIP 数据核字 (2023) 第 105712 号

公路桥梁工程设计与施工建设

主　　编	张东生　张洪波　郭亚辉
出 版 人	宛　霞
责任编辑	程　程
封面设计	刘梦杳
制　　版	刘梦杳
幅面尺寸	185mm×260mm
开　　本	16
字　　数	385 千字
印　　张	19
印　　数	1–1500 册
版　　次	2023 年 5 月第 1 版
印　　次	2024 年 1 月第 1 次印刷

出　　版	吉林科学技术出版社
发　　行	吉林科学技术出版社
地　　址	长春市福祉大路5788号
邮　　编	130118
发行部电话/传真	0431-81629529 81629530 81629531
	81629532 81629533 81629534
储运部电话	0431-86059116
编辑部电话	0431-81629518
印　　刷	廊坊市印艺阁数字科技有限公司

书　　号	ISBN 978-7-5744-0442-7
定　　价	114.00元

版权所有　翻印必究　举报电话：0431-81629508

前言

随着我国经济的快速发展，建设已成为当今最具有活力的一个行业。综观全国，数以万计的高楼拔地而起；公路、铁路建设发展迅猛，成就斐然，纵横交错的公路网和铁路网不断延伸、完善，有力地推动着国民经济持续快速健康增长。

当前，建设工程的规模日益扩大，种类日益繁多，呈现出蓬勃发展的势头。对于整个建设行业来说，提高施工人员的技术水平和专业技能，可以有效地提高产品质量和社会效益。对于施工人员来说，提高自身的专业素质，特别是一些高技术含量的操作水平，可以大大提升劳动生产效率、降低劳动强度、加快工程进度、减少安全事故。因此，提高广大施工人员的专业技术水平，已成为当今建设行业的重中之重。

公路桥梁工程项目属于一次性工程，其特点是规模大、变动因素多、施工单位流动性强、行业竞争激烈，这些特性要求必须加大项目的管理工作，使公路桥梁工程施工企业按照项目管理要求设置施工组织机构，组建施工队伍，对工程项目实施过程组织。同时，又要保证工程进度、质量、劳动、机械、材料、成本、安全、环境、资料、竣工验收等方面能相互协调，并得到很好的控制，以保证项目顺利完成。同时，新技术、新工艺、新设备、新材料的不断涌现，对公路桥梁工程人员的要求越来越高。公路桥梁工程基层施工组织中的技术人员的业务水平和管理能力的高低，已经成为公路工程建设项目能否有序、高效、高质量完成的关键。

本书在编写过程中参考了大量的相关文献资料，借鉴、引用了诸多专家、学者和教师的研究成果，得到很多专家学者的支持和帮助，在此深表谢意。由于能力有限，时间仓促，虽极力丰富本书内容，力求著作完美无瑕，经多次修改，仍难免有不妥与遗漏之处，恳请专家和读者指正。

目录

第一章 公路平面设计 1
第一节 公路平面设计基础理论 1
第二节 直线、圆曲线与缓和曲线 4
第三节 平面线形设计 11
第四节 行车视距 15

第二章 公路立体交叉口设计 20
第一节 公路立体交叉口基础理论 20
第二节 公路立体交叉口规划 28
第三节 公路立体交叉口设计 33

第三章 道路路基设计 41
第一节 一般路基设计 41
第二节 路基边坡稳定性设计 61
第三节 挡土墙设计 69

第四章 道路路面设计 84
第一节 道路路面设计概述 84
第二节 沥青路面设计 92

  第三节 水泥路面设计 110

第五章 梁桥设计 132

  第一节 梁桥设计概述 132

  第二节 梁桥的一般构造及规定 141

  第三节 梁桥的总体设计 149

  第四节 简支梁桥的计算 156

第六章 拱桥的设计与构造 163

  第一节 拱桥总体布置与设计 163

  第二节 简单体系拱桥的构造 167

  第三节 拱式组合体系桥的设计与构造 178

第七章 公路基础施工技术 183

  第一节 路基施工技术 183

  第二节 路面施工技术 194

第八章 城市道路工程施工概述 212

  第一节 城市道路工程施工内容和基本要求 212

  第二节 城市道路施工开工准备 217

第九章 公路路面机械化施工准备 223

  第一节 公路路面结构组成 223

  第二节 公路路面机械化施工准备 224

  第三节 路面主要施工机械的合理选择与配置 229

  第四节 公路路基机械化施工 233

  第五节 公路路面基层机械化施工 238

目录

第十章 路基附属工程施工 ... 245
第一节 路基排水设施的施工 ... 245
第二节 路基防护工程的施工 ... 250
第三节 路基附属设施的施工 ... 261

第十一章 桥梁基础施工技术 ... 269
第一节 明挖扩大基础施工技术 ... 269
第二节 钻孔灌注桩基础施工技术 ... 277
第三节 沉井施工技术 ... 282
第四节 承台和系梁的施工技术 ... 286

结束语 ... 293

参考文献 ... 294

第一章 公路平面设计

第一节 公路平面设计基础理论

一、路线

道路是带状的三维空间结构实体，一般由线形、路基、路面、桥梁、涵洞、隧道和沿线设施等组成。道路中心线是一条空间曲线，它在水平上的投影称作路线的平面；沿路中线竖直剖切，再行展开就得到路线的纵断面；过路中线上任意一点的法向切面即为该点的横断面。道路的平面、纵断面和各个横断面都是道路的几何组成，路线设计是指确定路线的空间位置和各组成部分几何尺寸的工作。为了便于研究和设计，通常把它分解为路线的平面设计、纵断面设计和横断面设计。三者既需要分别进行设计，又需要综合考虑。

不论是公路还是城市道路，其路线位置的选定都会受到社会经济、自然地理和技术条件等多重因素制约。需要设计者在进行充分调查、掌握大量可靠资料的基础上，利用现行的技术标准和设计规范，结合当地的地形、地质和地物等条件，设计出一条经济、实用且与自然景观相协调的路线。道路平面设计就是在平面图上确定道路中线几何形状及尺寸的过程。

二、平面线形要素

现在道路是供汽车行驶的，在路线的平面设计中，应考察汽车行驶轨迹。只有当平面线形与这个轨迹相符合或相接近时，才能保证行车的舒适与安全，特别是在高速行驶的情况下，对行驶轨迹的研究更为重要。行驶中的汽车其导向轮旋转面与车身纵轴的夹角有下列三种情况，行驶轨迹线各不相同。

角度为零。汽车行驶轨迹线为直线。

角度为常数。汽车行驶轨迹线为圆曲线。

角度为变数。汽车行驶轨迹线为一种曲率半径逐渐变化的过渡缓和曲线。

现在道路平面线形就是由上述三种基本线形构成的，其既能适应地形变化又能符合汽车的行驶轨迹，被称为平面线形三要素。直线是最简单的平面线形，然而从道路的起点到终点之间往往不能用一条直线将其连接起来，由于受地形、地物等因素的制约，线路在平面上往往出现很多的转折，为了保证行车的安全性和平稳性，在转折处需要用圆曲线加以连接。如果圆曲线半径较小，就要进行曲率过渡，也即加设缓和曲线。三要素是道路平面线形最基本的组成，在道路上各要素所占比例难以量化规定，但只要各组成要素使用合理、组合得当，即可得到较为理想的平面线形。

低等级道路（如四级公路）上行车速度较低，为简化设计，也可以只是用直线和圆曲线两种线形要素，而不加设缓和曲线。现代一些高速公路也有只用曲线而不用直线的情况。

三、平面设计的基本要求

大量的观测研究表明，行驶中的汽车，其轨迹在几何性质上有以下特征：①轨迹连续。轨迹是连续的和圆滑的，即在任何一点上下不出现错头和破折。②曲率连续。其曲率是连续的，即轨迹上任一点不出现两个曲率值。③曲率变化连续。其曲率的变化率是连续的，即轨迹上任一点不出现两个曲率变化率值。

四、道路平面设计成果

（一）路线平面设计主要任务及成果

路线平面设计主要任务包括：①确定平面位置与线形、交点位置（里程桩号、交点间距、偏角或坐标等）。②确定平曲线半径及缓和曲线长度（参数A）。③平面线形设计（线形要素的组合）。④路线里程桩号计算及逐桩坐标计算。⑤平面视距的检查与保证措施。

道路平面设计的成果主要是图纸和表格。图纸主要有路线平面设计图、路线交叉设计图、道路平面布置图、纸上移线图（有移线时）等。表格主要有直线、曲线及转角表路线交点坐标表、逐桩坐标表、路线固定表、总里程及断链桩号表等。

第一章　公路平面设计

（二）直线、曲线及转角表

直线、曲线及转角表是道路设计的主要成果之一，它通过测角、中线丈量和平曲线设计之后获得。该表较为全面地反映了路线的平面位置和路线平面线形的各项技术指标，它含有绘制路线平面设计图的基础数据和基本资料，同时也为路线的纵断面设计、横断面设计和其他构造物设计提供数据。

直线、曲线及转角表应列出交点号、交点桩号、交点坐标、偏角、曲线各要素值、平曲线主要桩位、直线长、交点间距、计算方位角，备注路线起止点桩号、断链桩号、坐标系统等。

（三）路线平面设计图

道路路线平面图是指包括道路中线在内的有一定宽度的带状地形图。它是道路设计文件的重要组成部分，是其他项目设计的主要依据之一。该图全面、清晰地反映了道路的平面位置、路线高度、沿线人工构造物和工程设施的布置情况，以及道路与周围环境、地形、地物的关系。

1.公路平面图

（1）一般要求

一般路线平面图采用1∶2000的比例尺，地物较少的平原微丘区也可采用1∶5000的比例。

路线平面图应绘出沿线的地形、地物、标注出路线（路线的里程桩号、断链、平曲线要素及主要桩位）、水准点、大中桥、路线交叉、隧道、主要沿线设施的位置以及省、自治区、直辖市、县的分界线等。地形图的带宽一般为中线两侧各200~250m。

高等级公路常用的比例尺有1∶500和1∶1000，由于高等级公路测设标准高、路基宽度大、沿线设施齐全，除上述要求的标注以外，还应标出坐标格网、导线点、交点坐标表、桥涵、沿线排水系统和主要设施的布置等，以及标明路中线、中央分割带、路基边线坡脚（或坡顶）及主要曲线的桩位。

地形图的带宽一般为中线两侧各100~200m，若有比较线，应将比较线包括进去。公路路线平面图幅一般采用A3幅面。

（2）路线平面图的绘制方法

导线展绘。一般采用正切法，切线边长按比例绘出，偏角按正切法绘出，即取

10cm作为横坐标，用偏角的正切值乘以10cm作为纵坐标确定偏角方向。路线导线宜布置在图幅中央位置，每页起、终点宜位于同一条水平线上。路线一律按前进方向从左至右画，在每张图的拼接处画出接图线。在图的右上角注明共×张、第×张。

平曲线敷设。一般采用切线支距法绘出平曲线上一定间隔的点，并以光滑曲线连接。曲线主点按其测设方法绘出。

等高线绘制。实测时按观测点构成三角网，在网边线上内插等高线。由其他地形图复制时，按一定间隔（如50m）的桩号沿横断面方向测量等高线的间距，并复制到平面图上。

控制点、各种构造物的测绘。各种比例尺的地形图均应按比例原位展绘各等级三角点、导线点、图根点、水准点等，并用规定的符号表示。

水系及其附属物、植被、地物等的测绘。地形图上应原位标绘出河网水系，河流、水沟等应注明水流流向；各种植被按地段分别用专门的符号表示；各地物按比例尺原位绘出。

2.城市道路平面图

城市道路相对于公路，长度较短而宽度较宽，绘图比例尺一般选用1∶500～1∶1000。绘图的范围根据道路等级而定，等级越高范围越大。通常在道路两侧红线以外各20～50m，或中线两侧各50～150m。城市道路平面图应标明路中心线，远、近期的规划红线，车行道线，人行道线，停车场，绿带，交通岛，人行横道线，沿街建筑物出入口，各种地上杆线和地下管线的走向，雨水口，窨井等，标注交叉口及沿线的里程桩。弯道和交叉口处还应注明曲线要素、交叉口侧石的转弯半径等。

第二节 直线、圆曲线与缓和曲线

一、直线

（一）直线的特点

作为平面线形要素之一的直线，在公路和城市道路中的使用最为广泛，当地势平坦、地物障碍较小时，定线人员往往首先考虑使用直线线形通过。这是因为两点之间的连接长度直线最短；汽车在直线上行驶时受力简单、方向明确、驾驶操作容易；同时路线测设简单、方便。基于直线的上述优点，其在各种等级的公路线形中都占有重要的地位。

直线线形也有其缺点：直线线形灵活性差，难以与地形、地物等周围的环境相协调；过长的直线易使驾驶人员感到单调、疲倦、注意力难以集中；直线路段上难以准确目测车辆之间的距离；长直线容易导致高速行车，引发交通事故等。

（二）直线的运用

直线的运用应注意同地形、环境的协调与配合。采用直线线形时，其长度不宜过长。

1.适宜采用直线的路段

为了更好地与环境相协调、节约耕地和工程造价以及保证必要的视距条件，通常情况下平面线形适宜采用直线的地段有：①农田、河渠规整的平坦地区、城镇近郊规划等以直线条为主体时，宜采用直线线形。②特长、长隧道或结构特殊的桥梁等构造物所处的路段宜采用直线线形。③路线交叉点前后的路段宜采用直线线形。④双车道公路为超车所提供的路段宜采用直线线形。

2.长直线路段的注意事项

在平面线形设计中，当采用了长直线时，应结合沿线的具体情况采取相应的技术措施，以弥补景观单调的缺陷，并需要注意以下事项：①长直线上纵坡不宜过大，因为长直线与陡坡相重合的路段容易导致下坡方向的高速行驶。②长直线下坡方向的尽头平曲线半径应尽量大一些，以保证线形的连续性，除了保证曲线超高、视距等符合相应的规定外，还必须采取设置标志，增加路面抗滑能力等必要的安全措施。③为了缓和长直线带来的呆板效果，以长直线与大半径凹形竖曲线组合为宜。④道路两侧地形过于空旷时，宜采取种植不同的植被或设置建筑物、雕塑、广告牌等各种措施，以改善单调的景观。

3.直线长度的限制

（1）直线的最大长度

我国地域辽阔，各地区的地形条件差异非常大，很难统一规定直线的最大长度。我国现行公路设计规范没有明确规定最大值，只是笼统地提出直线的长度不宜过长，受地形条件或其他特殊情况限制而采用长直线时，应结合沿线具体情况采取相应的技术措施。

（2）直线的最短长度

为了保证行车安全，相邻两圆曲线间以直线径相连接时，直线的长度不宜过短。这个直线长度是指前一曲线的终点到后一曲线起点之间的长度。

二、圆曲线

（一）圆曲线的几何要素

圆曲线也是道路平面设计中常用的线形之一，各级公路和城市道路不论转角大小，在转折处均应设置平曲线，圆曲线是平曲线的主要组成部分。圆曲线具有易与地形相适应、可循性好、线形美观、易于测设等优点，故应用十分广泛。

圆曲线的几何要素如下。

切线长：

$$T = R \cdot \tan\frac{\alpha}{2} \tag{1-1}$$

曲线长：

$$L = \frac{\pi}{180}\alpha R \tag{1-2}$$

外距：

$$E = R\left(\sec\frac{\alpha}{2} - 1\right) \tag{1-3}$$

校正值：

$$J = 2T - L \tag{1-4}$$

式中：T——切线长，m；

L——曲线长，m；

E——外距，m

J——校正值（或称切曲差），m；

R——圆曲线半径，m；

α——转角，（°）。

（二）圆曲线半径

半径是圆曲线最重要的技术指标，选定了半径，圆的大小和曲率就确定了。行驶在曲线上的汽车由于受到离心力作用，其稳定性和安全性受到影响，而离心力的大小又与曲线半径密切相关，半径越小所受的离心力越大。所以，在选择平曲线半径时应尽可能采用较大的值，只有在地形或其他条件受到限制时，才使用较小的曲线半径。为了保证行车的安全与舒适，《公路工程技术标准》规定了圆曲线半径在不同情况下的最小值。

1.圆曲线最小半径的计算

圆曲线的最小半径包括极限最小半径、一般最小半径和不设超高的最小半径。

（1）极限最小半径的计算

极限最小半径是指各级公路对按设计速度行驶的车辆，能保证其安全行车的最小允许半径。它是圆曲线半径允许采用的极限最小值，只有当地形条件特殊困难或受其他条件严格限制时，方可采用。

（2）一般最小半径

一般最小半径是指通常情况下各级公路对按设计速度行驶的车辆，能保证其安全性和舒适性行车的推荐采用的最小半径。它是一般情况下或地形条件限制时，采用的低限值。

圆曲线的最小半径，既考虑汽车在这种半径的曲线上以设计速度或以接近设计速度行驶时有一定的舒适感，又注意到在地形比较复杂的情况下不会过多地增加工程量。

（3）不设超高的最小半径

当平曲线半径较大时，离心力影响将变得非常小，仅有路面的摩阻力就可以保证汽车有足够的稳定性，此时就不需要设置超高，而是在道路横向上设置与直线段上相应的双向横坡形式。

2.圆曲线的最大半径

选用圆曲线半径时，在地形、地物等条件允许时，应尽量采用较大曲线半径。但是，当半径大到一定程度时，其几何性质与直线区别不大，而且容易给驾驶人员造成判断上的错误，带来不良后果。因此，《城市道路工程设计规范》规定圆曲线的最大半径不宜超过10000m。

3.圆曲线半径的运用

圆曲线能较好地适应地形的变化，并可以获得圆滑的线形。设置圆曲线时应与地形相适应，宜尽量采用较大曲线半径，以优化线形和改善行车条件。确定圆曲线半径时，应注意以下几点：①在条件许可时，争取选用不设超高的圆曲线半径。②在一般情况下，以采用超高为2%~4%的圆曲线半径为宜。③条件受限制时，可采用大于或接近于圆曲线最小半径的一般值；地形条件特殊而不得已时，方可采用圆曲线最小半径的极限值。④设置圆曲线时，应同相衔接路段的平、纵线形要素相协调，使之构成连续、均衡的曲线线形，并避免小半径圆曲线与陡坡相重合的线形。

三、缓和曲线

缓和曲线是道路平面线形要素之一，它是设置在直线与圆曲线之间或两个圆曲线之间的曲率半径逐渐变化的线形。《公路工程技术标准》规定，除四级公路可不设缓和曲线外，其余各级公路在其半径小于不设超高的最小半径时都应设置缓和曲线。在高速公路和城市道路上，缓和曲线均得到广泛的应用。

（一）缓和曲线的作用与线形

1.缓和曲线的作用

（1）曲率逐渐变化，便于驾驶操作

当汽车从直线进入圆曲线时，司机应逐渐地改变前轮转向角，使其适应圆曲线的需要，前轮的转向是在进入圆曲线前的路段范围内逐渐完成的。直线上的曲率半径为无穷大，曲率为零；圆曲线上的半径为一定值R，曲率为$1/R$。若两种线形径相衔接，则在连接处构成了曲率的突变点，尤其是当半径较小时，这种变化就更加突然和明显。若汽车高速驶过该点附近，汽车很可能超越原来的车道驶出一条很长的过渡性的轨迹线。从安全和易于驾驶的角度出发，非常有必要设置一条曲率逐渐变化的曲线，以符合汽车的行驶轨迹。

（2）离心加速度逐渐变化，消除了离心力突变

汽车行驶在直线段上时没有离心力影响，而在圆曲线上会受到离心力的作用，并且离心力的大小与曲线的曲率成正比。汽车由直线驶入圆曲线或由圆曲线驶入直线，离心力是突然产生或消失的，这对行车的安全性和舒适性非常不利。离心力从无到有、从小到大应该是逐渐变化的，所以应在直线与细曲线之间或半径不同的两圆曲线之间设置一条过渡性的曲线以缓和离心加速度的变化。

（3）为设置超高和加宽提供过渡段

为了保证线形的顺畅、避免或减少转折的出现，当弯道上需要设置超高或加宽

时，应在缓和曲线内完成超高或加宽的渐变过程，为此，缓和曲线的长度应满足设置超高或加宽缓和段长度的需要。

（4）与圆曲线配合得当，美化线形

圆曲线与直线径相连接，在连接处曲率突变，视觉效果差，产生折点和扭曲现象，加设缓和曲线以后，曲率渐变，线形连续圆滑，增加线形的美观程度。同时，能产生良好的视觉效果和心理感受。

2.缓和曲线的形式

（1）缓和曲线的线形要求

从缓和曲线的作用可以看出，其应满足汽车从直线逐渐驶入圆曲线的行驶轨迹，只有满足汽车由直线进入圆曲线行驶轨迹的线形，才可以作为缓和曲线使用。

（2）回旋线作为缓和曲线

回旋线是曲率随着曲线长度的增加而成正比例增大的线形。回旋线符合汽车匀速从直线进入圆曲线（或从圆曲线进入直线）的行驶轨迹，可以满足缓和曲线的线形要求。

3.其他形式的缓和曲线

除了回旋线可以作为缓和曲线外，高次抛物线（n≥3）和双纽线等其他线形也能满足缓和曲线的需要。回旋线、三次抛物线和双纽线在极角较小时的区别非常小，但随着极角的增大，回旋线的曲率半径减小得最快，而三次抛物线的曲率半径减小得最慢。

（二）缓和曲线的最小长度

为使车辆在缓和曲线上安全平稳地完成曲率的过渡与变化，保证线形顺适美观，同时为在圆曲线上设置的超高和加宽提供过渡段，应规定缓和曲线的最小长度。该值的大小需要考虑以下因素。

1.离心加速度的变化率

以速度 v 匀速行驶在缓和曲线上的汽车，其离心加速度将随着缓和曲线的变化而变化，若变化得过快，将使乘客有不适的感觉。

离心加速度 a 为：

$$a = \frac{v^2}{R} \tag{1-5}$$

离心加速度的变化率 a_s 为：

$$a_s = \frac{a}{t} = \frac{v^2}{Rt} \qquad (1-6)$$

式中：v——汽车行驶速度，m/s；

t——汽车在缓和曲线上的行驶时间，s；

R——圆曲线半径，m。

在等速行驶的情况下，$t = \frac{L_S}{v}$，故有：

$$a_s = \frac{v^3}{RL_S} \qquad (1-7)$$

从行车舒适的角度出发，取一个保证乘客舒适的最大的a_s可得到在一定的车速和一定圆曲线半径下的最短缓和曲线长度，此时的a_s称作缓和系数。铁路上取值$a_s \leq 0.3 \text{m/s}^3$，参考这一规定，公路上取值$a_s \leq 0.6 \text{m/s}^3$。

由此可推出缓和曲线的最小长度（经验公式）为：

$$L_{S,\min} = \frac{v^3}{a_s R} = 0.036 \frac{V^3}{R} \qquad (1-8)$$

式中：v——汽车的行驶速度，km/h。

设计中可根据实际情况选用不同的a_s值。设计车速较高的道路取较小值，设计车速较低的道路取较大值；平原区取较小值，山岭区取较大值；直通路取较小值，交叉口取较大值。

2.驾驶员的操作及反应时间

在汽车从直线进入圆曲线的转向行驶过程中，驾驶员需要逐渐把方向盘转动一个角度，这一操作过程需要一定的时间，也就是不能因为车辆在缓和曲线上的行驶时间过短而使司机驾驶操作过于匆忙。一般认为汽车在缓和曲线上的行驶时间至少应有3s，于是得到：

$$L_{S,\min} = vt = \frac{V}{3.6} \times 3 = \frac{V}{1.2} \qquad (1-9)$$

3.超高渐变率

由于在缓和曲线上设置有超高缓和段，而且要求超高渐变是在缓和曲线全长范围内进行的，如果缓和段太短则会因路面急剧地由双坡变为单坡而形成一种扭曲的面，对行车和路容均不利。

在超高过渡段上，路面外侧逐渐抬高，从而形成一个附加坡度，当圆曲线上的超高值一定时，这个附加坡度就取决于缓和段的长度，被称作超高渐变率。超高渐变率太大不利于行车，太小又对排水不利。

第三节　平面线形设计

公路线形是三维立体线形。线形设计应做好公路平面、纵断面、横断面三者间的组合，并同自然环境相协调。线形设计除应符合行驶力学要求外，还应考虑用路者的视觉、心理与生理方面的要求，以提高汽车行驶的安全性、舒适性与经济性。线形设计的要求与内容应随公路功能和设计速度的不同而各有侧重。

公路线形设计基本要求：①高速公路和县干线功能的二级公路，应注重立体线形设计，做到线形连续、指标均衡、视觉良好、景观协调、安全舒适。设计速度越高，线形设计组合所考虑的因素应越周全，以提高服务质量。②县集散功能的一二级公路，应根据混合交通情况确定公路横断面布置设计，并注重路线交叉等处的线形设计组合，以保障通视良好，行驶通畅、安全。③设计速度等于或小于40km/h的双车道公路，在保证行驶安全的前提下，应正确地运用线形要素的规定值（含最大、最小值），合理地组合各线形要素，或采取设置相应交通工程设施等技术措施，以充分发挥投资效益。

一、平面线形设计一般原则

平面线形应直捷、连续、均衡，并与地形、地物相适应，与周围环境相协调。在地势平坦开阔的平原区，路线直捷舒顺，在平面线形三要素中直线所占比例较大；而在地势有很大起伏的山岭区，路线多弯曲，曲线所占比例较大。如果在没有任何障碍物的开阔地区故意设置一些不必要的弯道，或者在高低起伏的山地硬拉长直线都将给人以不协调的感觉。路线与地形相适应，这既美化线形，也满足工程经济和保护生态环境的要求。直线、圆曲线、回旋线三种平面线形的选用与合理组合取决于地形、地物等具体条件，不应当片面强调路线应以直线为主或以曲线为主。

各级公路不论转角大小均应敷设曲线，并尽量选用较大的圆曲线半径。当公路转角过小时，应设法调整平面线形，当不得已而设置了小于7°的转角时，必须设置足够长的平曲线。

两同向曲线间应设有足够长度的直线，不得以短直线相连。否则，应调整线形，使之成为一条单曲线或复曲线，也可以运用回旋线组合成卵形、C形、复合形等曲线。

若在互相通视的同向平曲线间插以短直线，容易产生把直线和两端的曲线看成反向曲线的错觉，当直线过短时甚至会把两个曲线看作一个曲线，这种组合破坏了线形的连续性，容易造成驾驶员操作失误，设计中应尽量避免。通常的做法是将两曲线拉开，也就是限制中间直线的最短长度。《城市道路工程设计规范》规定同向曲线间的最短直线长度以不小于6V宜。否则，就干脆不插入直线段，而形成平面线间的组合线形。

两反向曲线间夹有直线段时，以设置不小于最小直线长度的直线段为宜。否则，应调整线形或运用回旋线而组合成S形平曲线。

在转向相反的两圆曲线之间，考虑到为设置超高和加宽缓和段的需要及驾驶人员转向操作的需要，宜设置一定长度的直线。《城市道路工程设计规范》规定反向曲线间最小直线长度（以m计）以不小于设计速度（以km/h计）的2倍为宜，即2V设计速度等于或小于40km/h的双车道公路，两相邻反向圆曲线无超高时可径相衔接，无超高有加宽时应设置长度不小于10m的加宽过渡段；两相邻反向圆曲线设有超高时，地形条件特殊困难路段的直线长度不得小于15m。

六车道及其以上的高速公路，同向或反向圆曲线间插入的直线长度还应符合路基外侧边缘超高过渡渐变率规定的要求。

曲线线形应特别注意技术指标的均衡性与连续性。为使一条公路上的车辆尽量以均匀的速度行驶，应注意各线形要素保持连续性。在设计时应注意长直线的尽头不能接小半径曲线。长直线和长的大半径曲线会导致较高的车速，若突然出现小半径曲线，可能因减速不及而造成事故。同时，要注意在高、低技术指标之间要有过渡。同一等级的公路或同一条公路按不同速度设计的各路段之间可能会遇到技术指标的变化。遇有这种情况时，除满足有关设计路段对长度和坡度的要求外，还应结合地形的变化，使路线的平面线形指标逐渐过渡，避免出现突变。

应避免连续急转弯的线形。设计速度等于或小于40km/h的双车道公路，应避免连续急弯的线形。连续急弯的线形给驾驶者造成不便，同时也给乘客的视觉、心理和舒适性等带来不良影响。地形条件特殊不得已而设置时，应在曲线间插入规定的直线长度或回旋线，以缓解这种频繁变化。

二、平面线形要素的组合与衔接

（一）直线与曲线的组合

直线与曲线在平面线形设计中往往是交替运用的，为保证线形设计质量，直线与曲线的组合与过渡应协调匀顺。平曲线的半径及其设计使用长度应与邻近的直线长度相适应。长直线容易导致高速行车，所以长直线的尽端应避免使用小半径的曲线，当直线长度$L>500$m时，宜有$R \geqslant 500$m；而较短的直线与小半径的平曲线连在一起，频繁转弯，会造成驾驶员操作紧张，此时的曲线不宜太小，当$L \leqslant 500$m时，宜有$R \geqslant L$。

直线和曲线组合得当，将提高道路线形设计质量和汽车行驶质量。良好的平面线形应保证其自身的协调及与周围环境的协调。

（二）曲线与曲线的组合

1.复曲线

复曲线是指半径不同的两同向圆曲线径相连接的组合。各级公路构成复曲线应符合的条件：

当小圆半径大于或等于"不设超高的最小半径时"。

小圆曲线按规定设置相当于最小回旋线长的回旋线时，其大圆与小圆的内移值之差不超过0.10m。

设计速度$V \geqslant 80$km/h时，大圆半径与小圆半径之比小于1.5。

设计速度$V < 80$km/h时，大圆半径与小圆半径之比小于2。

2.回头曲线

回头曲线是指转角接近、等于或大于180°的圆曲线。《城市道路工程设计规范》规定，越岭路线应利用地形自然展线，避免设置回头曲线。三、四级公路在自然展线无法争取需要的距离以克服高差，或因地形、地质条件所限不能采取自然展线时，可采用回头曲线。

回头曲线前后的线形应有连续性，两端以布设过渡性的曲线为宜，并设置限速标志，采取保证通行良好的技术措施等。这样，回头曲线一般由主曲线（回头曲线）和两个副曲线（过渡曲线）组成。主、副曲线均应设置规定长度的缓和曲线，长度应至少能够满足设置两相邻圆曲线的对应缓和曲线。

两相邻回头曲线之间，应有较长的距离。由一个回头曲线的终点至下一个回头曲线起点的距离，当设计速度为40km/h、30km/h、20km/h时，分别应不小于200m、

150m、100m。

（三）平面线形的组合

1.基本型

基本型是按直线—回旋线—圆曲线—回旋线—直线的顺序组合的线形。

基本型中的回旋线参数、圆曲线最小长度都应符合有关规定。两回旋线参数可以相等，构成对称基本型；也可以根据地形条件设计成非对称的曲线。

为使线形连续协调，回旋线—圆曲线—回旋线的长度以大致接近为宜，即三者长度之比接近1∶1∶1。

2.凸形

凸形是在两个同向回旋线间不插入圆曲线而径相衔接的组合。凸形曲线尽管在各衔接处的曲率是连续的，但因中间圆曲线的长度为0，给驾驶操作带来不便，所以凸形曲线只有在路线严格受地形限制，且对接点的曲率半径相当大时方可采用。凸形曲线应满足以下要求：①凸形曲线的回旋线参数及其对接点的曲率半径，应分别符合容许最小回旋参数和圆曲线最小半径的规定。②在对接点附近0.3V（以m计；其中V为设计速度，按km/h计）长度范围内，应保持以对接点的曲率半径确定的路拱横坡度。

3.复合曲线

两个以上同向回旋线间在曲率相等处相互连接的形式称为复合曲线。

复合曲线的两个回旋线参数之比以小于1.5为宜。

复合曲线在受地形条件限制，或互通式立体交叉的匝道设计中可采用。除此之外一般很少采用。

此外，还有S形、C形曲线等。

三、平曲线的最小长度

汽车在平曲线上行驶时，如果曲线太短，会使驾驶员操作频繁而紧张，这在高速行驶的情况下是非常危险的，同时也会给乘客带来不良影响。另外，如果公路转角过小，曲线可能就会很短，也容易形成不好的平面线形。因此，设置一定长度的平曲线是很有必要的。

（一）平曲线的最小长度

当条件受限时，为方便驾驶员在曲线上行驶时，不感到方向盘操作困难，按汽车

6s行程设置曲线。此时回旋线在曲率相等处直接连接，圆曲线长度等于0。平曲线的最小长度是由两段回旋线构成的。一般情况下平曲线应由两段回旋线与一段圆曲线组成，中间圆曲线也宜有一定的长度，以便于驾驶操作，且圆曲线与回旋线长度均不宜采用极限指标。

（二）公路转角小于7°时的平曲线长度

路线转角的大小反映了路线的舒顺程度，小一些好。但转角过小，即使设置了较大的半径也容易把曲线长看成比实际的要短，造成急转弯错觉。这种倾向转角越小越显著，以致造成驾驶者枉做减速转弯的操作。

当路线转角等于或小于7°时，应设置较长的平曲线。

第四节 行车视距

行车视距就是驾驶员在行驶过程中的通视距离。为了保证行车安全，驾驶员应能随时看到前方一定距离的公路及公路上的障碍物或迎面来车，以便及时刹车或绕过。汽车在这段时间内沿公路路面行驶的必要安全距离，就是行车视距。无论在道路的平面上或纵断面上，都应保证必要的行车视距。

一、行车视距的计算

根据通视要求不同，可将行车视距分为停车视距、会车视距和超车视距三种。

（一）停车视距

汽车在单车道或有明显分隔带的双车道上行驶时，如前方遇到障碍物或路面破坏处，而又不能驶入临近车道绕过该处时，只好采取制动措施，使汽车在障碍物前完全停住，以保证安全。因此，当驾驶员发现前方障碍物后，立即采取制动措施，汽车在障碍物前安全停下来所需要的最短距离，称为停车视距。

停车视距S_T（单位为m）由三部分组成。即：

$$S_T = S_1 + S_Z + S_0 \quad (1-10)$$

式中：S_1——司机反应时间内行驶的距离，m；

S_Z——司机开始制动到完全停止时行驶的距离，即制动距离，m；

S_0——安全距离，以保证汽车在障碍物前停车而不致冲到障碍物上，一般可取3～5m。

汽车驾驶员反应时间包括发现障碍物后反应判断的时间和制动生效的时间。前一时间与司机的机敏程度和障碍物的颜色、大小等有关；后一时间是指从开始制动到闸瓦完全抱死车轮，使车轮处于滑动状态的时间。目前美国和日本规定判断时间为1.5s，开始制动到制动生效时间为1.0s，则反应时间共计为2.5s。我国用1.2s。汽车在这一时间内所行驶的距离为：

$$S_1 = 1.2v = 1.2 \times \frac{V}{3.6} = \frac{V}{3} \quad (1-11)$$

制动距离 S_Z 取决于制动力和车速的大小，其计算公式可以表示为：

$$S_Z = \frac{KV^2}{254(\varphi \pm i)} \quad (1-12)$$

式中：V——计算行车速度，km/h；

K——制动系数，一般取1.2～1.4；

φ——纵向摩擦系数，一般按潮湿状态考虑；

i——路段的纵断面，上坡为正，下坡为负。

由上所述，停车视距的计算公式为：

$$S_T = S_1 + S_Z + S_0 = \frac{V}{3} + \frac{KV^2}{254(\varphi \pm i)} + S_0 \quad (1-13)$$

（二）会车视距

会车视距是指两对向行驶的汽车能在同一车道上及时刹车所必需的距离。会车视距（单位为m）由三部分组成：①在双方驾驶员反应时间和制动生效时间内，汽车所行驶的距离。②双方汽车的制动距离。③安全距离。

（三）超车视距

两辆机动车同向行驶，后车超越前车过程中从开始驶离原车道之处起至可见对向来车并能超车后安全驶回原车道所需的最短距离即为超车视距。同会车视距一样，超车车视距仅在二、三、四级公路设计中进行要求。

二、行车视距标准

我国《公路工程技术标准》对各级公路的行车视距进行了计算，设计中应满足相应的要求。行车视距的相关规定如下：①高速公路和一级公路应满足停车视距的要求。高速公路和一级公路均设置了中间带，没有对向行车，也就不存在同一车道上的会车问题；高速公路和一级公路均有4个以上的行车道，而且划有分车道线，没有专门的超车道，也不存在到对向车道超车问题。②二、三、四级公路，一般应满足会车视距的要求，其长度不应小于停车视距的2倍。受地形条件或其他特殊情况限制而采取分道行驶措施的地段，可采用停车视距。③二、三级公路和双车道四级公路，应根据需要，结合地形，间隔设置一定的具有超车视距的路段。根据现行的《城市道路工程设计规范》，具有干线功能的二级公路宜在3min的行驶时间内，提供一次满足超车视距要求的超车路段。其他双车道公路可根据情况间隔设置具有超车视距的路段。④高速公路、一级公路及大型车比例高的二、三级公路的下坡路段，应采用下坡段货车停车视距对相关路段进行检验。⑤积雪冰冻地区的停车视距宜适当增长。

三、平面视距的保证

汽车在弯道上行驶时，弯道内侧行车视线可能被树木、建筑物、路堑边坡或其他障碍物遮挡而使行车视距受到影响。因此，在路线设计时必须检查平曲线上的行车视距能否得到保证，如通过检查发现行车视距不能满足要求，则应清除视距区段内侧横净距内的障碍物或采取其他措施。

平曲线上的视距检查方法有两种：一是最大横净距法；二是视距包络图法。

（一）最大横净距法

1.基本概念

（1）驾驶员的视点位置

横向：距路面内缘（为加宽前）1.5m，或距路面中心线$\frac{B}{2}-1.5$m。

竖向：视线高为1.2m。

（2）视点轨迹线与视距线

驾驶员的眼睛位置（视点位置）沿路线移动所形成的轨迹线称为视点轨迹线。驾驶员视点轨迹线上长度等于行车视距的任意两点连线称为视距线。在视距线与视点轨迹线之间不应有任何障碍物，否则会遮挡视线，影响行车安全。

（3）横净距与最大横净距

横净距就是驾驶员视点轨迹线到视距线间的最大距离。在有曲线的路段上不同位置的横净距可能不相等。所有横净距中的最大值称为最大横净距。它一般出现在曲线顶点处或曲线定点附近的一段范围内。

2.视距的检查与保证

汽车在弯道上行驶时，弯道内侧行车视线可能被障碍物遮挡而影响行车视距。采用做大横净距法进行检查时，首先计算出该平曲线段的最大横净距，以此作为判别标准。在路线设计时必须检查平曲线上的视距能否得到保证，如遇遮挡时，必须清除视距区段内侧横净距内的障碍物。

（二）视距包络图法

视距包络图法就是在驾驶员的视点轨迹线上，每隔一定的距离绘出一系列的视距线，视距线相互交叉而形成的外边缘线作为清除障碍的界限的方法。

视距包络图的绘制步骤与方法：①按一定的比例尺绘出弯道平面图，绘出路基、路面边缘和路中心线，并根据路面宽度绘出驾驶员的视点轨迹线。②在视点轨迹线上按一定的距离进行量距分点。在轨迹线上从弯道两端相连的直线上距曲线的起点（或终点）为一个视距长S处开始，量距步长为S/n，进行布点。把起点定为0，然后用数字1，2，…，n连续编号，使相同两个号码间的轨迹线长度等于S，直到曲线结束后一个视距长S处为止。③分别用直线连接相邻近的、编号相同的各点，得到一系列的视距线。视距线相互交叉，形成一条外切边缘轮廓线——视距包络线。④根据中线上各中桩的位置，在其横断面方向上量出视点轨迹线到视距包络线距离，该值即为本断面上所需要的横净距值。

（三）保证行车视距的工程措施

1.清除障碍物

清除视距包络曲线与视点轨迹线间的全部障碍物。适用于连续障碍物的清除，如路堑边坡等。

清除距离视点轨迹线小于最大横净距的障碍物。适用于分散障碍物的清除，如独立建筑物等。

2.分道行驶

二、三、四级公路，受地形条件或其他特殊情况限制路段，若不能保证会车视距2倍的停车视距，则必须满足停车视距，同时应采用严格的分道行驶措施。如设分道线、分隔带、分隔桩，抑或设成两条分离的单车道。

第二章 公路立体交叉口设计

第一节 公路立体交叉口基础理论

一、道路立体交叉口理念与术语

（一）理念

在道路立体交叉的建设中造成追求"高""大""全""多"现象的原因是多方面的。重设计、轻规划、轻管理，致使道路立体交叉的规划、设计、管理"三脱离"便是其原因之一。全面、完整地贯彻执行"适用、经济、美观、环保"和"以人为本"的建设原则，研究推广系统、科学、可操作性强的技术指南，从主观和客观两个方面避免这种现象是工程技术界的迫切需要。帮助科技人员科学地规划、设计、管理和监控道路立体交叉，使其安全可靠、经济合理、技术先进，是我们的宗旨。

道路立体交叉口位于高速公路、城市快速路、交通性主干道与其他道路相交的部位，是道路中大量机动车、非机动车以及行人交通流分离、交会的转换点，是城市市政工程管线的集散处，是城市街道景观的节点。在我国，城市道路立体交叉与公路立体交叉是有很大区别的。由于我国城乡二元化现象比较突出，而且，在我国公路道路建设工程和城市道路建设工程是分属两个不同的政府部门主管的，加之道路立体交叉的建设理论在20世纪后期基本摆脱了苏联传统理论的束缚后，几乎全盘接受了城市化进程达到成熟阶段的国家，尤其是日本的理念，而这些国家的道路立体交叉的设计理念是基于"高速公路"而产生和发展的，所以比较适应于我国"公路"建设的特点，而缺乏基于"城市道路交通"方面的思考。"城市道路交通"不同于"公路道路交通"，尤其不同于"高速公路交通"，即便是"城市快速路交通"也与"高速公路交通"有很大不同。虽然它们在促使机动车交通快速、连续和流畅运行方面的作用是一致的，但城市道路立体交叉对行人交通、非机动车交通，尤其是公共交通以及立交周边城市建筑的功能特点和规模的特别关注却是不同于"公路道路交通"的，必须给予足够的重视。但是，道路立体交叉口总归是道路的组成部分，而无论是城市道路还是公路，它们的根本属性都是"道路"。体制的分割带来的种种技术误区与弊端必须克服，进而回归到统一的技术标准之中。

组织和协调汇聚、相交于道路交叉口的车流以及人流彼此的分离、汇合、交织、冲突，是道路交叉口道路规划、设计、管理的根本目标。其中，尤其重要和应受到特别重视的是，解决相互冲突的机动车车流的矛盾，解决人流、自行车交通与机动车交通之间的矛盾，为交通快速、畅通与安全创造条件。灯控平面交叉口是利用红绿色灯指挥、控制、管理交通，使相互冲突的交通流在时间上隔离开来的技术措施。而道路立体交叉则是利用上跨桥梁或下穿地道以及各种匝道，组织相互冲突与交织的车流、人流，使其在空间上分离开来的复杂的工程建筑物。位于建设区的道路立体交叉口像平面交叉口一样，在充分满足其交通功能要求的同时，要为建设区域各类市政管线的铺设创造有利条件，要为保护环境和创造街道景观服务，也要注意节省建设、维护和管理等费用，坚持社会效益、环境效益（包括环境保护和环境艺术）、经济效益相结合原则。

道路立体交叉的规划、设计、管理监控是互为关联的三个设计阶段，应统筹安排、互相关照，做到规划、设计、管理监控三结合。这就要求服务于上述三个不同部门、有着不同职务的科学技术人员和管理人员，不但要熟悉本领域的技术知识，如道路立交的设计知识，而且要熟悉另外两个领域的技术知识，即道路立交的规划知识与管理知识，但各自的侧重点可以不同。

道路立体交叉在解决好机动车交通组织的同时，还要解决好非机动车交通组织和行人交通组织，并且要为盲人、聋人过街创造良好的条件。要为"公交优先"在道路立体交叉范围内的实施创造条件，为合理布设公交停靠站、方便公交换乘创造条件，必要时甚至要考虑设计公交专用车道。这一点，在居住与公共建筑密集地区尤为重要。

道路立体交叉要依据相交道路的类型、等级、形式以及现状和规划用地要求进行合理规划、设计和管理监控，要充分满足近期和远期交通流向、流量的要求，还要注意选择适宜环境需要与经济能力的服务水平。避免机械地套用，拒绝贪大求洋，提倡因地制宜、实事求是、精心设计。必须坚持一座道路立体交叉口的规划、设计、管理所依据的根本是该交叉口的交通要求与交通流向、流量的客观需要。因此，要特别重视对它们的交通流向、流量进行预测，并留有余地。

（二）立体交叉概念与术语

道路立体交叉口的产生基于两种需求：一是相交道路的交通服务水平要求车辆快速连续通过；二是通过交叉口的交通量大于平面交叉口可能达到的通行能力。现代化的道路立体交叉口是社会经济发展的产物，是交通需求提高的产物，是科学技术进步的产物，在中国，则是当代改革开放的产物。道路立交规划设计是道路工程规划与设计中比较复杂的内容，甚至其中某些概念与术语也还需要进一步认识与统一。

1. 道路立体交叉

道路立体交叉是指通过设置桥梁、隧道等工程构筑物，将通过道路交叉口的全部或部分相互冲突、交织的机动车流以及非机动车流、行人交通在空间上分离开来的道路交通系统建筑，简称立交。

2. 车行立交桥

车行立交桥是指在道路立体交叉中专供机动车上跨通过的桥梁工程构造物。长度较大的车行立交桥也可称为高架桥。

3. 车行地下通道

车行地下通道是指在道路立体交叉中专供机动车下穿通过的隧道工程构筑物。

4. 人行天桥

人行天桥是指在道路上专供行人和自行车上跨通过的桥梁工程构造物。

5. 人行地道

人行地道是指在道路中专供行人和自行车下穿通过的隧道工程构造物。

6. 立交主线

立交主线是指通往道路立体交叉的相交道路，简称主线。

7. 立交匝道

立交匝道是指在道路立体交叉中专供转弯车辆从一条相交道路行驶到另一条相交道路的连接通道，简称匝道。

8. 减速车道

减速车道是指在道路立体交叉中专供转弯机动车辆驶出主线、进入匝道的减速连接段，一般由过渡段和减速段组成。

9.加速车道

加速车道是指在道路立体交叉中专供转弯机动车辆驶出匝道、进入主线的加速连接段，一般由加速段和过渡段组成。

减速车道和加速车道统称为变速车道。

10.匝道出口

匝道出口是指在道路立体交叉中专供转弯机动车辆驶出主线、进入匝道的部位，简称出口，一般指减速车道所在的位置。

11.匝道入口

匝道入口是指在道路立体交叉中专供转弯机动车辆驶出匝道、进入主线的部位，简称入口，一般指加速车道所在的位置。

12.分流、分流段

车辆从主线（有时也可从多车道匝道）的行进车流中驶离称为分流，供车辆分流的路段称为分流段或分流点，也可称为分岔段或分岔点。

13.合流、合流段

车辆汇入主线（有时也可汇入多车道匝道）车流称为合流，供车辆合流的路段称为合流段或合流点，也可称为交汇段或交汇点。

14.交织、交织段

在相邻车道上行驶的车辆穿插行驶到在本车道上行驶的车辆的另一侧的交换行进车道位置的全过程称为交织，完成车辆行驶交织全过程的路段称为交织段。

15.冲突、冲突点

在相交道路的交接部位，从不同方向驶来的车辆相互交叉后驶去另一不同道路方向称为交通冲突，发生交通冲突的交叉部位称为交通冲突点。

16.辅助车道

在道路立体交叉中，为保持主线基本车道数并满足分（合）流点车道平衡原则，以减少行驶车辆变速、合流、分流和交织时对主线车流的干扰，将分流点之前（或合流点之后）主线的车行道进行拓宽所形成的附加车道称为辅助车道。

17.集散车道

在道路立体交叉中，当相邻出入口间距不大而交通量较大时，为减少车流进出交织对主线车流的影响，将匝道出入口的车流与主线车流分开而设置的平行于主线车行道且与主线分离的附加车道称为集散车道。

18.立交最大通行能力

道路立体交叉各主线车道、匝道以及立交中的平面交叉口的设计通行能力的总和称为立交最大通行能力。

19.立交设计通行能力

当道路立体交叉的某一部位（例如某流向主线、交织段、匝道或匝道出入口等），或立交中的平面交叉口的交通量达到了它的设计通行能力时，该立体交叉所能通过的交通量称为立交设计通行能力。显然，立交设计通行能力可能小于立交最大通行能力，其差距随着通过立交的交通量在各部位的分布量与设计构成的不适应性的增加而加大。

需要说明的是，将道路立体交叉各主线车道、各匝道的设计通行能力之和作为该立交的"设计通行能力"为相当多的规划设计者所采用，这导致了针对某一具体路口看似具有很大的"设计通行能力"，但堵塞的现象却时有发生。这是因为通过道路立体交叉的机动车流量不仅在流量、流向上是不均匀的，而且还是随时间变化的，即具有所谓的"方向不均匀"与"时间不均匀"特点，在道路网络的外环路和通往市郊的放射状交通干道上尤为突出。这里定义的"立交设计通行能力"正是对此现象研究的成果。实际上，只有将具体立交的"设计通行能力"与通过立交的实际交通流向、流量结合起来分析才是合理的，也就是说，同样的一座立交，设计在具有不同流向、流量的交叉口时，它们的适应性和服务水平是不一样的。或者说，同样的立交，处于不同流向、流量的实际状态下，它的"设计通行能力"是不一样的。

二、道路立体交叉口类型与形式

（一）立交类型

将道路立体交叉按其机动车交通组织、管理特征划分为完全互通式立交、部分互通式立交、分离式立交以及带平面交叉式立交是基于对多年来在道路立体交叉工程建设中的经验与教训的科学总结。尤其是在我国被首次公开定义的"带平面交叉式立交"这种类别的"立交"在道路网中具有广泛的适用性，应该受到重视与推广。道路立体交叉最初产生于高速公路，而在我国，城市道路（包括城市快速路）上交通的特点与高速公路的并不完全相同。高速公路上只允许高速行驶的汽车通行，而在城市道路上，机动车的行驶速度有快有慢，不但有公交车通行，还有自行车、摩托车和行人通行，处于城市建设区的道路立体交叉口也必须考虑到这一系列交通方式。通常，应允许相交于交叉口处的道路上的左右转弯车流行驶,有时也可限制某些转弯车辆通行。从交通管理角度出发,我们将是否允许车流转弯和如何组织其在"立交匝道"上通行作为划定城市道路立交类型的条件。这种划定方法在公路立交、城市立交中同样都是适用的。按此原则,我们可以将道路立体交叉口划分为以下四类。

Ⅰ类:完全互通式道路立体交叉(简称完全互通式立交)。在完全互通式立交中,相交道路的左转与右转车流全部被允许通过立交匝道通行。这类立交当然应用得最为广泛,公认的世界第一座道路立体交叉口——四象限苜蓿叶式立体交叉即属此类立交。大量高速公路、快速路彼此之间的交叉,基本上都会选择这种类型的立体交叉,它们同交通性主干道相交叉的交叉口,也多采取这种类型。

Ⅱ类:部分互通式道路立体交叉(简称部分互通式立交)。在部分互通式立交中,相交道路的部分左转与右转车流被允许通过立交匝道通行,而另一部分则不被允许通行。其实,大量立交并非所有的左右转弯车辆都需要快速连续通过。其中有的转向车流量可能相当小,甚至没有车辆转向或不允许转向,有的则可能通往相交次要道路。这时,限制某些转向车流或组织它们在平面通过,便可能只有部分转弯车流通过立交匝道通过交叉口,而另外的转弯车流限制通行,或组织在平面上通过交叉口。

Ⅲ类:分离式道路立体交叉(简称分离式立交)。在分离式立交中,相交道路的左转与右转车流全部不被允许通行。这在路网中也是常见的,例如高速路、快速路与支路相交叉,甚至与交通量不大的次干道相交叉时,为了减少支路或次干道上转弯车流对立交主路交通的干扰,就可能选择分离式立交。

Ⅳ类:平面交叉上(或下)上跨(或下穿)式道路立体交叉(简称带平面交叉式立交)。在道路平面交叉口上(或下)设上跨高架桥(或下穿地道)供部分主线车流及部分转向车流通行。这类立体交叉也可称为主路上跨式立交桥下平面交叉口,或主路下穿式隧道上平面交叉口。这类带有立体交叉和平面交叉两种要素的道路交叉口应该在城市建设区里得到广泛应用。它既能保障立交主线交通或其他转弯交通的快速与连续通行,又照顾到了公交车、非机动车以及行人交通的方便。

人行天桥或人行地道是指专供自行车和行人通过交叉口的上跨式桥梁或下穿式隧道。人行天桥和人行地道可以同道路立体交叉建在一起,也可以单独建造,经交通预测和技术经济比较后决定。

(二)立交形式

立体交叉的形式是指它的平面构图或平面投影形状,它取决于左转匝道平面投影形式。实际上,设计道路立体交叉最重要和最困难的就是如何组织各相交道路的左转交通,因为左转车流不但与对向直行车流发生冲突,还与两边相邻路段的左转交通流发生冲突。

左转机动车先上跨(或下穿)跨过(或穿过)相交道路直行车流,然后按顺时针方向右转,再汇入相交道路实现左转,这是最常用的组织左转交通的方法,其优点是交通顺畅,通过连续右转实现左转,缺点是造成左转车辆绕行距离较长,同时需要较大的绕行空间。

左转机动车先右转驶离车流并与相交道路直行车流并行,然后按逆时针方向左转上跨(或下穿),跨过(或穿过)相交道路的直行车流,再汇入相交道路,实现左转。这种将左转车流引离交叉口中心,再在路段上跨越或穿越相交道路的方法造成的绕行距离同样较长,但占用空间不多。

左转机动车右转驶离车流后即按逆时针方向左转上跨(或下穿)跨过(或穿过)相交道路和本条道路的直行车流,再从右侧汇入相交道路实现左转。这种方法相当于组织左转车流绕环行驶,上跨或下穿通过交叉口。

左转机动车成锐角直接驶离车流并成锐角直接驶进相交道路实现左转。这种组织左转车流的方法简便,直接快速左转不绕行,很受欢迎,缺点是需要建造更多层的立交构筑物才能满足需求。

左转机动车遵照平面交叉的管理控制规则候驶或行驶。这种组织左转车流的方法适用于上述第Ⅳ类道路立体交叉。

按照上述前四种组织道路立体交叉各相交道路上左转机动车交通的方法,可以将左转匝道分为以下四种形式。

1.叶式左转匝道

按上述第一种方式组织左转机动车交通的匝道,围绕形成的平面如同苜蓿草的叶片一样,故称为叶式左转匝道。

2.蝶式左转匝道

按上述第二种方式组织左转机动车交通的匝道远离交叉口,再逆时针回转跨越或穿越相交道路,其张开的平面如同蝴蝶的翅膀,故称为蝶式左转匝道。

3.环形左转匝道

按上述第三种方式组织左转机动车交通绕环通过交叉口，其平面图形呈现圆环的形状，故称为环形左转匝道。

4.菱形左转匝道

按上述第四种方式组织左转机动车交通以锐角驶出道路并直接以锐角汇入相交道路的匝道称为菱形左转匝道。

道路立体交叉的设计要领是适应交通需求与客观环境，科学合理地组织左转机动车通行。经分析归纳，除了在道路交叉口平面内，利用时差解决左转车流与其对向和邻向的左转和直行车流的冲突外，在空间上解决这类冲突的手法基本上可以归纳为上面所列的四种方式，而与其相对应的匝道即为叶式、蝶式、环形和菱形四种左转匝道。道路立交规划设计的技巧和水平，也就体现在能否科学、合理地运用这四种形式的左转匝道，进行变形与组合，使得建设的立体交叉适应地形、环境与交通的特点，组织车辆流畅、快速通行，少占道路红线外用地，同时，降低工程造价。

通过以上分析，我们可以认为，道路立体交叉的形式可以按其左转匝道的形式进行划分。道路立体交叉的形式指的是立交平面图形的形式，它是立交设计方案的交通组织、平面形态的图示特征表达，是立交设计、交通组织是否科学、合理，平面构图与形态是否流畅、美观的重要表达，是规划设计人员最为重视的构思与设计内容。关于立交形式的描述众说纷纭，但往往是从其外形的"象形"出发的，如环形、蝶形、苜蓿叶形、喇叭形、涡轮形、梨形、十字形、X形、正线交织形、匝道交织形、环圈匝道形等，更有人将在次要道路上允许有平面交叉转向的立交称为菱形立交。这些划分都没有归纳出道路立交平面示意图的根本特点，不利于立交平面形式的构思、创造与设计。这里推荐以组织左转车流的四种基本左转匝道的形式作为界定道路立交形式的根本依据是合理的、严密的。据此，我们可以将道路立体交叉分为叶式立交、蝶式立交、环形立交、菱形立交四种基本形式，再加上同一座立交中采用多种形式左转匝道的混合立交，以及多个交叉组合在一起的组合式立交和将标准形式的左转匝道进行压缩、弯曲变形而形成的变形立交。这七种形式全面、系统地归纳了道路立体交叉的形式。充分把握这七种立交形式的特点，巧妙地运用压缩、拉伸、扭转等图形变换手法，就能做出适应各种客观需求、千姿百态的道路立体交叉设计方案。

第二节 公路立体交叉口规划

一、立交等级规划

在城市和路网总体规划与分区规划阶段，应根据相交道路的等级、类型进行道路立体交叉等级规划。除非地形条件特殊，否则路网中次干道之间的交叉是不需要设置立体交叉口的。但高速路、快速路与其他各等级的道路相交叉，则必须设置立体交叉。即使属于主干道，当这条主干道或是整个交叉口的交通流量超过了它的理论通行能力，或是行人和非机动车交通对机动车交通的干扰超过了限度时，也是应该考虑设置立体交叉的。对于高速路、快速路、主干道彼此之间相交叉形成的立体交叉口，具体要根据规划人员对于该交叉口重要性的准确判断和对地形、地貌及当时当地经济能力的把握进行取舍。特级、一级、二级以及三级四种不同等级立交的交通服务水平和特点不同，选择时应紧扣这一点。

二、立交类型规划

在道路网络总体规划和城市控制性详细规划阶段以及在城市交通管理规划中，应按照相交道路的等级、类型，考虑交叉口交通流向、流量的需要，进行道路立体交叉类型规划。表2-1列出了道路立体交叉类型规划时拟定立交等级的选择建议。同上所述，对于高速路、快速路、主干道彼此之间相交叉形成的立体交叉口，表中也大多列出了两种以上类型的选择意见。一般而言，Ⅲ类分离式立交只应该在高速路、快速路与次干道、支路相交时才可运用；而Ⅳ类带有平面交叉口的立体交叉可运用的范围非常广泛，它可以运用在除了高速路、快速路之间相交叉以外的所有情况下；当然，高速路、快速路之间相交叉只应采用Ⅰ类完全互通式立体交叉。在其他情况下，应该规划选择何种类型的立体交叉，同样要根据规划人员对于该交叉口重要性的准确判断，以及对地形、地貌和当地经济能力的把握，尤其是对各相交道路各流向、流量的预测进行切实分析。

第二章 公路立体交叉口设计

表2-1 道路立体交叉类型规划

相交道路 主要道路	高速路、快速路	主干道	次干道	支路
高速路、快速路	Ⅰ	Ⅰ、Ⅱ、Ⅳ	Ⅱ、Ⅲ、Ⅳ	Ⅲ、Ⅳ
主干道	Ⅰ、Ⅱ、Ⅳ	Ⅰ、Ⅱ、Ⅳ	Ⅳ	

三、立交形式规划

在道路网络总体规划和城市修建性详细规划阶段以及在道路专项规划中，应按照相交道路的类型，充分考虑相交道路红线宽度、横断面形式以及交叉交通流向、流量的需要和交叉用地、周边环境，进行立交交通组织方式的规划、设计、管理，并规划选择适宜的道路立体交叉形式。

规划选择道路立体交叉的形式要以规划交叉口的机动车流向、流量为依据，尤其要考虑满足不同流向左转车流交通的不同要求，拟定不同的服务标准，精心研究交通组织，才能规划拟定出合适的立交形式。通常，在交叉口中，机动车交通流向、流量非对称时，采用混合式立交可能比选用中心对称的标准型立交更为合适；在交叉用地条件或周边环境受到限制时，也宜采用各种形式的混合式立交或变形立交。

四、规划技术原则与规定

在道路网络系统内进行交叉口规划设计时，符合以下四种条件之一时才允许选用立体交叉：

第一，当相交道路上高速、快速、连续的机动车交通需求无法采用平面交叉方式满足时，必须采用立体交叉。高速路、快速路都要求机动车必须高速、快速、连续行驶，所以，全部交叉口必须采取立体交叉。只有在个别情况，如交通量相当小、有条件组织次路让行并通过论证时，才容许快速路上有个别交叉口采用平面交叉。本规定称为交通性质决定规定。

第二，当交叉口的设计交通流向、流量需求无法采用平面交叉的方式满足，也不能采取街坊绕行、路网分流的方法满足时，应该采用立体交叉。当交叉口交通流量相当大时，机动车交通可能出现人们不可接受的拥堵，这时可以采取的措施有三种，第一种是利用道路网组织机动车交通分流，常用的方法有限制左转、组织绕街通行等；第二种是精心设计、建造通行能力强的灯控平面交叉口，常用到的方法有增加进口车道数、优化灯控配时等；在采取上面两种措施仍无法使平面交叉口的交通服务水平满足要求，交通延误、交通拥堵仍相当严重时，则采取第三种措施，也就是采取立体交叉形式，规划设计立体交叉就是必然的了。本规定称为交通量决定规定。

第三，地形地势已经形成了建造立交的条件时，可顺势而为，规划建设道路立体交叉口。如武汉市江汉一桥建成后，在汉阳顺桥而建的鹦鹉大道与平行于汉水的汉江大道自然形成了高差，完全满足设置立体交叉的条件，于是江汉一桥—汉阳桥头立体交叉便自然形成了。这类例子，在丘陵地区和山地地区的道路建设中往往能够遇到。本规定称为地形决定规定。

总结以上论述，当高速路、快速路与其他等级道路相交时，必须采用立体交叉；在道路网络中，当干道相交、交通流向的流量大、采用平面交叉方式不能满足交通需求时，可以采用立体交叉；而当干道跨越河流或铁道时，可利用已形成的桥下净空条件规划建设立体交叉。

第四，自行车、行人过街交通流量已严重影响道路上机动车安全及顺畅通行，而采用平面办法组织交通无法满足需求时，可以考虑规划建设立体交叉。当然，这时，应以规划建设行人或非机动车立交为首选。只有在排除了非机动车与行人的干扰后，机动车交通仍然不能畅通时，才考虑设置供机动车通行的车行立交桥，称之为非机动车立交设置规定。

（一）顺序选择立交原则

在道路系统内规划设计立体交叉必须进行充分论证，在城市中心区规划建造立体交叉尤应慎重，且应尽量避免采用层数多、占地面积大、引道长的大型立交。在规划立交等级时要优先选用等级较低的立体交叉。在规划立交类型时，应按照第Ⅳ类（分离式立交）、第Ⅲ类（带平面交叉式立交）、第Ⅱ类（部分互通式立交）、第Ⅰ类（完全互通式立交）的顺序依次比较，只有当比较简单的立交类型确实不能满足机动车交通需求时，才可以考虑选取较复杂的立交类型。在进行立体交叉形式规划设计时，应精心比较，尽量选择单一、占地少、架空匝道少、层数少、引道短、交通组织也简单明了的立体交叉。必须摒弃那种谈到立体交叉就着眼于大型、气派、功能齐全，盲目追求大、详、全的观点必须摒弃。

（二）立交距离规定

一条道路上两座互通式立体交叉中心之间的距离不宜小于1.5 km。两相邻立交匝道变速车道过渡段端部之间的净距离也不宜小于900m。当距离较近的两个或两个以上的城市道路交叉口都需要规划设置立交时，宜统一规划采用组合式道路立体交叉，或精心布设多路口连续性交通指示标志。确定两相邻立体交叉之间的最小距离应考虑以下四个因素。第一个因素是高速路、快速路不应受到太多进出车辆干扰。这就要求出入口的距离应尽可能大，如果不是大量车流聚散地，则尽量不设立交进出口，必须设置的道路交叉口，也要以分离式立交或点式立交为首选。各国对高速路、快速路设置立交的最小距离的规定相去甚远，有数公里、十几公里、数十公里等，不一而足。高速路、快速路上设置的互通式、半互通式立体交叉口的适宜距离应视具体情况而定，但不能太小，距离太小则进出车辆频繁，可能影响主线交通的高速、快速运行。第二个因素是方便交通。高速路或快速路虽然都是以快速联系远距离交通为主目的，但聚集、分散交通的作用同样不能忽视。因此，其出入口距离也不能太大。很明显，道路上设有出入口的交叉口距离过大，则势必影响道路的使用效率。一般情况下，距离城市建设区越远，交叉口距离也应越大，反之，交叉口距离就应该小些。第三个因素是在两相邻立体交叉口之间，车辆进出高速路、快速路或者交通性主干道所需要的安全交织长度必须得到保证。因此，相邻立体交叉口之间的最小距离要依道路的设计车速，以及进口、出口的先后排列和组合而定，这一点在后面的论述中会提到。第四个因素是两相邻立体交叉口之间的最小距离要满足交通指示标志的设置、感知需求，而这种需求也是与道路的等级和设计车速密切相关的。当然，在城市建筑密集区，互通式立交（包括只设右进右出匝道的点式立交）之间的距离不能满足设置系统交通指示标志的最小距离时，也可以考虑数座交叉口统一设置所谓的"系列标志"。

（三）统一协调原则

在道路系统中，处于同一条道路上的立体交叉的交通组织方式与立交等级、类型、形式应统一规划布设，力求协调一致；整个干道路网上的道路立体交叉也应统一规划布设，力求立交等级、类型、形式和谐，路网交通流畅。要尽力避免脱离路线规划、脱离路网规划单个设计立体交叉可能带来的交通及环境不协调现象发生。尤其是在同一条道路上，立体交叉的形式要力求统一，避免使驾驶员误判行车规则。

（四）立交用地范围规定

道路立体交叉规划设计用地范围应足够大，一般可取自主线起坡点（或匝道出入口起点、立交桥涵结构外缘线）5 m以外的道路规划红线与匝道或匝道构筑物外缘5 m以外界线所围成的平面图形。不同等级、不同类型、不同形式的道路立体交叉的用地规模与范围可以按规定来界定，但是给定具体数值是有一定困难的。因为各个不同的立交，其技术标准不同，规划设计手法也可能有很大的区别；即使对于同样的立交，放在不同的地方，其立交用地需要在道路红线以外增加的规模，也会因相交道路红线宽度和立交用地形状的不同而不同。所以只有在修建性详细规划阶段选定了立交等级、类型、形式之后，限定立交用地规模才是现实的、有意义的。有时，在控制性详细规划阶段，为了计算列出规划用地平衡表，需要确定立交用地面积大小，如表2-2所示的各种典型道路立体交叉口的用地面积数据，可以为这种需求提供帮助和参考。需要指出的是，表2-2中所列的占地面积是按规定计算的，它包括了道路红线范围内、外的总用地面积。

表2-2 立体交叉口用地面积参考

立交等级	立交类型	立交形式	立交层数	用地面积/m²
高级	Ⅰ类	菱形	4层	$8.0 \times 10^4 \sim 12.0 \times 10^4$
一级	Ⅱ类	叶式	3层、4层	$5.0 \times 10^4 \sim 9.0 \times 10$
二级	Ⅲ类	蝶式	2层、3层	$3.0 \times 10^4 \sim 6.0 \times 10^4$
三级	Ⅳ类	环形	2层	$2.0 \times 10^4 \sim 4.0 \times 10^4$

（五）关于汽车专用路的规定

专供机动车高速行驶的高速公路、一级公路等高等级公路，可称为汽车专用路。当汽车专用路通过城市建设区的距离超过一定长度时，应按城市快速路标准进行规划、设计与控制管理。它们穿越了城市建设区，严重分割了城市用地，阻隔了城市交通，因此应考虑对穿越了城市建设区的高速公路、一级公路路段的交通功能、横断面、立体交叉间距等做出适应城市交通特点和需求的调整。虽然由于体制的原因这种调整较为困难，但从功能上来说是应该进行的，在技术上也是可行的。例如，当通过城区的高速公路、一级公路按城市快速路标准进行规划、设计与控制管理时，可将主线横断面中的紧急停车带加宽为外侧车道，可缩短立体交叉之间的间距，可加设主线出入口匝道，可增加车道数，可增设附加车道和辅道。有时，对于二级公路，甚至允许主线车流有交织出现。如果考虑到当前高速公路等汽车专用公路的收费制度，在它们通过城区的路段上增设出入口时，应尽量设置不停车收费系统。

（六）人性化原则

即使是高速公路，在它与其他等级的道路相交叉时，也要考虑非机动车和行人交通，更别说是在城市建设区内设置的道路立体交叉口。城市建设区内设置的道路立体交叉口不可忽视行人交通、非机动车交通以及公共交通的需求，应切记人性化规划设计原则。

第三节　公路立体交叉口设计

一、立体交叉主线设计

（一）主线横断面设计

相交于立体交叉口的道路，或是高速路，或是快速路，或是交通量很大的主干道，它们位于立交范围内的路段，即属于立交主线。道路立体交叉主线横断面形式中的机动车行道数量、布置形式应与道路路段机动车行道的相一致，可以不包括道路路段中的辅道、非机动车道、人行道与绿化道，但必须设置路段横断面中的中央分隔带。设置集散车道时，集散车道应布置在主线机动车道右侧，其间也应该设分隔带。

相交于立体交叉口的高速路、快速路、交通性主干道的横断面可采取单幅路、双幅路、三幅路及四幅路形式。立交主线及其辅道中的机动车道应该采取画线的方式分别设置大车和小车专用车道。大型车道主要供公交车、大客车和货车行驶，小型车道主要供小轿车和轻型车辆行驶。

相交于立交的主线属于高速路或快速路时，其横断面中内、外车道的内、外侧都应设置路缘带，路缘带的宽度为0.25~0.50 m，当主线计算行车速度小于60 km/h时，路缘带宽度取0.25 m，计算行车速度大于或等于60 km/h时，则取0.50 m。

道路立体交叉主线横断面中的自行车道和人行道宽度不应缩减，且自行车和行人交通应与机动车交通分离并能自成系统。立交主线具有主干道单幅路形式横断面时，车行道两侧可沿缘石设非机动车道，其宽度最小为1.50m，当设置的非机动车道宽度大于1.50 m时，其左侧的车道可按"中间车道"拟定宽度。当然，立交主线横断面中的辅道，常是设置非机动车道的最佳位置。通常在规划设计中，所有车道宽度及路缘带宽度均应以0.25 m为模数设定。

（二）主线平面设计

1.立交距离

在城市建设区内，同一条道路上的互通式立体交叉中心点的距离称为立交距离。立交距离应满足车辆交织行驶的距离要求，满足方便公交站点设置和安全设置交通标志的距离要求。但从一个立交的隧道出口到相邻立交中心点的距离不应小于2000 m，同一条城市道路上的互通式立体交叉中心点的平均距离也不应小于2500 m。

2.相邻匝道端部距离

道路立体交叉主线上相邻匝道端部之间的距离，也必须考虑满足车辆交织行驶和安全设置交通标志的要求。例如，当出口匝道紧接着一个入口匝道时，这个距离可以较短，英、美规定为120 m，我国《公路路线设计规范》规定，在高速公路上，这个最短距离的值一般是150 m。考虑到在城市中道路网密度较大，达到以上要求有一定难度，同时由于城市交通具有监管力度大、行车速度低的特点，建议按主线的计算行车速度给出立交主线相邻匝道端部的最小距离。也就是说，当出口匝道后紧接着入口匝道时，车流之间的干扰最小，驶出主线的车辆与驶进主线的车辆互不干扰，只对后车警示而已，故其匝道端部之间的距离只需满足交通标志设置标准距离，足够驾驶员识别、操作即可。

（三）主线纵断面设计

道路立体交叉主线纵断面设计需要考虑的内容包括纵向坡度、坡长、竖曲线、超高设计及平纵横断面综合设计等。

坡度过大、坡长过长，车辆都难以保证必要的行驶速度，也不利于安全行驶。但上下坡的长度过短，驾驶员来不及感知和应对坡度的变化，也是不利于交通安全的。所以，对最小纵坡长度也列出了限制值。

在道路立体交叉主线纵坡变更处，与路段上一样，应该设置竖曲线，竖曲线分为凸型竖曲线和凹型竖曲线两种，同样可采用圆曲线。条件困难时，主线的竖曲线最小半径允许按最小半径推荐值控制，只有在条件特别困难时，才应该考虑按最小半径限制值控制。当然，一般情况下，总是倾向于采用较大的竖曲线半径值，求得道路纵向的平顺与行车的安全。

此外，道路立体交叉主线的平曲线和纵曲线组合要满足行车安全、舒适以及视觉协调的要求，避免在陡下坡及竖曲线的顶部设置小半径的平曲线或反向曲线。

二、立体交叉匝道设计

匝道既是道路立体交叉口最重要的组成部分，也是塑造立交特色与形象最重要的因素，它承担着组织流畅的左右转弯交通的任务。匝道线型设计包括平面线型设计、横断面线型设计与纵断面线型设计，与主线设计原理大致相同。至于匝道出入口设计，则比较复杂，需要单独辟出章节详细叙述。

（一）匝道平面线型设计

道路立体交叉匝道平面线型，是指从立交出口减速车道到立交入口加速车道之间的车流转向连接段，它是一组由直线、回旋线、圆曲线组成的复曲线。立交匝道复曲线平面线型要平顺、均衡、连续、简洁，并与地形、地物相适应，与周边建筑物、环境相协调。

有时，立交匝道需要设置复曲线，可能是反向复曲线，也可能是同向复曲线。反向复曲线间的两条回旋曲线，其参数宜相等，不相等时其比值应小于1.5，以求平稳过渡。

道路立体交叉的左右转弯匝道在通常情况下只需设置单车道，即可满足转弯交通的需求，只有在转弯交通量相当大，一条车道的设计通行能力不能满足交通量需求时才设置为双车道匝道。单车道匝道必须设置紧急停车带，以便一辆普通汽车停在紧急停车带时，牵引式故障拖车能缓慢行驶通过。一定要注意施划车道标线时，不要将单车道匝道施划为两个车道的形式，避免在单车道匝道上两辆车并排行驶。

在建设区内，宜选择桥梁式匝道，只有在市区边缘或市郊时，才考虑选择路堤式匝道。当桥梁式匝道下的净空高度超过2.2 m时，匝道桥下空间可以考虑作为停车和管理使用，但不能妨碍机动车交通的畅通并要确保交通安全。

必须特别强调的是，在确定匝道宽度时，不要忽视了因匝道平曲线半径小而需要加宽的车道加宽值。这个加宽值还要包括停在紧急停车带上的普通汽车所需要的宽度值。

（二）匝道横断面设计

道路立体交叉的匝道横断面由车行道、路缘带、紧急停车带、防撞栏杆和隔离带组成。立交匝道按机动车行驶方向，可分为单向匝道和双向匝道两种，单向匝道只允许机动车单向行驶，双向匝道则允许机动车双向行驶。立交匝道按机动车车道数可分为单车道匝道和双车道匝道两种，单车道匝道只允许一辆机动车行驶，或当紧急停车带上停着普通汽车时，牵引式拖车能缓慢行驶通过，双车道匝道允许两辆机动车以规定行驶速度并行（对于单向双车道匝道）或会车（对于双向双车道匝道）。双向双车道匝道应在对向车道之间设置防撞护栏或设置隔离带做成分离式双向匝道。立交匝道按结构形式还可以分为路堤（堑）式匝道和桥梁式匝道两种，路堤（堑）式匝道设置在路堤（堑）上，桥梁式匝道设置在桥梁上。

（三）匝道纵断面设计

立交匝道总长度有限，不得不设置较大的纵向坡度，这给行车带来一定的困难，所以，往往采取降低匝道设计车速的措施。同时，也给适当加大纵向坡度创造了条件。在匝道范围内出现纵坡转折是常有的事，这时，按道路线型设计的要求，需要设置竖曲线。无论是凸型竖曲线或是凹型竖曲线，都必须保证具有足够大的半径，以确保行车速度、行车平稳与行车安全。立交匝道的最小凸、凹型竖曲线半径及竖曲线最小长度的要求应与道路设计规范相吻合。根据道路立体交叉匝道的特点，这里在进行计算时，行车速度以10 km/h作为模数取值，同时增加了竖曲线最小长度一般值的要求，还对个别数值进行了微小的调整，目的是方便选用。

通常情况下，竖曲线半径应该大于一般值，只有在条件特别困难时，才降低要求，允许竖曲线半径大于表中所列极限值，这时，匝道须设置最大的超高横向坡度。还要指出的是，在匝道端部，纵断面应采取较大的竖曲线半径，以保证足够的安全视距。立交匝道路拱横向坡度宜为1.5%~2.0%，可设计为双向坡路拱或单向坡路拱。当在计算行车速度条件下，车辆在弯道上行驶所产生的离心力不能和正常路拱横坡的摩阻力平衡时，就需要设计为单向路拱并设置超高，超高横向坡度宜为2.0%，且不应大于6.0%。

三、立体交叉出入口设计

立交匝道出入口设计是立交匝道设计的重要构成部分，必须予以充分重视。实践证明，匝道出入口处的交通堵塞和交通事故的发生基本上都是由匝道出入口设置不合理、不科学引起的。因此，对提到的匝道端部、变速车道、渐变段这三部分的设计要求应该全面理解和执行。

第二章　公路立体交叉口设计

（一）匝道出入口端部设计

在道路立体交叉中，车辆由匝道驶出，进入主线的部位称为立交匝道入口（简称立交入口）；而车辆由主线驶出，进入匝道的部位称为立交匝道出口（简称立交出口）。显然，入口和出口，都是相对于立交主线而言的。立交匝道出入口由匝道端部、变速车道、渐变段三部分组成。变速车道又可分为出口减速车道和入口加速车道两种。按变速车道的车道数，还可以将立交出入口划分为单车道立交匝道出入口和双车道立交匝道出入口。

在车道位置上，立交匝道出入口一般应设置在主线车行道右侧。当需要设置在主线车行道左侧时，应按主线车道分流（或合流）的原则设置。在平面位置上，立交匝道出入口宜设置在下穿隧道之前或之后的适当位置处。在纵断面位置上，立交匝道出入口则宜设置在凸型竖曲线上。这些要求，都是基于保证行车视距、确保交通安全的考虑，应给予特别重视。

立交匝道入口端部是车辆由匝道加速进入快速主线车道的关键部位，如果在这个部位不能很好地保障安全视距，那么，对交通安全是非常不利的。有的研究认为将入口置于主线纵断面的下坡路段有利于驶入主线车辆的加速，将出口置于主线纵断面的上坡路段有利于驶出主线车辆的减速，亦可以供设计者参考，利用好平纵横断面综合设计的有利条件。

（二）匝道出入口缓和曲线设计

在立交匝道出口端部，应以减速车道终点为始端，设置回旋线型缓和曲线；而在立交匝道入口端部，则应以加速车道起点为终端，设置回旋线型缓和曲线。回旋线型缓和曲线与立交匝道圆曲线相连接，保证整个道路线型与车辆从匝道进入立交主线，或从立交主线驶出到匝道的行驶轨迹相吻合，便于驾驶人员操作。

一般来说，道路立体交叉按要求设置单车道匝道，就能满足道路立体交叉转弯交通量的要求。如果立交中某个方向的转弯交通量相当大，必须设置双车道匝道时，就必须遵守将会在后面论述的双车道匝道设计的技术原则了。

（三）匝道出入口变速车道设计

立交匝道出入口的变速车道（包括出口减速车道和入口加速车道）是匝道最为基本的组成部分，按其与主线的平面位置关系，可分为直接式变速车道和平行式变速车道两种。直接式变速车道以1/30～1/15的斜率经过具有同样斜率的过渡段直接与主线连接；平行式变速车道平行于主线，经过一定长度的过渡段与主线连接。

直接式变速车道上的车辆出入主线都比较便捷，只需经过一次打弯，但入口加速车辆在并道汇入主线相邻车道时，驾驶员视线受限，留下可伺机并线的距离受限，不利于驾驶。而在平行式变速车道上的车辆出入主线都需要经过两次打弯，但入口加速车辆在并道汇入主线相邻车道时，驾驶员视线开阔，留下可伺机并线的距离比较大，方便驾驶。所以，在道路立体交叉中，减速车道采用直接式变速车道较适宜，而加速车道采用平行式变速车道较适宜。在实际运用时，同一座立体交叉口往往只采取同一种类型的变速车道，即选用直接式加速车道和减速车道，或者选用平行式加速车道和减速车道，要靠设计人员精心比较决定。但当加（减）速车道为双车道或多车道时，则均宜采用直接式变速车道。

立交匝道变速车道应设置在主线车道路缘带的右外侧，宜为一条车道。当需要将变速车道设置在主线车道的左侧，或是需要设置双车道变速车道时，必须经过精心的方案比选和论证。同时，应注意在变速车道外侧另加设路缘带，而且在主线具有紧急停车带时，还应考虑将路缘带加宽为紧急停车带。

实际上，车辆下坡减速行驶，可能需要更长的车道，而车辆上坡加速行驶，也可能需要更长的车道，并且，随着纵向坡度的加大，所需长度的增加幅度也相应增加。

车辆从立交主线车道开始减速驶进减速车道，进而驶入匝道，以及从匝道开始加速驶进加速车道，进而驶入立交主线，都需要有一个足够长的过渡段，以便驾驶员感知与操作。也就是说，在立交匝道变速车道与主线之间必须设置足够长的过渡段。

对于直接式变速车道过渡段，其长度可按其外边缘斜率和驶入角度控制，即直接式加速车道及其前面的过渡段外边缘斜率为1/30～1/20，驶入角度为2°～3°；直接式减速车道及其后的过渡段外边缘斜率为1/20～1/15，驶入角度为3°～4°。

（四）立体交叉单车道出入口设计

单车道直接式出口交通便捷，利于车辆驶出立交主线车道，其平面线型应符合车辆从主线驶出、进入匝道的行车轨迹。一般按与主线成3°～4°的夹角，即以1/25～1/15的均匀渐变率连接主线与匝道。车流分流点位于主线直行车道右侧边缘处，分流点后方为过渡段，分流点前方为直接式减速车道。

单车道平行式出口拥有两道弯折，故其平面线型特征应明显，能提供给驾驶员醒目的出口区域，防止应在主线车道行驶的车辆误驶出主线车道而进入出口。单车道平行式出口的车流分流点,位于主线直行车道右侧边缘3.5m(1条车道宽)处,分流点后方为平行式减速车道和过渡段,分流点前方为立交匝道。

单车道直接式入口线型也应符合车辆从匝道驶出进入主线的行车轨迹,可按与主线成2°~3°的夹角,即以1/40~1/20的均匀渐变率连接匝道与主线。车流合流点位于主线直行车道右侧边缘处,合流点后方为直接式加速车道,合流点前方为过渡段。

四、立体交叉排水、绿化及附属设施设计

(一)雨水排放

道路立体交叉排水设计所采取的雨水排放设计标准要符合国家标准《室外排水设计规范》和《城市道路工程设计规范》的规定,位于城市建设区以外的立交设计采取的设计排水标准,不得低于相交道路的设计排水标准。要符合排水规划的要求,要与相交道路排水工程统一规划、设计与管理,要与建设区排水系统连通,以保证立交路面雨水迅速排泄。位于城市建设区内的立交不但是重要的交通集散处,而且是地势变换交接处,尤其是拥有下穿隧道的立交,更是雨水排放的关键处,所以,适当提高立交设计排水标准是值得提倡的。而且,在具体设计时,尤其要注意采取切实可靠的排水技术措施。

例如,应在下穿式立体交叉引道两端纵坡起点处设置倒坡,并采取截水措施,以减少坡底集水量。立交主线和匝道纵向坡度大于2%的路段可以采取在道路两侧设置并联雨水口,在最低点集中排水的技术措施,并要充分满足设计流量的要求。

道路立体交叉雨水排放形式分为自流式和非自流式两种,当雨水干管的高程合适时,应尽量采取直接接入干管的自流排放形式,当高程和坡度不能保证雨水完全自流排除时,应设泵站,组织非自流排放。当采用泵站排水时,坡道最低点位置宜设在同侧引道上,且应与泵站位置一致。

当在立交地道进出口前方设有足够的截水井时,地道内排水设计可以只考虑地道保洁污水的排放;但当地道进出口前方没有设置足够的截水井时,则地道内排水设计必须充分考虑流入地道内的雨水排放。一般情况下,在较短的地道内可以考虑不设路边雨水口,而将雨水口集中布置在进出口坡道端点或人行地道进出口最低台阶下。这时,可以设置一排雨水口或泄水沟,泄水沟上加盖金属箅子或多孔盖板。

（二）绿化景观

道路立体交叉范围内的绿化景观设计，应充分考虑交通安全的要求，充分发挥交通诱导的功能，要为保护环境和美化城市道路创造条件。但是，一定要认识到，绿化景观设计必须将交通安全的要求放在首位，同时要充分发挥绿化对交通诱导所起的作用，其次才是美化和改善环境的要求，不能本末倒置。对于易于分散驾驶员注意力的景观、雕塑、小品设计尤其要谨慎，即使是植物的配置、边坡的修整也要以交通安全、交通诱导为首要考虑条件。例如，在道路立体交叉范围内，可以在适当的位置处栽植不同种类的树木以作为该立体交叉的特征标志。而在出、入口处，则应栽植引导视线的植物。具体设计时，在出口一侧可以栽植灌木以缩小视野，间接引导驾驶者降低车速。在匝道转弯处所构成的三角区内只可种植花、草或低矮灌木。在道路平曲线内侧栽植灌木时，必须充分满足行车安全视距的要求，避开视距包络图，并起诱导驾驶的作用。

道路立体交叉范围内的路堤边坡或路堑边坡都应进行修整，以保持坡面规则、坡脚顺适。填方段匝道的边坡坡度，在接近原地面的一定高度内应逐渐减缓，使其整齐、美观。边坡修整与绿化不但是美化的要求，更是边坡保护和稳定的要求，马虎不得。在城市建设区之外，坡面修饰原则上只在匝道包围的区域内进行，有时，出于保护边坡和美化景观的需要，也可以对边坡采取工程护砌的措施，如石砌满铺、网格分隔等。

（三）通风与管道

无论是主线地道还是匝道地道，都需要进行通风排气专业设计。当然同时还要进行电气专业设计，有时，地道内还可能有给水、排水管道通过。道路立交地道应尽可能采取短隧道，同时，应尽量采取自然通风。在长隧道内，当必须采取机械通风时，要按相应的技术规范进行地道通风专项设计。

敷设在立交地道内的电缆管线、给排水系统等，应便于维修和养护，当然也必须进行专项设计。为确保安全，禁止高压电缆、煤气管道及其他可燃、有毒等具有严重安全隐患的市政设施布设于立交地道内，也不得在地道下顺地道方向通过。它们需要横穿地道时，要做好安全防护措施。

篇幅所限，上述设计内容阐述得并不完善；另外，这里对道路行人、自行车立体交叉、道路与铁路立体交叉等内容不再一一介绍。

第三章 道路路基设计

第一节 一般路基设计

一般路基指在良好的水文地质等条件下，填方高度不超过20 m或挖方深度不超过30 m，可以结合当地的地形、地质情况，直接选用长期生产实践和科学研究总结拟定的典型横断面图或设计规定，而不必进行个别论证和验算的路基。对于超过规范规定高度的高填、深挖路基以及特殊水文地质条件下的路基，即特殊路基，必须进行个别设计和验算，合理地选择路基断面形式，正确确定边坡坡度以及相应的防护和加固结构措施。

为了确保路基的强度与稳定性，使路基在各种外界因素作用下，不致产生不允许的变形，路基的整体结构设计中还必须包括路基排水、路基防护与加固以及与路基工程直接相关的附属设施（如弃土堆、取土坑、护坡道、碎落台、堆料坪和错车道等）的设计。因此，路基横断面结构形式的确定与路基排水设施及防护加固结构物的设计都是路基设计的基本内容。

一、路基的典型横断面与构造

（一）路基典型横断面

路基的典型横断面有路堤、路堑和填挖结合三种形式。路堤是指全部用岩土填筑而成的路基，路堑是指全部在原地面开挖而成的路基，此两者是路基的基本类型。当原地面横坡较大，且路基较宽时，路基的一侧需要填筑，另一侧需要开挖，这种由部分填筑和部分开挖后而形成的路基，叫作填挖结合路基，也称半填半挖路基。在丘陵或山岭地区的路线上，填挖结合是路基横断面的主要形式。

1. 路堤

按填土高度不同，路堤可划分为低路堤、一般路堤和高路堤。填土高度小于路基工作区深度的路堤属于低路堤；一般填土高度大于20 m的路堤属于高路堤；填土高度介于高路堤和低路堤之间的路堤属于一般路堤。根据路堤所处环境、条件和加固类型的不同，还有浸水路堤、护脚路堤及挖沟填筑路堤等形式。

低路堤通常在地形平坦地区取土困难时选用。由于平坦地区地势低，水文条件较差，易受地下水和地表水的影响，设计时应满足最小填土高度要求，力求不低于干燥或中湿状态的路基临界高度。低路堤宜采用流线型的缓边坡并在路基的两侧设置边沟。由于低路堤高度通常接近或小于路基工作区的深度，施工中，低路堤应对地基表层土进行超挖、分层回填压实，其处理深度不应小于路床深度；当地基表层土较均匀、密实时，可直接进行压实。同时，低路堤底部应设置排水垫层和防渗隔离层，以阻断毛细水上升对路基工作区的影响。为保证路基路面的强度和稳定性，地下水位埋深小于0.5 m的低路堤路段，还应设置排水沟。

填方高度不大的一般路堤，高度在2.0~3.0 m时，填方数量较少，全部填方或部分填方，可在两侧设置取土坑，使之与排水沟渠结合。为保护填方坡脚不受流水侵蚀，保证边坡稳定，可在坡脚与填方之间预留1~2 m，甚至4 m以上宽度的边坡平台或护坡道。地面横坡较陡时，为防止填方路堤沿山坡滑动，应将天然地面挖成台阶，或设置石砌护脚。

高路堤的填方数量大，占地多，为使路基稳定和断面经济合理，需进行个别设计。当路基中心填方高度超过20 m时，宜结合路线方案与桥梁，分离式路基做方案备选。高路堤和浸水路堤的边坡可采用上陡下缓的折线式或台阶形式，如在边坡中部设置边坡平台。为防止水流侵蚀和冲刷坡面，高路堤和浸水路堤的边坡需采取适当的坡面防护和加固措施。

2. 路堑

路堑的常见断面形式，有全挖式、台口式和半山洞三种。

路堑开挖破坏了原地面的天然平衡状态，其稳定性主要取决于土壤地质与水文条件以及边坡的高度和边坡坡度，因此，需要根据土壤地质条件、水文条件和边坡高度设计路堑，将之设置成直线或折线型，并选择合适的边坡坡度。

挖方边坡的坡脚处必须设置边沟，以汇集和排除路基范围内的地表径流。为防止大量地表水流向路基，造成坡面冲刷和边沟溢流，路堑的上方应设置一道或多道截水沟。挖方弃土可堆放在路堑下方。若边坡坡面为易风化的岩石，在坡脚处应设置

1.0~1.5 m的碎落台，或对坡面采取防护措施。

陡峻山坡上的半路堑，路中线宜向内侧移动，尽量采用台口式路基，避免路基外侧的少量填方。遇有整体性的坚硬岩层，为节约石方工程量，可采用半山洞路基。

如挖方路基所处土层水文状况不良，经常发生水分积聚现象，可能会导致路面破坏，在这种情况下，路堑以下的天然路基要人工压实至规定的密实程度，必要时还应翻挖、重新分层填筑或换土，或采取加铺隔离层，设置必要的地下排水设施等措施。

3.填挖结合路基

填挖结合（半填半挖）路基常见的横断面形式包括一般填挖路基、矮挡土墙路基、护肩路基、砌石护坡路基、挡土墙路基和半山桥路基。

位于山坡上的路基，通常取路中心的高程接近原地面高程，以减少土石方数量，避免高填深挖和保持土石方数量的横向填挖平衡。若处理得当，路基稳定可靠，是比较经济的路基横断面形式。

填挖结合路基兼有路堤和路堑两者的特点，因此均应满足前述路堤和路堑的设计要求。填方部分的原地面横坡陡于1∶5时，土质应挖台阶或石质应凿毛；填方部分的局部路段如遇原地面的短缺口，可采用石砌护肩。如果填方量较大，可就近利用废石方砌筑护坡或护墙。石砌护坡和护墙相当于简易式挡土墙，承受一定的侧向压力，要求坚固稳定。有时为了保证路基的稳定，压缩用地宽度，可在填方部分设置路肩（或路堤）式挡土墙。石砌护肩、护坡与护墙，以及挡土墙等路基形式；如果填方部分悬空，而纵向又有适当的基岩，则可以沿路基纵向建成半山桥路基。

（二）路基的基本构造

路基本体由宽度、高度和边坡坡度三者构成。路基宽度取决于公路技术等级；路基高度（包括路中心线的填挖深度、路基两侧的边坡高度）取决于路线的纵坡设计及地形；路基边坡坡度取决于土质、地质构造、水文条件及边坡高度，并由边坡稳定性和横断面经济性等因素比较确定。路基宽度、高度和边坡坡度是路基本体设计的基本要素，就路基稳定性和横断面经济性的要求而言，路基的边坡坡度及相应的防护、加固措施是路基本体设计的基本内容。

1.路基宽度

路基宽度为路面及两侧路肩宽度之和。技术等级高的公路（如高速公路和一级公路），路基宽度内还应包括中间带（由中央分隔带及相邻两侧路缘带组成）的宽度。路面供机动车行驶，两侧路肩可保护路面稳定，并兼供错车、临时停车及行人和非机动车通行。路面宽度根据设计通行能力及交通量大小而定,一般每个车道宽度为3.50~3.75 m。路肩宽度视公路等级和交通情况而定,最小宽度为0.5 m,城镇近郊行人与非机动车较集中,路肩宽度应尽可能增大,一般取1~3 m,并予以铺筑硬质面层,提高路肩利用率,保证路面行车不受干扰。

公路路基宽度因技术等级及具体要求的不同,除路面和路肩外,必要时还应包括分隔带、路缘带、变速车道、爬坡车道、慢行道或路用设施(如护栏、照明、绿化)等可能占用的宽度。

2. 路基高度

路基高度指路基设计高程与路中线原地面高程之差(亦称为施工高度),即路堤的填筑厚度或路堑的开挖深度。路基设计高程通常以路肩边缘为准,即路肩边缘的高程。边坡高度指填方坡脚或挖方坡顶高程与路基设计高程之差。当原地面平坦时,路基高度与边坡高度相等;而当原地面有一定坡度时,两者不等,且两侧边坡高度也不相等。

路基高度取决于路线纵坡设计时所确定的路基设计高程。确定时,要综合考虑地形、地质、地貌、水文等自然条件,桥涵等构造物与交叉口的控制高度,纵向坡度的平顺,土石方工程数量的平衡,以及路基的强度与稳定性等因素,以得出合理的路基高度。

由于挖方路基(深路堑)不仅挖方工程量大,施工面狭窄,行车条件差,且边坡稳定性差。而高填方路基(高路堤)占地面积大,工程量集中,且往往同桥涵等人工构造物连成一体,受水的侵蚀和冲刷较严重。因此,从路基稳定性出发,在填挖较大的路段,要认真考虑路基的高填与深挖的可行性,并进行单独设计。

路堤的最小填筑高度应根据临界高度,并结合沿线具体条件和排水及防护措施,按照公路等级及有关的规定确定,不含路面厚度的路基高度不宜小于中湿状态路基临界高度或路基工作区深度。在季节性冰冻地区,不含路面厚度路基高度不宜小于道路冻结深度。

沿河及受水浸淹的路基,其高度一般应根据《公路工程技术标准》(JTGB01-2014)所规定的设计洪水频率(如表3-1所示),求得设计水位,再增加0.5 m的安全高度;如果河道因路堤而压缩河床使上游有拥水,或河面宽阔而有风浪,那么还应增加拥水的高度和波浪冲上路堤的高度。沿河浸水路堤的高度应高出上述各值之和,以保证路基不致被淹没,并据此进行路基的防护与加固。

表3-1 路基设计洪水频率

第三章 道路路基设计

公路等级	高速公路	一级公路	二级公路	三级公路	四级公路
设计洪水频率	1/100	1/100	1/50	1/25	视具体情况而定

3. 路基边坡坡度

确定路基边坡坡度是路基设计的基本任务。公路路基边坡的坡度,用边坡高度 H 与边坡宽度 b 之比值表示,并取 $n=1$,$H:b=1:0.5$(路堑边坡)或 $1:1.5$(路堤边坡),通常用 $1:n$ 或 $1:m$ 表示其比率(称为边坡坡率)。

路基的边坡坡度关系到路基的稳定和工程投资。尤其是陡坡地段的路堤及较深路堑的挖方边坡,不仅工程量大,施工难度高,而且是路基稳定的关键所在。如果地质水文条件较差,往往病害严重,持续年限很长,在水作用下导致边坡坍塌破坏,影响道路的正常运营。因此确定路基边坡坡度,对路基稳定和断面经济至为重要,在设计时,要全面考虑,力求合理。

(1)路堤边坡

路堤边坡形式和坡率应根据填料的物理力学性质、边坡高度和工程地质条件确定。当地质条件良好,边坡高度不大于20 m时,其边坡坡率不宜陡于如表3-2所示的规定。

表3-2 路堤边坡坡率

填料类别	边坡坡率 上部高度($H≤8$ m)	边坡坡率 下部高度($H≤12$ m)
细粒土	1:1.5	1:1.75
粗粒土	1:1.5	1:1.75
巨粒土	1:1.3	1:1.5

对边坡高度超过20 m的路堤,边坡形式宜用阶梯型,边坡坡率应根据稳定性分析计算确定,并应进行工点设计。

浸水路堤在设计水位以下的边坡坡率不宜陡于1:1.75。浸水部位应选用遇水不易膨胀和崩解、稳定性好的石料。

石质填料来源较为丰富的地区,可利用开山石料、路堑或隧道弃方作为路堤填筑材料。硬质岩石、中硬岩石和软质岩石石料均可用作填石路堤材料;膨胀性岩石、易溶性岩石、崩解性岩石和盐化岩石等不能用于路堤填筑。

填石料可根据石料饱和抗压强度指标进行分类,如表3-3所示。

表3-3　岩石分类

岩石类型	单轴饱和抗压强度（MPa）	代表性岩石
硬质岩石	≥60	1.花岗岩、闪长岩、玄武岩等岩浆岩类。
中硬岩石	30~60	2.硅质、铁质胶结的砾岩及砂岩、石灰岩、白云岩等沉积岩类。 3.片麻岩、石英岩、大理岩、板岩、片岩等变质岩类。
软质岩石	5~30	1.凝灰岩等喷出岩类。 2.泥砾岩、泥质砂岩、泥质页岩、泥岩等沉积岩类。 3.云母片岩或千枚岩等变质岩类。

填石路堤可采用与土质路堤相同的断面形式，边坡坡率不宜陡于如表3-4所示的规定，边部可采用码砌，码砌厚度宜为1.2 m，码砌石块最小尺寸不应小于300 mm。边坡较高时，可在边坡中部设置宽度1~3 m的平台。

表3-4　填石路堤边坡坡率

填石料种类	边坡高度（m）			边坡坡率	
	全部高度	上部高度	下部高度	上部高度	下部高度
硬质岩石	20	8	12	1:1.1	1:1.3
中硬岩石	20	8	12	1:1.3	1:1.5
软质岩石	20	8	12	1:1.5	1:1.75

三、四级公路可采用砌石路基，砌石应选用当地不易风化的片、块石砌筑，内侧填石。砌石顶宽不小于0.8 m，基底面向内倾斜，砌石高度不宜超过15 m。砌石内、外坡率不宜陡于如表3-5所示的规定。

表3-5　砌石边坡坡率

序号	砌石高度（m）	内坡坡率	外坡坡率
1	≤5	1:0.3	1:0.5
2	≤10	1:0.5	1:0.67
3	≤15	1:0.6	1:0.75

（2）路堑边坡

路堑是在天然地面上开挖后形成的路基结构形式。其边坡坡度与边坡的高度、坡体土石性质、地质构造特征、岩石的风化和破碎程度、地面水和地下水等因素有关。

土质路堑边坡形式及坡率应根据工程地质、水文地质条件、边坡高度、排水措施、施工方法等，并结合自然稳定山坡和人工边坡的调查及力学分析综合确定。边坡

第三章 道路路基设计

高度不大于20 m时，边坡坡率不宜陡于如表3-6所示的规定。

表3-6　土质路堑边坡坡率

土的类别		边坡坡率
黏土、粉质黏土、塑性指数大于3的粉土		1∶1
中密以上的中砂、粗砂、砾砂		1∶1.5
卵石土、碎石土、圆砾土、角砾土	胶结和密实	1∶0.75
	中密	1∶1

当土质路堑边坡高度大于20 m时，其边坡形式及坡率应根据边坡稳定性验算结果确定。岩质路堑边坡形式及坡率应根据工程地质与水文地质条件、边坡高度、施工方法等，结合自然稳定边坡和人工边坡的调查综合确定。必要时可采用稳定分析方法予以检算。边坡高度不大于30 m时，无外倾软弱结构面的边坡岩体类型、边坡坡率可按如表3-7所示内容确定。

表3-7　岩质路堑边坡坡率

边坡岩体类型	风化程度	边坡坡率	
		$H<15$ m	15 m$\leq H<30$ m
Ⅰ类	未风化、微风化	1∶0.1～1∶0.3	1∶0.1～1∶0.3
	弱风化	1∶0.1～1∶0.3	1∶0.3～1∶0.5
Ⅱ类	未风化、微风化	1∶0.1～1∶0.3	1∶0.3～1∶0.5
	弱风化	1∶0.3～1∶0.5	1∶0.5～1∶0.75
Ⅲ类	未风化、微风化	1∶0.3～1∶0.5	—
	弱风化	1∶0.5～1∶0.75	—
Ⅳ类	弱风化	1∶0.5～1∶1	—
	强风化	1∶0.75～1∶1	—

注：1. 有可靠的资料和经验时，可不受本表限制。

2. Ⅳ类强风化包括各类风化程度的极软岩。

对于有外倾软弱结构面的岩质边坡、坡顶边缘附近有较大荷载的边坡、边坡高度超过如表3-9所示的边坡等，边坡坡率应通过稳定性分析计算确定。

对于边坡高度大于20 m的软弱松散岩质路堑，宜采用分层开挖、分层防护和坡脚预加固技术。当挖方边坡较高时，可根据不同的土质、岩石性质和稳定要求开挖成折线式或台阶式边坡，边沟外侧应设置碎落台，其宽度不宜小于1.0 m；台阶式边坡中部应设置边坡平台，其宽度不宜小于2 m。

岩质边坡的岩体可参照如表3-8所示进行分类。

表3-8 岩质边坡的岩体分类

边坡岩体类型	判定条件			
	岩体完整程度	结构面结合程度	结构面产状	直立边坡自稳能力
Ⅰ	完整	结构面结合良好或一般	外倾结构面或外倾不同结构面的组合线倾角>75° 或<35°	30 m高边坡长期稳定，偶有掉块
Ⅱ	完整	结构面结合良好或一般	外倾结构面或外倾不同结构面的组合线倾角为35°～75°	15 m高的边坡稳定，15～30 m高的边坡欠稳定
	完整	结构面结合差	外倾结构面或外倾不同结构面的组合线倾角>75° 或<35°	
	较完整	结构面结合良好或一般或差	外倾结构面或外倾不同结构面的组合线倾角<35°，有内倾结构面	边坡出现局部塌落
Ⅲ	完整	结构面结合差	外倾结构面或外倾不同结构面的组合线倾角35°～75°	8 m高的边坡稳定，15 m高的边坡欠稳定
	较完整	结构面结合良好或一般	外倾结构面或外倾不同结构面的组合线倾角为35°～75°	
	较完整	结构面结合差	外倾结构面或外倾不同结构面的组合线倾角>75° 或<35°	
	较完整（碎裂镶嵌）	结构面结合良好或一般	结构面无明显规律	
Ⅳ	较完整	结构面结合差或很差	外倾结构面以层面为主，倾角多为35°～75°	8 m高的边坡不稳定
	不完整（散体、碎裂）	碎块间结合很差	—	

注：1. 边坡岩体分类中未含由外倾软弱结构面控制的边坡和倾倒崩塌型破坏的边坡。

2. Ⅰ类岩体为软岩、较软岩时，应降为Ⅱ岩体。

3. 当地下水发育时，Ⅱ、Ⅲ类岩体可视具体情况降低一档。

4. 强风化岩和极软岩可划为Ⅳ类岩体。

5. 表中外倾结构面是指倾向与坡向的夹角小于30°的结构面。

6. 岩体完整程度如表3-9所示确定。

第三章　道路路基设计

表3-9　岩体完整程度划分

岩体完整程度	结构面发育程度	结构类型	完整性系数Kv
完整	结构面1～2组，以构造节理或层面为主，密闭型	巨块状整体结构	>0.75
较完整	结构面2～3组，以构造节理或层面为主，裂隙多呈密闭型，部分为微张型，少有充填物	块状结构、层状结构、镶嵌碎裂结构	0.35～0.75
不完整	结构面大于3组，在断层附近受构造作用影响较大，裂隙以张开型为主，多有充填物，厚度较大	碎裂状结构、散体结构	<0.35

注：1. 完整性系数 $K_v = \left(\dfrac{V_R}{V_p}\right)^2$，其中，$V_R$ 为弹性纵波在岩体中的传播速度；V_p 为弹性纵波在岩块中的传播速度。

2. 镶嵌碎裂结构为碎裂结构中碎块较大且相互咬合、稳定性相对较好的一种结构。

岩石的风化破碎程度可参照如表3-10所示进行分级。

表3-10　岩石风化破碎程度分级表

分级	外观特征				
	颜色	矿物成分	结构构造	破碎程度	强度
轻度	较新鲜	无变化	无变化	节理不多，基本上是整体，节理基本不张开	基本上不降低，用锤敲很容易回弹
中等	造岩矿物失去光泽、色变暗	基本不变	无显著变化	开裂成直径为20～50 cm的大块状，大多数节理张开较小	有减低，用锤敲声音仍较清脆
严重	显著改变	有次生矿物产生	不清晰	开裂成直径为5～20 cm的碎石状，有时节理张开较多	有显著降低，用锤敲声音低沉
极重	变化极重	大部成分已改变，矿物间已失去结晶联系	只具有外形，矿物间已失去结晶联系	裂缝极多，爆破以后多呈碎石土状，有时细粒部分已略具塑性	极低，用锤敲时，基本上不回弹

4. 路基顶面的路拱横坡

为了迅速地排除路面上的集水，需将路面做成一定的横向坡度，称为路拱横坡。为了保证路面厚度在路幅宽度范围均匀一致，路基顶面的路拱横坡必须与路面的路拱横坡保持一致。路拱横坡坡度的确定既要保证排水通畅，又要保证行车安全，路拱坡度一般依路面类型和当地自然条件而定，一般情况下，路拱横坡的取值可参照如表3-11所示确定。

表3-11 路拱横坡取值表

路面类型	路拱坡度（%）	路面类型	路拱坡度（%）
沥青混凝土、水泥混凝土	1~2	碎、砾石等粒料路面	2.5~3.5
其他黑色路面、整齐石块	1.5~2.5	低级路面	3~4
半整齐石块、不整齐石块	2~3	—	—

路拱的形式根据路面宽度、路拱坡度及施工便利等确定。一般来讲，低等级公路多采用抛物线形或双曲线形，城市道路、高等级道路及路面比较宽的公路则多采用直线形。

（三）弯道横断面的超高与加宽

1. 超高及超高缓和段

行驶在弯道外侧的汽车会受到方向相同的离心力与汽车水平分力的联合作用，这种作用会增加行车的不稳定性，因此在弯道的路基横断面设计中，当圆曲线半径介于极限最小半径与不设超高最小半径之间时，需将外侧车道抬高，构成与内侧车道同坡之单坡横断面，这种设置称为超高。当圆曲线半径为极限最小半径时，圆曲线采用最大超高值。圆曲线半径为不设超高最小半径时，其超高按横向力系数$\mu=0.01\sim0.035$（从极限最小半径至不设超高最小半径的μ值）变动来计算，且随半径H的增大而减小。

超高计算公式为：

$$i_{超} = \frac{V^2}{127R} - \mu \tag{3-1}$$

式中，V：设计速度（km/h）；R：圆曲线半径（m）；μ：横向力系数。

各级公路和城市道路在圆曲线部分之最大超高值通常如表3-12、表3-13所示的规定采用。超高值按设计车速、平曲线半径大小计算，并结合路面类型、当地自然条件等最后确定。圆曲线段的超高值不变。

表3-12 公路最大超高值

公路等级	高速公路、一级公路	二、三、四级公路
一般地区（%）	8或10	8
积雪、严寒地区（%）	6	

表3-13 城市道路最大超高值

设计速度（km/h）	80	60、50	40、30、20
最大超高值（%）	6	4	2

从直线上双向路拱横断面过渡到圆曲线上具有单一超高坡度的横断面，需有一个逐渐变化的渐变段，此渐变段称为超高缓和段。

新建公路一般多采用绕路面边缘旋转方式，旧路改建多采用绕路中线旋转方式来设置超高缓和段。设计时，应综合考虑排水和保证最小填土高度及便于控制构造物高程等因素，合理选用。

对于有中间带的公路，其超高方式有绕中间带的中心旋转、绕中央分隔带边缘旋转、绕各自行车道中线旋转三种。

2. 加宽及加宽缓和段

在平曲线上行驶的汽车，因为每一车轮沿着各自独立的轨迹运动，汽车在路面上占据的宽度比直线段大，因而曲线段的路面必须加宽。

圆曲线加宽类别应根据公路的交通组成确定。二级公路以及设计速度为40 km/h的三级公路有集装箱半挂车通行时，应采用第3类加宽值；不经常通行集装箱半挂车时，可采用第2类加宽值。四级公路和设计速度为30 km/h的三级公路，可采用第1类加宽。

加宽过渡的方式根据道路等级不同有两种方式。

（1）二、三、四级公路及一般城市道路采用在相应的加宽缓和段内按直线比例完成由直线段上加宽值为零加宽过渡到圆曲线上的全加宽值。

$$e_x = k \cdot e \quad (3-2)$$

式中，e：圆曲线部分的路面加宽值；K：加宽缓和段上任一点到其起点距离与加宽缓和段全长之比；e_x：加宽缓和段上任一点的加宽值。

（2）高速公路、一级公路与城市主干路及快速路设置加宽缓和段时，采用高次抛物线过渡，按式（3-3）计算。

$$e_x = (4k - 3k^4) \cdot e \quad (3-3)$$

当圆曲线路段需设置回旋线、加宽、超高时，超高、加宽缓和段长度应与回旋线长度一致，并取三者计算值之大者作为设计值。

（四）路基横断面设计

路基横断面设计的主要任务是在给出横向地面线后，根据路线纵断面设计所确定的路基填挖高度以及路基宽度、边坡坡度、边沟尺寸，给出路基的外廓线。通常也将路基横断面设计工作称为"戴帽子"。

路基横断面设计一般按下述步骤进行。

（1）绘制各桩位的横向地面线。

（2）按《公路工程技术标准》规定拟定路基宽度，按地质、水文调查情况拟定路基边坡合理坡值并同时拟定边沟形式、尺寸等。

（3）拟定弯道不同半径的超高、加宽值，并逐桩计算超高加宽数值（该值附于路基设计表中）。

（4）根据路基设计表提供的路基填挖高度、路基宽度、超高加宽值，再结合边坡取值，即可用透明胶片制成的模板给出路基设计轮廓线。

横断面设计图比例尺一般采用1∶100～1∶200，在方格纸上由下至上、由左至右按桩号顺序绘制，每个横断面上需注明桩号、填挖高度、超高加宽值、填挖面积等内容。

（五）路基土石方计算与调配

1.路基横断面面积的计算

路基填挖断面面积为其设计线与地面线所围之面积。这一面积的计算通常有两种方法。

（1）积距法

积距法是在横断面米厘纸上按单位横宽b（常取1m）将断面分成若干三角形及梯形，每小条块面积近似地等于其平均高度h_i。断面总面积A等于各条块面积之和，也即：

$$A = h_1 b + h_2 b + \cdots + h_n b = b \sum_{i=1}^{n} h_i = 1 \times \sum_{i=1}^{n} h_i \tag{3-4}$$

求$\sum_{i=1}^{n} h_i$，即求积距的方法通常有两种：一种是卡规量法，另一种是米厘纸折成条量法。通常后者较好。

（2）几何图形法

当路基横断面之地面线较规则时，可以将断面划分成若干规则的几何图形，如三角形、梯形、矩形等，分别计算其面积并求和得出总面积。

2. 土石方数量的计算

在各断面的面积求得以后，就可进行土石方数量的计算。通常，为方便计算，一般均采用平均断面法来近似计算土石方数量。假定相邻两断面间为一棱柱体，其高为断面间距L，棱柱体体积则为：

$$V = \frac{A_1 + A_2}{2}L \tag{3-5}$$

式中，A_1、A_2：相邻桩号之断面面积（m²）；L：相邻桩号之差，即断面间距（m）。

3. 土石方调配

路基土石方数量计算完毕后，应进行土石方调配，借以确定填方的来源及挖方的去向，以便合理地利用挖余方减少借方，达到综合平衡、少占农田的目的。

土石方的调配可在"土石方数量计算表"上进行。

调配时首先进行横向调配，满足本桩号利用方的需要，而后计算挖余和填缺的数量。

横向调配完毕后，根据挖余和填缺量分布情况，即能大抵看出调运的方向及数量，再根据纵坡和经济运距，就能对可利用方进行纵向调配。

纵向调配一般在本公里范围进行。调配后，如填方尚有不足或者挖方尚未用尽，再选定适当借方及弃方地点，并计算借方和废方数量。

对于跨公里的调配，须注明数量及方向。

调配完成后，应进行复核。

（1）横向调运+纵向调运+借方=填方。

（2）横向调运+纵向调运+弃方=挖方。

（3）挖方+借方=填方+弃方。

最后算得计价土石方数量：计价土石方数量=挖方数量+借方数量

（六）路基附属设施

除路基本体结构及排水、防护与加固等主体工程，与一般路基工程有关的附属设施有取土坑、弃土堆、护坡道、碎落石、堆料坪及错车道等。这些设施是路基设计的组成部分，为保证路基的强度、稳定性和行车安全，正确合理地对其进行设计是十分重要的。

1. 取土坑与弃土堆

路基土石方的挖填平衡是公路路线设计的基本原则,但实际工程中往往难以做到完全平衡。土石方数量经过合理调配后,仍然会有部分借方和弃方(又称废方)。为了使土石的借弃不破坏周围环境和影响路基稳定,路基土石方的借弃要合理选择地点,即合理确定取土坑或弃土堆的位置。选点时要兼顾土质、数量、用地及运输条件等因素,弃之无害。对于借弃所形成的坑或堆,要求尽量结合当地地形,充分加以利用,并注意外形规整,弃堆稳固。对高等级公路或位于城郊附近的干线公路,尤应注意。

对于平坦地区,如果用土量较少,可以沿路两侧设置取土坑,并与路基排水和农田灌溉相结合。路旁取土坑,深度约1.0 m或稍大一些,宽度依用土数量和用地允许而定。为防止坑内积水危害路基,当堤顶与坑底高差小于2.0 m时,在路基坡脚与坑之间需设宽度1.0 m的护坡平台,坑底设纵横排水坡及相应设施。

河水淹没地段的桥头引道近旁一般不设取土坑,如设取土坑要距河流中水位边界10 m以外,并与导治结构物位置相适应。此类取土坑要求水流畅通,不得长期积水危及路基或构造物的稳定。

路基开挖的废方应尽量加以利用,如用以加宽路基或加固路堤,填补坑洞或路旁洼地,也可兼顾农田水利或基建等所需,做到变废为用,弃而不乱。

废方一般选择路边低洼地,就近弃堆。原地面倾斜坡度小于1∶5时,路旁两侧均可设弃土堆,地面较陡时,宜设在路基下方。沿河路基爆破后的废石方往往难以远运,条件许可时,可以部分占用河道,但要注意河道压缩后,不可致拥水危及上游路基及附近农田,或产生泥沙淤积,影响河道畅通。

路旁弃土堆要求堆弃整齐,顶面具有适当横坡,并设平台、三角土块及排水沟,宽度d与地面土质有关,最小为3.0 m,最大可按路堑深度加5.0 m,即$d > H + 5.0$ m。积砂或积雪地段的弃土堆宜有利于防沙防雪,可设在迎风面一侧,并具有足够距离。

2. 护坡道与碎落台

护坡道是保护路基边坡稳定性的措施之一,设置目的是加宽边坡横向距离,减小边坡平均坡度。护坡道越宽,越有利于边坡稳定,一般情况下,护坡道宽度不宜小于2 m。宽度大,则工程数量亦随之增加,因此,确定护坡道的宽度要兼顾边坡稳定性与经济合理性。通常,护坡道宽度d视边坡高度h而定,$h = 6 \sim 12$ m时,$d = 2 \sim 4$ m。

碎落台设于土质和石质挖方边坡的坡脚处,主要供零星土石碎块下落时临时堆积,保护边沟不致阻塞,亦有护坡道的作用。碎落台宽度不宜小于1.0 m,一般为$1 \sim 3$ m。

如兼有护坡作用，可适当放宽，不宜小于 2.0 m。碎落台上的堆积物应定期清理。

3. 堆料坪与错车道

路面养护所用的矿质材料可就近选择路旁适当地点堆置备用，亦可在路肩外缘设堆料坪，其面积可结合地形与材料数量而定，例如每隔50～100 m设一个堆料坪，长5～8 m，宽2 m。高级路面或采用机械化养路的路段可以不设，或另设集中备用料场，以维护公路外形的视觉平顺和景观优美。

单车道公路由于双向行车会车和相互避让的需要，通常应每隔200～500 m设置错车道一处。按规定，错车道的长度不得短于30 m，两端各有长度为10m的出入过渡段，中间10 m供停车用。单车道的路基宽度为4.5 m，而错车道地段的路基宽度则为6.5 m。错车道是单车道路基的一个组成部分，应与路基同时设计与施工。

二、路基边坡防护与加固设计

（一）路基防护与加固工程的要求和分类

1. 路基防护和加固的目的与要求

路基在水、风、气温等自然因素的长期作用下，将发生变形和破坏，若不及时加以防治，就会引起严重的病害。为保证路基的稳定性，除做好路基防排水外，还必须做好路基防护与加固设计。一般地，防护与加固的重点是路基边坡，特别是不良地质与水文地段及沿河路基的边坡。有时，对附近可能危害路基的河流和山坡也应进行必要的防护，以保证防护加固工程正常工作。

防护与加固工程是路基工程的一个组成部分，除专门用来支挡路基的结构物外，一般防护工程承受外力的能力很小，有的则完全不能承受外力的作用。因此，要求路基边坡本身基本稳定，否则不但路基得不到防护，而且连防护工程也会遭到破坏。

随着公路等级的提高，为维护正常的汽车运输，确保行车安全，以及保持公路与自然环境协调，做好路基的防护与加固，具有重要意义。

2. 防护与加固工程的分类

路基边坡的防护与加固工程，按其作用不同，可以分为坡面防护、冲刷防护与支挡工程三大类。

（1）坡面防护

用以防护易受自然因素影响而破坏的土质与岩质边坡。常用的类型有植草、铺草皮、植树、抹面、勾缝、灌浆和石砌护面、护面墙等。

（2）冲刷防护

用于防止水流对路基的冲刷与淘刷。按其方法不同，又可分为直接防护与间接防护两种。直接防护类型有铺草皮、植树、抛石、砌石、石笼等；间接防护类型有丁坝、顺坝等导流及调治构造物。

（3）支挡工程

用于防止路基变形或支挡路基本体，以保证路基稳定。常用的类型有各种挡土墙及其他有承重作用的构造物。

为使概念明确，一般把防止冲刷、风化，主要起隔离作用的工程措施称为防护工程；把防止路基或山体因重力作用而坍滑，主要起支承作用的支挡结构物称为加固工程。事实上，它们除了具有其主要作用外，往往还兼有其他作用。如石砌护坡，主要是防止水流冲刷路基边坡，但也具有一定的加固作用；挡土墙主要是支挡路基或山体，但同样也可以防止水流冲刷。因此，选择时很难截然分开，而应根据具体的地质、水文条件，路基稳定性及环境的主要要求，选用经济合理的方案。

（二）坡面防护

1. 植物防护

植物防护的方法有植草或喷播植草、铺草皮、种植灌木、喷混植生、客土喷播。采用植物覆盖层对坡面进行防护，可以减缓地面径流速度，调节边坡土的温湿状况，以及美化路容，协调环境。植物根系深入土中后，在一定程度上对表土起到了固结作用，对于坡高不大、边坡比较平缓的土质坡面是一种简易有效的防护措施。

（1）植草

用于坡率不陡于1∶1的土质边坡防护，但最小土层厚度不应小于0.15 m。当边坡较高时，植草可与土工网、土工网垫结合防护。植草宜采用当地易成活、生长快、根系发达、叶茎矮或有匍匐茎的多年生草种。草种的配合、播种量等应根据植物的生长特点、防护地点及施工方法确定。

（2）铺草皮

铺草皮适用于需要快速绿化且坡率缓于1∶1的土质边坡或全风化、强风化的岩石边坡防护。草皮应选择根系发达、茎矮叶茂耐旱草种，不宜采用喜水草种，严禁采用生长在泥沼地的草皮。

铺草皮需预先备料，草皮可就近培育，切成整齐块状，然后移铺到坡面上。铺时应自下而上，并用竹木小桩将草皮钉在坡面上，使之稳固。

(3) 种植灌木

用于坡率不陡于1:0.75的土质、软质岩石和全风化岩石边坡防护。种植灌木的最小土层厚度不应小于0.30 m。树种应选用能迅速生长且根深枝密的低矮灌木类。

(4) 喷混植生

用于坡率不陡于1:0.75的砂性土、碎石土、粗粒土、巨粒土及风化岩石边坡防护，边坡高度不宜大于10 m。

(5) 客土喷播

用于坡率不陡于1:1的碎石土、粗粒土、巨粒土和风化岩石边坡防护，边坡高度不宜大于8 m。当坡率陡于1:1时，宜设置挂网或混凝土格构。

2. 骨架植物防护

骨架植物防护主要用于边坡坡率缓于1:0.75的土质和全风化的岩石边坡防护与绿化。当坡面受雨水冲刷严重或潮湿时，坡度应缓于1:1.0，同时应根据边坡坡率、土质和当地情况确定骨架形式，并与周围景观相协调。骨架内应采用植物或其他辅助防护措施。如果降雨量较大且集中，骨架宜增设拦水带和排水槽。截水槽断面尺寸由降雨强度计算确定。

采用骨架植物防护时，浆砌片石或水泥混凝土骨架形状可采用拱形、人字形或方格形浆砌片石或水泥混凝土骨架，也可采用多边形水泥混凝土空心块、骨架内植草或喷播植草。混凝土空心块植物防护适用于坡度缓于1:0.75的土质边坡和全风化、强风化的岩石挖方边坡，并根据需要设置浆砌片石或混凝土骨架。空心预制块的混凝土强度等级不应低于C20，厚度不应小于150 mm。空心预制块内应填充种植土，喷播植草。

如果是风化破碎的岩石挖方边坡，可在骨架中增设锚杆。增设锚杆的钢筋混凝土格构中混凝土强度等级不应低于C25，格构几何尺寸应根据边坡高度和地层情况等确定，格构内宜植草。在多雨地区，格构上应设置截水槽，截水槽断面尺寸由降雨强度计算确定。

3. 圬工防护

常见的圬工防护措施有喷护、挂网喷护、干砌片石护坡、浆砌片石护坡、护面墙等。

(1) 喷护

用于坡率不陡于1:0.5、易风化但未遭强风化的岩石边坡防护，高速公路、一级公路和环境景观要求高的公路不宜采用。

喷护的材料可采用砂浆或水泥混凝土，喷浆防护厚度不宜小于50 mm，砂浆强度不应低于M10；喷射混凝土防护厚度不宜小于80 mm，混凝土强度不应低于C15。喷护坡面应设置泄水孔和伸缩缝，泄水孔纵、横间距宜为2.5 m，伸缩缝间距宜为10～15 m。

（2）挂网喷护

用于坡率不陡于1∶0.5、易风化但未遭强风化的岩石边坡防护，高速公路、一级公路和环境景观要求高的公路不宜采用。

锚杆挂网喷浆或喷射混凝土的喷护厚度不应小于0.10 m，亦不应大于0.25 m，钢筋保护层厚度不应小于20 mm。同时应结合碎落台和边坡平台种植攀藤植物，以减少对周围环境的影响。

（3）干砌片石护坡

用于坡率不陡于1∶1.25的土质边坡或岩石边坡防护。干砌片石厚度不宜小于250 mm。

（4）浆砌片石护坡

用于坡度不陡于1∶1的易风化的岩石和土质边坡防护。浆砌片石护坡的厚度不宜小于250 mm，砂浆强度不应低于M7.5，严寒地区不应低于M15，同时应设置伸缩缝和泄水孔。如采用水泥混凝土预制块护坡，混凝土强度不应低于C15，严寒地区不应低于C25。

无论采用何种片石护坡形式，均应在铺砌层下设置砂砾或碎石垫层，厚度不宜小于100 mm。

（5）护面墙

适用于防护坡率不陡于1∶0.5、易风化或风化严重的软质岩石或较破碎岩石挖方边坡，以及坡面易受侵蚀的土质边坡；窗孔式护面墙适用于边坡坡率缓于1∶0.75的边坡；拱式护面墙适用于边坡下部岩层较完整而上部需防护的边坡坡率缓于1∶0.5的边坡。

护面墙砌筑材料可采用浆砌条石、块石、混凝土预制块，也可采用现浇素混凝土。通常，护面墙的单级护坡高度不宜大于10 m，其墙背坡坡率与边坡坡率一致，顶宽不小于500 mm，底宽不小于1000 mm，并应设置伸缩缝和泄水孔。伸缩缝的间距宜为20～25 m，但素混凝土护面墙的伸缩缝间距应为10～15 m。

护面墙基础应设置在稳定的地基上，基础埋置深度应根据地质条件确定。冰冻地区应埋置在冰冻深度以下不小于250 mm处，护面墙前趾应低于排水沟铺砌的底面。

（三）沿河路基防护

为了防止水流直接危害沿河、滨海路堤以及有关堤坝护岸的边坡和坡脚，必须采取一定的防止冲刷措施。沿河路基应根据河流特性、水流性质、河道地貌地质等因素，结合路基位置，经技术经济比较后，选用适宜的防护工程类型、导流或改河工程。

常见的路基冲刷防护工程有直接防护措施（植物防护，砌石或混凝土护坡，土工织物软体沉排、土工模袋，石笼防护，浸水挡土墙，护坦防护，抛石）和间接防护措施（丁坝、顺坝、改河工程）两大类。

1. 植物防护

用于允许流速小于 1.2~1.8 m/s、水流方向与公路路线近似平行、不受洪水主流冲刷的季节性水流冲刷地段防护。经常浸水或长期浸水的路堤边坡，不宜采用植物防护。

2. 砌石或混凝土护坡

用于允许流速为 2~8 m/s 的路堤边坡防护。砌石或混凝土护坡厚度应按流速及波浪的大小等因素确定，干砌片石护坡厚度不宜小于 0.25 m，浆砌片石护坡厚度不应小于 0.35 m，水泥混凝土护坡厚度不应小于 0.10 m。护坡底面应设置砂砾反滤层，厚度不应小于 0.10 m。

3. 土工织物软体沉排、土工模袋

用于允许流速为 2~3 m/s 的沿河路基冲刷防护。

4. 石笼防护

用于允许流速为 4~5 m/s 的沿河路堤坡脚或河岸防护。

5. 浸水挡土墙

用于允许流速为 5~8 m/s 的峡谷急流和水流冲刷严重的河段。

6. 护坦防护

用于沿河路基挡土墙或护坡的局部冲刷深度过大、深基础施工不便的路段。

7. 抛石

用于经常浸水且水深较大的路基边坡或坡脚以及挡土墙、护坡的基础防护。

8. 丁坝

丁坝的作用是导流和挑流，把水流挑离河岸，改善水流状况，间接保护路基，用于宽浅性河段，保护河岸或路基不受水流直接冲蚀而产生破坏。丁坝由坝头、坝身和坝根三部分组成，其断面为梯形。丁坝所受的外力较小，其断面尺寸主要依据构造要求、施工条件和使用要求等因素确定。丁坝的轴线与水流方向的关系不同，分为垂直式、下挑式和上挑式三种。

如设置丁坝，其设计应符合下列要求。

（1）丁坝长度应根据防护长度、丁坝与水流方向的交角、河段地形、水文条件及河床地质情况等确定，垂直于水流方向上的投影长度不宜超过稳定河床宽度的1/4。

（2）用于路基防护的丁坝宜采用漫水坝或潜坝，丁坝与水流方向的交角以小于或等于90°为宜。

（3）当设置群坝时，坝间距离不应大于前坝的防护长度。丁坝间的河岸或路基边坡所能承受的允许流速小于水流靠岸回流流速时，应缩短坝距，或对河岸及路基边坡采取防护措施。

（4）丁坝的横断面形式和尺寸应根据材料种类、河流的水文特性等确定，坝顶宽度根据稳定计算确定。

9.顺坝

顺坝的作用是导流，基本上不改变原有水流的流态。当河床断面窄小，不允许过多侵占或地质条件不宜修筑丁坝时，可以采用顺坝。布置顺坝前，必须先有一个合理的导治线。顺坝与上下游河岸的衔接必须协调，坝的起点应选在水流匀顺的过渡地段，以免强烈冲刷，终点可与河岸连在一块。顺坝的构造与丁坝相似，分为坝头、坝身和坝根三部分，坝身断面形状为梯形，结构要求大体与丁坝相同。

如设置顺坝，其设计应符合下列要求。

（1）顺坝与上、下游河岸的衔接应使水流顺畅，起点应选择在水流匀顺的过渡段，坝根位置宜设在主流转向点的上方。

（2）坝顶宽度应根据稳定计算确定，坝根应嵌入稳定河岸内不小于3 m。漫溢式顺坝应在坝后设置格坝。格坝在平面上呈网格状，设于顺坝与堤岸之间，防止高水位时水流溢入冲刷坝内岸坡和坡角，并促进格间的淤积。

冲刷防护工程顶面高程应为设计水位加上波浪侵袭、拥水高度及安全高度。基底埋设在冲刷深度以下不小于1 m或嵌入基岩内，寒冷地区应在冻结深度之下不小于1 m。当冲刷深度较深、水下施工困难时，可采用桩基、沉井基础或适宜的平面防护。同时，冲刷防护工程应与上下游岸坡平顺衔接，端部嵌入岸壁足够的深度，以防止恶化上下游的水文条件。

设置导流建筑物时，应根据河道地貌、地质、水流特性、河道演变规律和防护要求等设计导治线，并应避免农田、村庄、公路和下游路基的冲刷加剧。在山区河谷地段，不宜设置挑水导流建筑物。

10. 改河工程

沿河路基受水流冲刷严重，或防护工程艰巨，以及路线在短距离内多次跨越弯曲河道时，可考虑改移河道，但是主河槽改动频繁的变迁性河流或支流较多的河段不宜改河道。

更改河道时，其平面设计应根据河流特性及演变规律因势利导，保证新河道水流不重归故道。改河起点和终点的位置应顺应河势，设在河流较稳定的河段，并与原河床顺接。为防止水流重归故道，宜在改河入口处加陡纵坡并设置拦河坝或顺坝。新河槽断面应按洪水频率的流量进行设计。

第二节　路基边坡稳定性设计

一、概述

一般情况下，路基结构按规范要求确定，无须进行边坡稳定性设计。特殊条件下，包括高路堤、深路堑、陡坡路堤、浸水路堤以及滑坡与软土等不良地质水文条件下的路基，需要通过稳定性分析与验算，做出合理的路基结构设计。路基边坡稳定性设计的任务就是对路基边坡的稳定性进行分析与验算，判定边坡的稳定性，以寻求安全可靠、经济合理的路基结构形式和稳定的边坡坡度值，或据以确定边坡的加固措施。

（一）影响路基边坡稳定性的因素

路基边坡滑坍是公路上常见的一种破坏现象，它影响车辆的正常运营和安全，严重者甚至造成事故，中断交通。根据土力学原理，路基边坡滑坍是由于边坡土体中的剪应力超过其抗剪强度所产生的剪切破坏。因此，凡是使土体剪应力增加或抗剪强度降低的因素，都可能引起边坡滑坍。这些因素可归纳为以下几点。

1. 边坡土质

土的抗剪强度首先取决于土的性质，土质不同则抗剪强度亦不同。对路堑边坡而言，除与土或岩石的性质有关，还与岩石的风化破碎程度和形状有关。

2. 水的活动

水是影响边坡稳定性的主要因素，边坡的破坏总是或多或少地与水的活动有关。土体的含水率增加，既降低了土体的抗剪强度，又增加了土内的剪应力。在浸水情况下，还有浮力和动水压力作用，使边坡处于最不利状态。

3. 边坡的几何形状

边坡的高度、坡度等直接关系到边坡的稳定条件，高大、陡直的边坡因重心高，稳定条件差，易发生滑坍或其他形式的破坏。

4. 活荷载增加

坡脚因水流冲刷或其他不适当的开挖而使边坡失去支撑等，均可能加大边坡土体的剪应力。

（二）边坡稳定性设计方法

边坡稳定性评价应遵循"以定性分析为基础、定量计算为手段"的原则。在进行边坡稳定性计算之前，应根据边坡工程地质条件或已经出现的变形破坏迹象，定性判断边坡可能的破坏形式和边坡稳定性状态。

规模较大的碎裂结构岩质边坡和土质边坡一般采用简化Bishop计算；对可能产生直线形破坏的边坡宜采用平面滑动面解析法进行计算；对可能产生折线形破坏的边坡宜采用不平衡推力法计算；对结构复杂的岩质边坡，可配合采用赤平投影法和实体比例投影法分析及楔形滑动面法计算；当边坡破坏机制复杂时，宜结合数值分析法进行分析。

边坡稳定性计算应分成以下三种工况。

（1）正常工况：边坡处于天然状态下的工况。

（2）非正常工况Ⅰ：边坡处于暴雨或连续降雨状态下的工况。

（3）非正常工况Ⅱ：边坡处于地震等荷载作用状态下的工况。

处于季冻区的边坡，应在上述三种工况基础上，考虑冻融的影响。

进行边坡稳定性验算时，其稳定系数应满足如表3-14和表3-15所示规定的稳定安全系数要求，否则应对边坡进行支护。

第三章　道路路基设计

表3-14　高填方路基与陡坡路堤稳定安全系数

分析内容	地基强度指标	分析工况	稳定安全系数 二级及二级以上公路	稳定安全系数 三、四级公路
路堤的堤身稳定性、路堤和地基的整体稳定性	采用直剪的固结快剪或三轴剪的固结不排水剪指标	正常工况	1.45	1.35
		非正常工况Ⅰ	1.35	1.25
		非正常工况Ⅱ	1.30	1.20
	采用快剪指标	正常工况	1.35	1.30
		非正常工况Ⅰ	1.25	1.15
		非正常工况Ⅱ	1.20	1.10
路堤沿斜坡地基或软弱层滑动的稳定性	—	正常工况	1.30	1.25
		非正常工况Ⅰ	1.20	1.15
		非正常工况Ⅱ	1.15	1.05

表3-15　路堑边坡稳定安全系数

公路等级		路堑边坡稳定安全系数
高速公路、一级公路	正常工况	1.20～1.30
	非正常工况Ⅰ	1.10～1.20
	非正常工况Ⅱ	1.05～1.10
二级及二级以下公路	正常工况	1.15～1.25
	非正常工况Ⅰ	1.05～1.15
	非正常工况Ⅱ	1.03～1.05

注：1. 表中安全系数取值应与计算方法对应。
2. 应确保施工边坡的临时稳定安全系数不小于1.05。

二、平面滑动面

边坡体由砂土或砂性土组成时，抗力以摩阻力为主，滑动面为平面；原地面为单一倾斜的陡坡路堤沿原地面下滑时，滑动面亦为平面。

对于平面滑动面，边坡稳定性系数可按式（3-6）计算。

$$F_s = R/T \qquad (3-6)$$

$$R = \left[(G+G_b)\cos\theta - Q\sin\theta - V\sin\theta - U\right]\tan\phi + cL \qquad (3-7)$$

$$T = (G+G_b)\sin\theta + Q\cos\theta + V\cos\theta \qquad (3-8)$$

$$V = \frac{1}{2}\gamma_w h_w^2 \qquad (3-9)$$

$$U = \frac{1}{2}\gamma_w h_w L \qquad (3-10)$$

式中，T：滑体单位宽度重力及其他外力引起的下滑力（kN/m）；R：滑体单位宽度重力及其他外力引起的抗滑力（kN/m）；C：滑面的黏聚力（kPa）；φ：滑面的内摩擦角（°）；L：滑面长度（m）；G：滑体单位宽度自重（kN/m）；G_b：滑体单位宽度竖向附加荷载（kN/m），方向指向下方时取正值，指向上方时取负值；θ：滑面倾角（°）；U：滑面单位宽度总水压力（kN/m）；V：后缘陡倾裂隙面上的单位宽度总水压力（kN/m）；Q：滑体单位宽度水平荷载（kN/m），方向指向坡外时取正值，指向坡内时取负值；K：后缘陡倾裂隙充水高度（m），根据裂隙情况及汇水条件确定。

计算所得的稳定系数应满足如表3-14和表3-15所示规定的安全系数要求，否则应对边坡进行支护。

三、圆弧形滑面

圆弧形滑动面一般出现在黏性土组成的边坡体滑动时，可采用简化Bishop法，边坡稳定性系数可按式（3-11）计算。

$$F_S = \frac{\sum\left[c_i b_i + (W_i + Q_i)\tan\phi_i\right]}{\sum(W_i + Q_i)\sin\alpha_i + \sum\dfrac{d_i}{R}E_{hsi}} \qquad (3-11)$$

式中，R：滑弧半径；d_i：第i个土条上水平地震荷载作用力到滑弧圆心的距离；b_i：第i个土条宽度；α_i：第i个土条底滑面的倾角；c_i、φ_i：第i个土条滑弧所在土层的黏聚力和内摩擦角，依滑弧处于位置，取对应土层的黏结力和内摩擦角；W_i：第i个土条重力；Q_i：第i个土条垂直方向外力；E_{hsi}：发生于第i个土条重心处的水平地震作用（荷载），采用拟静力法时，按式（3-13）计算；m_{ai}：系数，按式（3-12）计算。

$$m_{ai} = \cos\alpha_i + \frac{\sin\alpha_i \tan\phi_i}{F_i} \qquad (3-12)$$

式中符号意义同前。

$$E_{hsi} = \eta C_s K_b W_i \qquad (3-13)$$

式中，C_s：综合影响系数，取0.25；K_b：水平地震加速度系数，可按如表3-16所示内容选用；η：水平地震作用沿路基边坡高度的放大系数，对于二级及以上公路且边坡高度大于20 m的路基，按式（3-14）取值，其他情况路基取1.0。

$$\eta = \frac{h_i - 20}{H - 20} \times 0.6 + 1.0 \qquad (3-14)$$

式中，H：路基边坡高度；h_i：第i个土条顶至路基边坡坡脚的高度。

表3-16　水平地震加速度系数K_h取值表

基本烈度（度）	7		8		9
水平地震系数	0.1	0.15	0.2	0.3	0.4

路基是否需要进行抗震稳定性计算分析，应根据中国地震烈度区划，结合公路等级与路基边坡高度等进行判断。一般情况下，可按如表3-17所示内容确定。对于基本烈度大于9度的地区，抗震设计应进行专门研究；对液化土及软土地基应按《公路工程抗震规范》（JTGB03-2013）进行场地稳定性评价，并进行地基处理；对于重要的工程，可提高一个等级确定抗震稳定性计算分析的路基范围。

表3-17　地震作用下路基稳定性计算范围

公路等级			二级及二级以上公路			三、四级公路
			7	8	9	9
			0.10（0.15）	0.20（0.30）	0.40	0.40
岩石、非液化及非软土地基上的路基	非浸水	填料：岩块、细粒土	不验算	$H>20$ m验算	$H>15$ m验算	$H>20$ m验算
		填料：粗粒土	不验算	$H>12$ m验算	$H>6$ m验算	$H>12$ m验算
	浸水	填料：渗水性土	不验算	$w>3$ m验算	$w>2$ m验算	水库地区$w>3$ m验算
	粉砂、细砂填筑或地面横坡大于1:3的路堤		不验算	验算	验算	验算
液化土及软土地基上路基			验算	验算	验算	验算

注：H为路基边坡高度，w为路堤浸水常水位深度。

确定滑动面圆心辅助线方法：在地基比较坚实的条件下，边坡的滑动圆弧线可认为通过坡脚点，而且圆心大致沿着某条线做有规则的变动，此直线即为滑动面圆心辅助线。求得此圆心位置移动的辅助线后，在辅助线上选定某圆心，并通过坡脚做圆弧，即可确定滑动圆弧面。

四、不平衡推力法（折线法）

路堤沿斜坡地基或软弱层带滑动的稳定性可采用不平衡推力法及基于不平衡推力法的拟静力法，稳定系数F_s按式（3-15）和式（3-16）计算。正常工况、非正常工况下，不计地震力作用。

$$E_i = W_{Qi}\sin\alpha_i + E_{hsi}\cos\alpha_i - \frac{1}{F_i}[c_i L_i + (W_{Qi}\cos\alpha_i - E_{hsi}\sin\alpha_i)\tan\phi_i] + E_{i-1}\psi_{i-1}$$

（3-15）

其中，传递系数为：

$$\psi_{i-1} = \cos(\alpha_{i-1} - \alpha_i) - \frac{\tan\phi_i}{F_s}\sin(\alpha_{i-1} - \alpha_i) \quad （3-16）$$

式中，W_{Qi}：第i个土条的重力与外加竖向荷载之和；α_i：第i个土条底滑面的倾角；c_i、φ_i：第i个土条底的黏聚力和内摩擦角；l_i：第i个土条底滑面的长度；α_{i-1}：第$i-1$个土条底滑面的倾角；E_{i-1}：第$i-1$个土条传递给第i个土条的下滑力；E_{hsi}：第i个土条的水平地震作用；其余符号意义同前。

用式（3-15）和式（3-16）逐条计算，直到第n条的剩余推力为零，由此确定稳定系数F_s。各等级公路高填方路基与陡坡路堤稳定系数不得小于稳定安全系数值。对重要工程的抗震稳定安全系数，可提高一个等级考虑。

五、浸水路堤边坡稳定性

（一）浸水路堤的特点

建筑在桥头引道、河滩及河流沿岸，受到季节性或长期浸水的路堤，称为浸水路堤。这种路堤具有以下特点。

1. 稳定性受水位降落的影响

浸水路堤除承受普通路堤所承受的外力和自重外，还要承受水的浮力和渗透动水压力的作用。当河中水位上升时，水从边坡的一侧或两侧渗入路堤内；当水位降落时，水又从堤身向外渗出。由于土体内的渗水速度和水位升降速度比堤外水位涨落慢，因此当堤外水位升高时，堤内水位比降曲线（浸润曲线）呈凹形，而当堤外水位下降时，堤内水位比降曲线呈凸形，渗透速度随土的性质而定。

当水位上涨时，土体内的渗透浸润曲线比边坡外面水位低。土体除承受向上的浮力外，土粒还受到指向土体内部的动水压力作用，增加了路堤的稳定性。当水位下降时，土体内部水向外流出需要较长的时间。由于水位的差异，其动水压力方向指向土体外面，剧烈地破坏边坡的稳定性，并可能产生边坡凸起和滑坡现象。堤外水位下降速度越快，边坡的稳定性越低。另外，渗透水流能带走堤内的细小土粒，从而引起路堤变形。

在河滩路堤和桥头引道外，路堤上游和下游的水位有时并不一致，可能产生横穿路堤的渗透，因此即使上下游水位相差不大，也需予以考虑。

2.稳定性与路堤填料透水性有关

以黏性土填筑的路堤达到最佳密实度后，透水性很弱；以砂砾石土填筑的路堤——由于空隙大，透水性强，因此，水位涨落对这两种土的边坡稳定性影响一般不大。属于中等透水性的土如亚砂土、亚黏土等用作路堤填料，在水位降落时，对边坡稳定性影响较大，需考虑动水压力作用。因此，浸水路堤填料最好选用渗水性强的材料，如石质坚硬不易风化的块石、片石、碎石及砂砾等。若附近无此类材料或从远处运来不经济时，可采用黏土，但必须夯实，严格掌握压实标准。对于浸水易崩解、风化的岩石，如页岩、千枚岩等应禁止使用。

（二）浸水路堤的高度与断面形式

一般地，浸水路堤的最低设计高程可取设计洪水位加安全高度0.5 m。

大河两岸或水库路堤因水面较宽，可能有拥水现象和波浪侵袭，路堤的最低设计高程应为：

$$H=设计洪水位+可能的拥水高+波浪侵袭高+安全高度（0.5\ m）$$

对于深谷半填半挖的浸水路堤以及河滩高路堤，为了路基边坡稳定，并便于施工和修复起见，可在边坡适当高度处加设台阶或护坡道，宽度为1~2 m。浸水部分边坡应较平缓，并宜用片、块石加以防护。应对整个路堤边坡的稳定性进行验算。

（三）动水压力计算

凡用黏性土填筑的浸水路堤（不包括透水性极小的纯黏土）必须进行渗透动水压力计算。渗透动水压力D作用于浸润线以下土体的重心，平行于水力坡降I，其大小按式（3-17）计算：

$$D = I\Omega_B\gamma_w \tag{3-17}$$

式中，I：渗流水力坡降；Ω_B：浸润线与滑动面之间的面积（m²）；γ_w：水的重度（$\gamma_w=9.8\text{kN/m}^3$）。

（四）浸水路堤边坡稳定性验算

河滩路堤的稳定性验算应假定路堤处于最不利的情况下进行。其破坏一般发生在洪水位骤然下降的时候，验算方法与普通路堤边坡稳定性验算无大差异，只需考虑浮力和动水压力作用。

通常采用圆弧条分法，其稳定系数计算原理为：

$$K = \frac{M_a}{M_s} = \frac{\left(f\sum N + cl\right)}{R\sum T + D \cdot r}$$

$$= \frac{\left(f_c\sum N_c + f_B\sum N_B + c_C l_C + c_B l_B\right)R}{\left(\sum T_C + \sum T_B\right)R + \sum D_a \cdot r_a} \quad (3\text{-}18)$$

$$= \frac{f_c\sum N_c f_B + \sum N_B + c_C l_C + c_B l_B}{\left(\sum T_C + \sum T_B\right) + \dfrac{\sum D_a \cdot r_a}{R}}$$

式中，K：稳定安全系数；M_a：抗滑力矩；M_s：滑动力矩；$f_c\sum N_C$：浸润线以上部分沿验算滑动面的摩擦力总和，$f_c = \tan\phi_c$；$f_B\sum N_B$：浸润线以下部分沿验算滑动面的摩擦力总和，$f_B = \tan\phi_B$；$c_C l_C$：浸润线以上部分沿验算滑动面的黏结力，c_C和l_C分别为非浸水部分土体单位黏聚力和弧长；$c_B l_B$：浸润线以下部分沿验算滑动面的黏结力，c_B和l_B分别为浸水土体的单位黏聚力和浸水部分的弧长；$\sum T_C$：浸润线以上部分沿验算滑动面的下滑力总和；$\sum T_B$：浸润线以下部分沿验算滑动面的下滑力总和；D：渗透动水压力；D_a：分段渗透动水压力；r_a：分段渗透动水压力作用线距圆心的垂直距离。

由于渗透动水压力一般很小，为了简化计算，分母第三项可用D代替，即：

$$K = \frac{f_c\sum N_c + f_B\sum N_B + c_C l_C + c_B l_B}{\left(\sum T_C + \sum T_B\right) + D} \quad (3\text{-}19)$$

用圆弧条分法计算时，滑动土体分成段后，有些段全部在浸润线以上，有些全部在浸润线以下，有些段部分在浸润线以上，部分在浸润线以下，这种部分浸水的分段的土体重量应为：

$$Q_i = A_C \gamma_C + A_B \gamma_B \quad (3\text{-}20)$$

$$\gamma_B = \frac{\gamma_s - 1}{1 + \varepsilon}\gamma_w = (\gamma_s - 1)(1 - n)\gamma_w \qquad (3-21)$$

式中，A_C、A_B：分条土体浸润线以上和以下土体的面积；γ_C：分条浸润线以上土体的重度；γ_B：分条浸润线以下考虑浮力后土体的浸水重度；γ_s：土颗粒的比重；ε：土的孔隙比；n：土的孔隙率。

当稳定安全系数K大于如表3-14所示的要求时，认为该浸水路堤处于稳定状态；否则，不稳定，需要加固或改变横断面形态，直到满足稳定性要求为止。

边坡稳定性分析其计算工作量较大，目前普遍采用计算机分析程序来完成。

第三节　挡土墙设计

一、挡土墙的类型及使用条件

（一）挡土墙的用途

挡土墙是一种能够抵抗侧向土压力，用来支撑天然边坡或人工边坡，保持土体稳定的建筑物。它被广泛用于公路、铁路、水利及其他土建工程中。

靠回填土（或山体）一侧为墙背，外露临空一侧为墙面（也称墙胸），墙底与墙面交线为墙趾，墙底与墙背的交线为墙踵，墙背与垂线的交角为墙背倾角（α）。

在公路工程中，挡土墙的用途可归纳如下。

（1）在路堑地段，若开挖后的路堑边坡不能自行稳定，可在坡脚处设置挡土墙，以支撑边坡，降低挖方边坡高度，减少挖方数量，避免山体失稳坍滑。

（2）在地面横坡较陡，填筑路基难以稳定，或征地、拆迁费用高的填方路段，可在路肩或填方边坡的适当位置设置挡土墙，以收缩路堤坡脚，减少填方数量或减少拆迁和占地面积，保证路堤稳定。

（3）对于沿河路基，为避免沿河路基挤缩河床，防止水流冲刷路基，可在沿河一侧路基设置挡土墙。

（4）在某些挖方路段，原地面有较厚的覆盖层或滑坡，可在路堑边坡上方设置挡土墙，防止山坡覆盖层下滑和抵抗滑坡。

其他还有设置于隧道洞口的洞口挡土墙和设置于桥头的桥头挡土墙等。

在路基设计中，是否需要设置挡土墙，应通过与其他可能的技术方案进行技术、经济比较来确定。

（二）挡土墙的类型

挡土墙按照墙的位置、材料、结构形式可划分为以下几种类型。

（1）按照挡土墙设置的位置，可分为路堑墙、路堤墙、路肩墙和山坡墙等。

（2）按照修筑挡土墙的材料，又可分为石砌挡土墙、砖砌挡土墙、混凝土挡土墙、钢筋混凝土挡土墙和加筋土挡土墙等。

（3）按照挡土墙的结构形式，可分为重力式、衡重式、半重力式、悬臂式、扶壁式、锚杆式、柱板式、垛式等类型。其中，重力式、衡重式多用石砌。半重力式用混凝土浇筑，视需要也可在受拉区加少量钢筋，以节省圬工。其他类型多用钢筋混凝土就地制作或预制拼装。

（三）各种挡土墙的特点与使用条件

各种挡土墙的主要特点和适用范围如表3-18所示。

重力式和衡重式挡土墙的特点是构造简单，断面尺寸较大，墙身较重，墙背侧向土压力主要由墙身自重来平衡。由于墙身重，故对地基承载力要求亦较高。半重力式与重力式相似，但因其整体强度较高，故墙身断面和自重相对较小。垛式挡土墙实际上是一种在钢筋混凝土杆件装配的框架内填以土石的重力式挡土墙，但其构造复杂，对构件的设计、制作和安装要求较高。

其他类型的挡土墙如表3-18所示，由于构造上的特点，其侧向土压力主要不是由墙身自重来平衡，墙身材料强度高，断面较小，自重较轻，可统称为轻型挡土墙。它们的受力特点因构造而异。悬臂式挡土墙由立壁、墙踵板和墙趾板构成倒"T"形刚构，其侧向土压力作用于立壁所产生的弯矩，由墙踵板上的填料质量作用于墙踵板所产生的反弯矩来平衡。扶壁式挡土墙与悬臂式相似，扶壁（肋板）的作用是把墙面板和墙踵板直接连接起来，起到加劲的作用。带卸荷板的柱板式挡土墙有一个立柱、底梁和拉杆构成的三角形框架，它使由挡板传递给立柱的侧向土压力与卸荷板上填料的重量形成平衡力系，从而起到卸荷作用。锚杆式挡土墙是通过锚杆把墙体与墙后的稳定地层连接起来，形成静力平衡体系以维持墙的平衡。锚定板式挡土墙类似于锚杆式，差别仅在于固定端采用锚定板。桩板式挡土墙由钢筋混凝土桩和挡板构成，主要利用其深埋的桩柱前地层产生的被动土压力来平衡全墙侧向土压力。如采用锚杆将桩柱锚固在墙后的稳定地层中，则其结构与锚杆式相似，如用锚定板锚固，则类似于锚定板式。加筋土挡土墙由填土及在填土中布置的加筋材料和墙面板三部分组成，在垂直于墙面方向按一定间隔和高度水平地布置加筋材料，然后填土压实，通过填土与加筋材料间的摩擦和黏附等作用，把土的侧压力传给加筋材料，从而使土体稳定。

表3-18 各类型挡土墙主要特点与适用范围

挡土墙类型	特点	适用条件
重力式挡土墙	1.依靠墙身自重抵抗土压力的作用 2.形式简单，取材容易，施工简易	适用于一般地区、浸水地段和高烈度区的路肩、路堤和路堑等支挡工程。墙高不宜超过12 m，干砌挡土墙的高度不宜超过6 m。地下水较多的土质、风化破碎岩石路段可采用石笼式挡土墙
半重力式挡土墙	用混凝土灌注，在墙背设少量钢筋，并将墙趾展宽（必要时设少量钢筋），或基底设凸榫，以减薄墙身，节省圬工	适用于缺乏石料且不宜采用重力式挡土墙的地下水位较高或较软弱的地基上。墙高不宜超过8 m
悬臂式挡土墙	1.由立壁、墙趾板和墙踵板3个悬臂梁组成，断面尺寸较小 2.墙高时，立壁下部的弯矩大，消耗钢筋多，不经济	宜在石料缺乏、地基承载力较低的填方路段采用。墙高不宜超过6 m
扶壁式挡土墙	沿悬臂式墙的墙长，隔一定距离加一道扶壁，使立壁与墙踵板连接起来，更好受力	宜在石料缺乏、地基承载力较低的填方路段采用。墙高不宜超过15 m
	1.由立柱、挡板和锚杆三部分组成，靠锚杆锚固在山体内拉住立柱 2.断面尺寸小 3.立柱、挡板可预制	宜用于墙高较大的岩质路堑地段。可用作抗滑挡土墙。可采用肋柱式或板壁式单级墙或多级墙。每级墙高不宜大于8 m，多级墙的上下级墙体之间应设置宽度不小于2 m的平台。需要备有钻岩机、压浆机等施工设备
锚杆挡土墙	1.由钢筋混凝土墙面（肋柱及挡板）、钢拉杆和锚定板组成，借埋置在破裂面后稳定土层内的锚定板和锚杆拉住墙面，保持墙身稳定 2.拼装简易，施工快 3.结构轻便，柔性大	适用于缺少石料地区的路肩墙或路堤式挡土墙，但不应建筑于滑坡、坍塌、软土及膨胀土地区。可采用肋柱式或板壁式，墙高不宜超过10 m。肋柱式锚定板挡土墙可采用单级墙或双级墙，每级墙高不宜大于6 m，上、下级墙体之间应设置宽度不小于2 m的平台。上下两级墙的肋柱宜交错布置

续表

挡土墙类型	特点	适用条件
加筋土挡土墙	1.由加筋条（带）、墙面板和填土三部分组成，借筋带与填料之间的摩擦力保持墙身稳定 2.施工简便，造型美观 3.对地基的适应性强，占地少	用于一般地区的路肩式挡土墙、路堤式挡土墙。但不应修建在滑坡、水流冲刷、崩塌等不良地质地段。高速公路、一级公路墙高不宜大于12 m，二级及二级以下公路不宜大于20 m。当采用多级墙时，每级墙高不宜大于10 m，上下级墙体之间应设置宽度不小于2 m的平台
桩板式挡土墙	1.主要由桩与桩间的挡板组成 2.基础开挖较悬臂式和扶壁式少 3.断面尺寸小 4.桩顶处可能产生较大的水平位移或转动 5.挡土板可预制拼装，快速施工	用于表土及强风化层较薄的均质岩石地基、挡土墙高度可较大，也可用于地震区的路堑或路堤支挡或滑坡等特殊地段的治理

二、挡土墙的构造

以常用的重力式挡土墙为例，其一般由墙身、基础、排水设施和伸缩缝等几部分构成。

（一）墙身构造

1.墙身断面形式及其特点

根据墙背的倾斜方向，墙身断面形式可分为仰斜、垂直、俯斜、凸形折线式和衡重式。

在其他条件相同时，仰斜墙背所承受的土压力比俯斜墙背小，故其墙身断面亦较俯斜墙背经济。另外，由于仰斜墙背的倾斜方向与开挖面边坡方向一致，故开挖量和回填量均比俯斜墙背小。然而，由于仰斜式挡土墙的基础外移，当墙趾处地面横坡较陡时，会使墙身增高，断面增大。因此，仰斜式挡土墙宜用作路堑墙及墙趾处地面平坦的路堤墙或路肩墙。

俯斜墙背所承受的土压力较大。在地面横坡陡峻时，俯斜式挡土墙可用陡直的墙面，以减小墙高。俯斜墙背亦可做成台阶形，以增加墙背与填料间的摩阻力。

垂直墙背的特点介于仰斜和俯斜墙背之间。

若将仰斜式挡土墙的上部墙背改为俯斜，即构成凸形折线式。与仰斜式比较，其上部尺寸有所减少，故断面亦较节省。俯斜式挡土墙多用于路堑墙，也可用于路肩墙。

若在凸形折线式的上下墙之间增设一平台，并采用陡直墙面，即为衡重式断面。在其他条件相同时，衡重式的断面面积比俯斜式小而比仰斜式大，但其基底应力较大，故对地基承载力要求相对较高。

2. 墙身断面尺寸

（1）墙背坡度

俯斜式墙背坡度一般为1：0.15~1：0.4（即α=+8°32′~+21°48′）。仰斜式不宜缓于1：0.3（即$\alpha \leqslant$-6°42′），以免施工困难。衡重式之上墙背为1：0.25~1：0.45（即$\alpha_{上}$=+14°02′~+24°14′），下墙背在1：0.25（$\alpha_{下}$=-14°02′）左右，上下墙高比一般采用2：3。

（2）墙面

墙面一般为平面，其坡度除应与墙背坡度相协调外，还应密切结合墙趾处的地面横坡合理选择。地面横坡较陡时，为减小墙高，宜采用垂直墙面或仰斜1：0.05~1：0.20；地面横坡较缓时，可放得更缓些，但不宜缓于1：0.40，以免过分增加墙高。

（3）墙顶

墙顶最小宽度、块石或条石挡土墙的墙顶宽度不宜小于400 mm，素混凝土挡土墙的墙顶宽度不宜小于300 mm。浆砌路肩墙墙顶一般宜采用粗料石或低强度等级混凝土做成顶帽，顶帽厚约0.4 m。如不做顶帽或为路堑墙或路堤墙，墙顶应以较大块石砌筑，并用砂浆勾缝，或用M5砂浆抹平顶面，砂浆厚约2 cm。干砌挡土墙墙顶0.5 m高度内，用M2.5砂浆砌筑，以增加墙身稳定性。

（4）护栏

为保证交通安全，在地形险峻地段，或过高过长的路肩墙，需在墙顶设置护栏。为保持路肩宽度，护栏内侧边缘距路面边缘的距离，二、三级公路不小于0.75 m，四级公路不小于0.5 m。

（二）基础

在实际工程中，挡土墙的破坏在多数情况下是由于地基不良和基础处理不当引起的。因此，基础设计是挡土墙设计的重要内容，必须予以充分重视。

基础设计包括选择基础类型和确定基础埋置深度两项主要内容。

1. 基础类型

大多数挡土墙基础都是直接砌筑在天然地基上的。当地基承载力不足且墙趾处地形平坦时，为减小基底应力和增加抗倾覆稳定性，常采用扩大基础；当地面陡峻而地基为完整坚实的岩石时，为节省圬工和基础开挖数量，可采用切割台阶基础；如局部地基软弱，挖基困难或需跨越沟涧时，可采用拱形基础跨过。

扩大基础是将墙趾或墙踵部分加宽成台阶，也可同时将两侧加宽，以增大承压面积，减小基底应力。台阶的宽度视基底应力需要减小的程度和加宽后的合力偏心距大小而定，一般不宜小于0.2 m。台阶高度按加宽部分的抗剪、抗弯和基础材料的扩散角（刚性角）要求确定。高宽比可采用3∶2或2∶1。

当基底应力超出地基容许承载力过多时，基底需加宽的数值较大，台阶高度亦随之增加。为减小台阶高度，基础可改为钢筋混凝土底板。底板高度根据剪应力和主拉应力的要求确定。

对于切割台阶基础，每一台阶的宽度需要根据地形和地质条件而定，高宽比不宜大于2∶1。最下面一个台阶的底宽应满足偏心距的有关规定，一般不宜小于1.5 m。其余台阶的宽度不宜小于0.5 m，高度一般约为1.0 m。

2. 基础埋置深度

为保证挡土墙的稳定性，必须根据下列要求，将基础埋入地面以下适当深度。

（1）应保证基底土层的容许承载力大于基底可能出现的最大应力。不同深度的土层具有不同的承载力。基底应力分布因基础埋置深度不同而有所差异，埋入土中的基础，基底应力分布比置于地面的均匀。因此，将基础置于具有足够承载力的土层上，以避免地基产生剪切破坏，保证基础稳定。

（2）应保证基础不受冲刷。在墙前地基受水冲刷地段，如未采取专门的防冲刷措施，应将基础埋到冲刷线以下，以免基底和墙趾前的土层被水淘蚀。

（3）在季节性冰冻地区，应将基础埋置到冰冻线以下，以防止地基因冻融而破坏。

对于上述要求，公路上的一般规定如下。

①对于设置在土质地基上的挡土墙，基底埋置深度一般应在天然地面以下至少1.0 m；受水冲刷时应在冲刷线以下至少1.0 m；受冻胀影响时，应在冻结线以下不少于0.25 m，当冻深超过1.0 m时，仍采用1.25 m，但基底应夯填一定厚度的砂砾或碎石垫层，垫层底面亦应位于冻结线以下不少于0.25 m。

②设置在石质地基上的挡土墙应清除表面风化层，当风化层厚难于全部清除时，

可根据地基风化程度及其容许承载力,将基底埋入风化层中。基础嵌入岩层的深度可参照如表3-19所示内容确定。墙趾前地面横坡较陡时,基底埋深必须满足墙趾前的安全襟边宽度L,以防止地基剪切破坏。

表3-19　挡土墙基础嵌入岩石地基深度

岩层种类	基础埋深h（m）	襟边宽度
较完整的坚硬岩石	0.25	0.25~0.5
一般岩石（如砂页岩互层等）	0.6	0.6~1.5
松散岩石（如千枚岩等）	1.0	1.0~2.0
砂夹砾石	≥1.0	1.5~2.5

在挡土墙位于地质不良地段,地基内可能出现滑动面时,应进行地基抗滑稳定性验算,将基底埋置在滑动面以下,或采用其他措施,防止挡土墙滑动。

（三）排水设施

挡土墙设计一般都以天然地基容许承载力和自然状态下的墙背土体的土压力为依据。如排水不良,地基和墙背土体将由于水分增加而改变原来的状态,导致地基承载力降低和土压力增加。另外,当土体内水分过多时,将产生静水压力;在冰冻地区,还将产生冻胀压力;对黏性土,水分增加时将产生膨胀压力。显然,当附加的压力过大以致超出设计计算土压力,或地基承载力过分降低以致低于设计基底应力时,挡土墙的稳定性和强度难以保证。因此,设置有效排水设施对保证挡土墙稳定性和强度具有重要的意义。

挡土墙常用的排水设施可分为地面排水和墙身排水两部分。

地面排水主要是防止地表水渗入墙背土体或地基。主要措施包括:在墙后地面设置排水沟,夯实地表松土,必要时采取封闭处理;对路堑挡土墙墙趾前的边沟予以铺砌加固等。

墙身排水主要是为了迅速排除土内积水。其方法是在浆砌挡土墙墙身的适当高度处设置一排或数排泄水孔,泄水孔尺寸一般为5 cm×10 cm、10 cm×10 cm、15 cm×20 cm的矩形孔,或直径为5~10cm的圆形孔。泄水孔间距一般为2~3 m,干旱地区可适当增大,渗水量大时可适当加密。上下排泄水孔交错布置。为保证顺利泄水和避免墙外水流倒灌,泄水孔应向外侧倾斜,最下面一排泄水孔出口应高出地面或边沟、排水沟及积水地区的常水位0.3 m。为防止水分渗入地基,最下面一排的底部需铺设

30 cm厚的黏土隔水层。泄水孔的进水口附近应设置粗粒料反滤层，以免孔道阻塞。当墙背透水性差或可能发生冻胀时，应在最低一排泄水孔至墙顶以下0.5 m高度范围内铺设砂卵石排水层。

（四）沉降缝与伸缩缝

为防止墙身因地基不均匀沉降而引起断裂，需根据地基地质条件和墙高、墙身断面变化情况，设置沉降缝。为防止墙身因圬工砌体硬化收缩，或温度变化所产生的温度应力引起开裂，需设置伸缩缝。

设计时，一般将沉降缝和伸缩缝合并设置，统称为伸缩缝。沿路线方向每隔10~15 m设一道，缝宽2~3 cm，缝内可用胶泥填塞，但在渗水量大、填料容易流失或冻害严重地区，宜用沥青麻筋或涂以沥青的软木板等具有弹性的材料，沿内、外、顶三方填塞，填深不宜小于15 cm。当墙背为填石且冻害不严重时，可不填缝。

对于干砌挡土墙，缝的两侧应选用平整石料砌筑，使其成垂直通缝。

三、挡土墙的基础设计与稳定性验算

（一）基础设计

基底合力的偏心距e_0可按式（3-22）计算：

$$e_0 = \frac{M_d}{N_d} \qquad (3-22)$$

式中，N_d：作用于基底上的垂直力组合设计值（kN/m）；M_d：作用于基底形心的弯矩组合设计值（MPa）。

计算挡土墙地基时，在各类作用（或荷载）组合下，作用效应组合设计值计算式中的作用分项系数，除被动土压力分项系数$\gamma_{Q2}=0.3$，其余作用（或荷载）的分项系数规定均为1。

基底压应力σ应按下列公式计算：

当$|e| \leqslant \frac{B}{6}$时，

$$\sigma_{1,2} = \frac{N_d}{A}(1 \pm \frac{6e}{B}) \qquad (3-23)$$

位于岩石地基上的挡土墙：

当$e > \frac{B}{6}$时，

$$\sigma_1 = \frac{2N_d}{3\alpha_1}, \quad \sigma_2 = 0 \qquad (3-24)$$

$$\alpha_1 = \frac{B}{2} - e_0 \qquad (3-25)$$

式中，σ_1：挡土墙趾部的压应力（kPa）；σ_2：挡土墙踵部的压应力（kPa）；B：基底宽度（m），倾斜基底为其斜宽；A：基础底面每平方米的面积，矩形基础为基础宽度$B \times 1$（m²）；其余符号意义同前。

基底合力的偏心距e_0，对于土质地基不应大于$B/6$，对于岩石地基不应大于$B/4$。基底压应力不应大于基底的容许承载力$[\sigma_0]$；基底容许承载力值可按《公路桥涵地基与基础设计规范》（JTGD63—2007）的规定采用，当为作用（或荷载）组合Ⅲ及施工荷载，且$[\sigma_0]$>150 kPa时，可提高25%。

设置于不良土质地基、表土下为倾斜基岩地基及斜坡上的挡土墙，应对挡土墙地基及填土的整体稳定性进行验算，其稳定系数应小于1.25。

（二）稳定性验算的项目和控制指标

挡土墙的稳定性验算按平面问题取单位长度来进行。验算项目和控制指标如表3-20所示。

表3-20　抗滑动和抗倾覆的稳定系数

荷载情况	验算项目	稳定系数	
荷载组合Ⅰ、Ⅱ	抗滑动	K_c	1.3
	抗倾覆	K_0	1.5
荷载组合Ⅲ	抗滑动	K_c	1.3
	抗倾覆	K_0	1.3
施工阶段验算	抗滑动	K_c	1.2
	抗倾覆	K_0	1.2

1.挡土墙的滑动稳定性

挡土墙的滑动稳定方程与抗滑稳定系数按下列公式计算。

滑动稳定方程：

$$\begin{aligned} &[1.1G + \gamma_{Q1}(E_y + E_x \tan\alpha_0) - \gamma_{Q2} E_P \tan\alpha_0]\mu \\ &+ (1.1G + \gamma_{Q1} E_y)\tan\alpha_0 - \gamma_{Q1} E_x + \gamma_{Q1} E_p > 0 \end{aligned} \qquad (3-26)$$

式中，G：作用于基底以上的重力（kN），浸水挡土墙的浸水部分应计入浮力；E_y：墙后主动土压力的竖向分量（kN）；E_x：墙后主动土压力的水平分量（kN）；E_p：墙前被动土压力的水平分量（kN），当为浸水挡土墙时，$E_p=0$；α_0：基底倾斜角（°），基底为水平时，$\alpha_0=0$；γ_{Q1}、γ_{Q2}：分别为主动土压力分项系数、墙前被动土压力分项系数；μ：基底与地基间的摩擦系数，当缺乏可靠试验资料时，可按如表3-21所示的规定采用。

表3-21 基底与基底土间的摩擦系数M

地基土的分类	摩擦系数μ	地基土的分类	摩擦系数μ
软塑黏土	0.25	碎石类土	0.50
硬塑黏土	0.30	软质岩石	0.40~0.60
砂类土、黏砂土、半干硬的黏土	0.30~0.40	硬质岩石	0.60~0.70
砂类土	0.40		

抗滑动稳定系数K_c按式（3-27）计算：

$$K_c = \frac{\left[N+(E_x-E_P')\tan\alpha_0\right]\mu+E_P'}{E_x-N\tan\alpha_0} \quad (3-27)$$

式中，N：作用于基底上合力的竖向分力（kN），浸水挡土墙应计浸水部分的浮力；E_P'：墙前被动土压力水平分量的0.3倍（kN）；其余符号意义同前。

2. 挡土墙的倾覆稳定

挡土墙的倾覆稳定方程与抗倾覆稳定系数按下列公式计算。

倾覆稳定方程：

$$0.8GZ_G+\gamma_{Q_1}(E_yZ_y-E_xZ_x)+\gamma_{Q_2}E_pZ_p>0 \quad (3-28)$$

式中，Z_G：墙身重力、基础重力、基础上填土的重力及作用于墙顶的其他荷载的竖向力合力重心到墙趾的距离（m）；Z_x：墙后主动土压力的水平分量到墙趾的距离（m）；Z_y：墙后主动土压力的竖向分量到墙趾的距离（m）；Z_p：墙前被动土压力的水平分量到墙趾的距离（m）；其余符号意义同前。

抗倾覆稳定系数K_0按式（3-29）计算：

$$K_0 = \frac{GZ_G+E_yZ_y+E_P'Z_p}{E_xZ_x} \quad (3-29)$$

式中符号意义同前。

（三）墙身截面强度验算

为保证墙身具有足够的强度，应根据经验选择1~2个控制性截面进行验算。验算截面，一般可选择在距墙身底部二分之一墙高位置和截面急剧变化处。

1. 容许应力法

（1）法向应力验算

选择Ⅰ-Ⅰ截面为验算截面。若作用在此截面以上墙背的主动土压力为E_1，墙身自重为G_1，两者之合力为R_1，则将分解为N_1和T_1。验算截面的法向应力，视偏心距大小，分别按下列公式计算。

当 $e_1 = \dfrac{B_1}{2} - \dfrac{G_1 \cdot Z_{G1} + E_{1y} \cdot Z_{1y} \cdot Z_{1x}}{G_1 + E_{1y}} \leqslant \dfrac{B_1}{6}$ 时，

$$\begin{matrix}\sigma_{\max}\\ \sigma_{\min}\end{matrix} = \frac{G_1 + E_{1y}}{B_1}\left(1 \pm \frac{6e_1}{B_1}\right) \leqslant [\sigma_a] \qquad (3-30)$$

当 $e_1 > \dfrac{B_1}{6}$ 时，法向应力将重分布：

$$\sigma_{\max} = \frac{2(G_1 + E_{1y})}{3\left(\dfrac{B_1}{2} - e_1\right)} \leqslant [\sigma_a] \qquad (3-31)$$

式中，B_1：验算截面宽度；$\sigma_{\max}$、$\sigma_{\min}$：分别验算截面的最大、最小法向应力；$[\sigma_a]$：圬工砌体的容许压应力；其余符号意义同前。

（2）剪应力验算

对于重力式挡土墙，一般只进行墙身水平截面的剪应力验算；对折线式和衡重式挡土墙，除验算水平截面外，还应验算倾斜截面。

水平截面的剪应力为：

$$\tau = \frac{T_1}{A_1} = \frac{E_{1x}}{B_1} \leqslant [\tau] \qquad (3-32)$$

式中，A_1：受剪面积，$A_1 = B_1 \times 1$；$[\tau]$：圬工砌体容许剪应力；其余符号意义同前。

当墙身截面出现拉应力时，应考虑裂缝对受剪面积的折减。

2. 极限状态方法

（1）重力式挡土墙按承载能力极限状态设计时，在某一类作用（或荷载）效应组合下，作用（或荷载）效应的组合设计值可按式（3-33）计算。

$$S = \psi_{ZL}\left(\gamma_G \sum S_{Gik} + \sum \gamma_{Qi} S_{Qik}\right) \quad (3-33)$$

式中，S：作用（或荷载）效应的组合设计值；γ_G、γ_{Qi}：作用（或荷载）的分项系数；S_{Gik}：第i个垂直恒载的标准值效应；S_{Qik}：土侧压力、水浮力、静水压力、其他可变作用（或荷载）的标准值效应；Ψ_{ZL}：荷载效应组合系数，按如表3-22所示内容采用。

表3-22 荷载效应组合系数Ψ_{ZL}值

荷载组合	Ψ_{ZL}	荷载组合	Ψ_{ZL}	荷载组合	Ψ_{ZL}
Ⅰ、Ⅱ	1.0	Ⅲ	0.8	施工荷载	0.7

（2）挡土墙构件轴心或偏心受压时，正截面强度和稳定按下列公式计算。

计算强度时：

$$\gamma_0 N_d \leqslant \frac{a_K A R_a}{\gamma_f} \quad (3-34)$$

计算稳定时：

$$\gamma_0 N_d \leqslant \frac{\psi_K a_K A R_a}{\gamma_f} \quad (3-35)$$

式中，N_d：验算截面上的轴向力组合设计值（kN）；γ_0：重要性系数；γ_f：圬工构件或材料的抗力分项系数；R_a：材料抗压极限强度（kN）；A：挡土墙构件的计算截面面积（m²）；a_k：轴向力偏心影响系数；Ψ_k：偏心受压构件在弯曲平面内的纵向弯曲系数；轴心受压构件的纵向弯曲系数，采用如表3-23所示的规定。

表3-23 圬工构件或材料的抗力分项系数γ_f

圬工种类	受力	情况
	受压	受弯、剪、拉
石料	1.85	2.31
片石砌体、片石混凝土砌体	2.31	2.31
块石、粗料石、混凝土预制块、砖砌体	1.92	2.31
混凝土	1.54	2.31

$$a_K = \frac{1 - 256\left(\dfrac{e_0}{B}\right)^8}{1 - 12\left(\dfrac{e_0}{B}\right)^2} \quad (3-36)$$

式中，e_0：轴向力的偏心距（m）；B：挡土墙计算截面宽度（m）。

$$e_0 = \left|\frac{M_0}{N_0}\right| \qquad (3-37)$$

式中，M_0：在某一类作用（或荷载）组合下，作用（或荷载）对计算截面形心的总力矩（kN·m）；N_0：某一类作用（或荷载）组合下，作用于计算截面上的轴向力的合力（kN）。

$$\psi_K = \frac{1}{1+a_s\beta_s(\beta_s-3)\left[1+16\left(\dfrac{e_0}{B}\right)^2\right]} \qquad (3-38)$$

$$\beta_s = \frac{2H}{B} \qquad (3-39)$$

式中，H：墙高（m）；a_s：与材料有关的系数，按如表3-24所示内容采用。

表3-24 a_s取值

圬工名称	浆砌砌体采用以下砂浆强度等级			混凝土
	M10、M7.5、M5	M2.5	M1	
a_s值	0.002	0.0025	0.004	0.002

表3-25 轴心受压构件纵向弯曲系数 ψ_k

2H/B	混凝土构件	砌体砂浆强度等级	
		M10、M7.5、M5	M2.5
≤3	1.00	1.00	1.00
4	0.99	0.99	0.99
6	0.96	0.96	0.96
8	0.93	0.93	0.91
10	0.88	0.88	0.85
12	0.82	0.82	0.79
14	0.76	0.76	0.72
16	0.71	0.71	0.66
18	0.65	0.65	0.60
20	0.60	0.60	0.54

续表

2H/B	混凝土构件	砌体砂浆强度等级	
		M10、M7.5、M5	M2.5
22	0.54	0.54	0.49
24	0.50	0.50	0.44
26	0.46	0.46	0.40
28	0.42	0.42	0.36
30	0.38	0.38	0.33

表3-26 圬工结构轴向力合力的容许偏心距%

荷载组合	容许偏心距	荷载组合	容许偏心距
Ⅰ、Ⅱ	0.25B	施工荷载	0.335
Ⅲ	0.35		

注：B为沿力矩转动方向的矩形计算截面宽度。

偏心受压构件除验算弯曲平面内的纵向稳定，还应按轴心受压构件验算非弯曲平面内的稳定。

（3）重力式挡土墙轴向力的偏心距e_0应符合如表3-27所示的规定。

（4）混凝土截面在受拉一侧配有不小于截面面积0.05%的纵向钢筋时，表3-26中的容许规定值可增加0.05B；当截面配筋率大于表3-27的规定时，按钢筋混凝土构件计算，偏心距不受限制。

表3-27 按钢筋混凝土构件计算的受拉钢筋最小配筋率

钢筋牌号（种类）	钢筋最小配筋率（%）	
	截面一侧钢筋	全截面钢筋
Q235钢筋（Ⅰ级）	0.20	0.50
HRB335、HRB400钢筋（Ⅱ、Ⅲ级）	0.20	0.50

注：钢筋最小配筋率按构件的全截面计算。

（四）增加挡土墙稳定性的方法

1. 增加抗滑稳定性的方法

（1）采用倾斜基底。采用向内倾斜的基底可以增加抗滑力和减小滑动力，从而增加抗滑稳定性，这是增加挡土墙抗滑稳定性的常用方法。

（2）采用凸榫基础。在挡土墙底部设置混凝土凸榫基础的作用在于利用凸榫前的被动土压力，增加其抗滑力，从而提高挡土墙的抗滑稳定性。

（3）采用人工地基。对于地基采用换土的办法，增加墙底与地基之间的摩阻系数，从而加大抗滑力，增加挡土墙的抗滑稳定性。

2. 增加抗倾覆稳定性的方法

（1）展宽墙趾。展宽墙趾的作用是增大抗倾覆力矩的力臂，从而增加其抗倾覆的稳定性，是挡土墙抗倾覆稳定性的常用方法。但是当墙趾前地面较陡时，墙趾展宽过多，将导致墙高和圬工体积显著增加。

（2）改变墙面及墙背坡度。改陡墙背坡度可减小土压力，改缓墙面坡度可加大抗倾覆力矩的力臂，从而增加挡土墙的抗倾覆稳定性。但是若墙趾前地面较陡，改缓面坡将引起基础外移，使墙高增加。

（3）改变墙身断面形式。就抗倾覆而言，衡重式优于仰斜式，仰斜式优于俯斜式。

（五）提高地基承载力或减小基底应力的方法

1. 采用人工地基

通过换土或人工加固地基的办法来扩散地基应力或提高地基承载力。

2. 采用扩大基础

扩大基础的目的是加大承压面积，以减小基底应力。

第四章　道路路面设计

第一节　道路路面设计概述

路面是道路的重要组成部分,是在路基的顶部用各种材料或混合料分层修筑的供车辆行驶的一种层状结构物。它直接承受车辆荷载并受到自然因素的作用。路面的性能影响行车速度、安全、舒适性和运输成本。因此,根据道路等级和任务,合理选择路面结构,精心设计,严格施工,使路面在设计使用年限内具有良好的使用性能,对节约投资,提高运输效益,具有十分重要的意义。

一、路面结构组成

(一)路面结构层位及功能

行车荷载和自然因素对路面的作用和影响随着深度增加而递减。因此,对路面结构的强度、抗变形能力和稳定性的要求也随深度的增加而逐渐降低。根据这一特点,同时考虑到筑路的经济性,路面结构一般由各种不同材料分多层铺筑,各个层位分别有着不同的功能。通常将路面结构划分为面层、基层和功能层。

1. 面层

面层是路面结构的最上层,直接与车辆荷载和大气相接触,与其他层次相比,面层应具备更高的强度、抗变形能力和较好的稳定性、平整度,同时应具有较好的耐磨性、抗滑性和不透水性。

铺筑面层的材料主要有水泥混凝土、沥青混凝土、块石、沥青碎(砾)石混合料等。

等级高的道路路面面层通常由两层或三层构成,分别称为上面层和下面层,或上、中、下面层。

2. 基层

基层设置在面层之下，承受由面层传递下来的行车荷载，并将它扩散和传递到垫层和路基。虽然基层位于面层之下，但仍然难以避免大气降水从面层渗入，而且还可能受到地下水的侵蚀，因此，基层除应具有足够的强度和刚度外，还应具有良好的水稳定性。同时为了保证面层的平整度，要求基层有一定的平整度。

修筑基层的材料主要有各种结合料（如石灰、水泥或沥青等）稳定土或碎（砾）石，以及各种工业废渣（如煤渣、粉煤灰、矿渣、石灰渣等）组成的混合料，贫水泥混凝土，各种碎（砾）石混合料，天然砂砾及片石、块石等。

等级高的道路基层通常较厚，一般分两层或三层铺筑，位于下层的叫底基层，对底基层的材料在质量和强度方面要求相对较低，应尽量使用当地材料修筑。

3. 功能层

路面设计时，视情况需要设置具有排水、防水或抗冻等性能的功能层，位于基层和路基之间，它的功能是改善路基的湿度和温度状况，保证基层和面层的强度、刚度和稳定性不受路基的影响。同时，它还将基层传下来的车辆荷载进一步扩散，从而减小路基顶面的压应力和竖向变形；另外，也能阻止路基土挤入基层。在地下水位较高的路基上，土质不良或冻深较大的路基上通常都应设置此类功能层。

功能层材料的强度要求不一定高，但水稳定性和隔温性要好。常用的材料有两类：一类为松散粒料，如砂、砾石、炉渣、煤渣等透水性功能层；另一类为石灰、水泥和炉渣稳定土等稳定性功能层。

为了保护路面各层的边缘，一般路面的基层宽度应比面层每边宽出至少25 cm，其宽度应比基层每边宽出至少25 cm，或与路基同宽以利排水。

路面结构层次和组成材料的选择依据道路等级、交通繁重程度、路基承载能力、材料供应情况、气候条件、施工因素、资金筹措等因素，综合考虑和分析后做出决定。高速公路、一级公路基层应采用水泥稳定粒料、石灰粉煤灰稳定粒料、沥青混合料以及级配碎砾石等材料铺筑；对于高速公路、一级公路底基层和二级及二级以下公路基层和底基层，除上述材料，也可采用水泥稳定土、石灰稳定土、石灰粉煤灰稳定土、石灰工业废渣、填隙碎石等材料铺筑。当各级公路需要设置垫层时，一般可采用水稳性好的粗粒料或各种稳定类材料铺筑。

（二）路拱横坡度

为了及时排出路面上的积水，减少雨水对路面的浸湿和渗透，路面表面应做成两边低、中央高的路拱。路拱坡度的大小一般受路面材料、路面宽度和地区降雨等因素的影响。高级路面平整度和水稳性好，透水性小，一般采用较小的路拱横坡度和直线形路拱；低级路面为利于迅速排除路表积水，通常采用较大的路拱横坡度和抛物线形路拱。表4-1为各种类型路面路拱平均横坡度值。

表4-1 各类路面路拱平均横坡度

路面类型	路拱平均横坡度（%）
沥青混凝土、水泥混凝土、沥青玛蹄脂碎石（SMA）	1.0～2.0
热拌沥青碎石、路拌沥青碎（砾）石、沥青贯入碎（砾）石、沥青表面处治、整齐石块	1.5～2.5
半整齐石块、不整齐石块	2.0～3.0
碎（砾）石等粒料路面	2.5～3.5
炉渣土、砾石土、砂砾土等低级路面	3.0～4.0

路拱横坡度的具体选择应考虑有利于行车平稳和利于路面排水的要求。在干旱和积雪、浮冰地区，应采用低值；多雨地区采用高值；道路纵坡较大或路面较宽，或行车速度较高，或经常有拖挂车行驶时用低值，反之，取用高值。

路肩横坡度一般较路面横坡度大1%。高速公路和一级公路当硬路肩采用与路面行车道相同结构时，路肩与路面采用相同的横坡度。

二、路面的性能要求

为了保证道路全天候通车，提高行车速度，增强安全性和舒适性，降低运输成本和延长道路使用年限，要求路面具有下述性能。

（一）足够的强度和刚度

汽车在路面上行驶，通过车轮把垂直力和水平力传递给路面，水平力又分为横向和纵向两种。此外，路面还受到车辆振动力和冲击力作用，在车身后面还会产生真空吸力。

在上述各种外力的综合作用下，路面结构内会产生不同大小的应力、应变，如果这些应力或应变超过路面结构整体或某一组成部分的强度或抗变形能力，路面就会出现断裂、沉陷、车辙及波浪等病害，从而使路况恶化，服务水平下降。因此，要求路面结构具有足够的强度，同时应具有一定的刚度，即抵抗变形的能力。

（二）良好的稳定性

路面结构暴露在大气中，无时不受到温度和湿度变化的影响，其力学性能也就随之不断发生变化，强度和刚度不稳定，路况时好时坏。例如，沥青路面在夏季高温时会变软而产生车辙和推挤，冬季低温时又可能因收缩或变脆而开裂；水泥混凝土路面在高温时会发生拱胀破坏，温度急剧变化时会因翘曲而产生破坏；砂石路面在雨季时，路面结构会因雨水渗入而使强度下降，产生沉陷、轮辙或波浪。在冰冻地区，温度和湿度的共同作用会使路基路面结构产生冻胀、翻浆破坏。因此，要研究路面结构的温度和湿度状况及其对路面结构的影响，以便在此基础上修筑能在当地气候条件下具有足够稳定性的路面结构。

（三）耐久性

路面结构要承受车辆荷载的多次重复作用，由此而逐渐产生疲劳破坏和塑性变形的累积；另外，温度、湿度、日照等自然因素的影响会使路面各结构层材料老化而导致破坏，这些都将缩短路面的使用寿命，增加养护工作量及难度。因此，路面结构必须具有足够的抗疲劳强度和抗老化能力以及抗变形累积的能力。

（四）表面平整度

路面平整度是影响行车安全、行驶舒适性和运输效益的重要指标。不平整的路表面会增大行车的阻力，并使车辆产生附加的振动作用。这种振动会造成行车颠簸，影响行车的速度和安全、驾驶的平稳和乘客的舒适。同时，振动作用还会对路面施加冲击力，从而加剧路面和汽车机件的损坏，并增大油料的消耗，而且不平整的路面还会积滞雨水，加速路面的破坏。不同等级的公路对路面平整度的要求也不同。

平整的路面依靠优良的施工机具、精细的施工工艺、严格的施工质量控制以及经常和及时的养护来保证。同时，路面结构的平整度还和整个路面结构、面层材料的强度及抗变形能力有关。强度和抗变形能力差的路面结构经不起车轮荷载的反复作用，极易出现沉陷、车辙和推挤等破坏，从而形成不平整的路面。

(五)表面抗滑性和耐磨性

路面要求平整度好，但不宜光滑。光滑的表面造成行驶的车轮与路面之间的附着力和摩擦力较小，影响行车安全。特别是在雨天高速行车，或紧急制动，或爬坡、转弯时，车轮易产生空转或打滑，致使车速降低，油料消耗增多，甚至引起严重的交通事故。路面的抗滑性能通常采用摩擦因数表征。高速公路和一级公路由于行车速度高，因此要求具有较高的抗滑性。

路面的抗滑性可以通过采用坚硬、耐磨、表面粗糙的集料组成路面表层材料来实现，有时也可以采用一些工艺性措施来实现，如水泥混凝土路面的刷毛、刻槽等。此外，路面上的积雪、浮冰或污泥等也会降低路面的抗滑性，必须及时予以清除。

(六)不透水性

大气降水若通过路面表面渗入路面结构和路基内部，在高速行车荷载的反复作用下，这些水将产生很大的动水压力不断冲刷路面，使路面产生剥落、坑洞、唧浆和网裂等早期水破坏现象。在降雨量大的潮湿地区，交通量大、载重车辆多的高速公路沥青路面，水破坏更严重。

为避免路面水破坏，应尽量采用不透水的路面面层，设置路面排水设施或有效防水层。

(七)低噪声和少尘性

汽车在路面上行驶，车身后面所产生的真空吸力会将表层中较细材料吸出，使尘土飞扬，导致路面松散、脱落和坑洞等。扬尘还会加速汽车机件的损坏，影响行车视距，降低行车速度，而且对旅客和沿路的环境卫生，以及货物和路旁农作物均会产生不良影响。

行车噪声一方面因路面平整度差以及路面面层材料的刚度大而产生；另一方面与不良的线形设计导致车辆频繁的加速、减速、转向有关。

因此，对于行车噪声和扬尘，应当从道路工程的设计、施工、养护和管理等方面统筹考虑，才能保证路面具有尽可能低的扬尘性和尽可能小的噪声。

三、路面的分类

路面类型一般按路面所使用的面层材料划分，如水泥混凝土路面、沥青路面、砂石路面等。但在进行路面结构设计时，主要从路面结构的力学特性出发，将路面划分为柔性路面、刚性路面两大类。

（一）柔性路面

柔性路面结构整体刚度较小，在行车荷载作用下产生的弯沉变形较大，行车荷载通过路面各结构层传给路基的应力也较大。路面整体结构抗拉强度不高，主要靠抗压强度、抗剪强度承受行车荷载作用。柔性路面主要有各种未经处治的粒料基层和沥青面层、碎砾石面层或块石面层组成的路面结构。

（二）刚性路面

刚性路面主要指用水泥混凝土作面层或基层的路面结构（用水泥混凝土做基层沥青混合料作面层的路面也称为复合式路面）。与柔性路面相比，刚性路面具有较高的抗压强度、抗折强度和弹性模量，刚度大、板体性好，具有较强的扩散应力的能力。因此，在车辆荷载作用下，通过混凝土路面板体传递给基层或路基的应力比柔性路面小得多。

另外，用水泥、石灰、粉煤灰等无机结合料稳定土或稳定碎（砾）石来修筑的基层通常称为半刚性基层。此类基层初期强度和刚度较小，其强度和刚度随龄期增长，所以后期体现出刚性路面的特性，但最终强度和刚度仍远小于刚性路面。用半刚性基层修筑的沥青类路面称为半刚性基层沥青路面，这类路面仍然采用柔性路面设计理论来设计。

为了提高沥青路面的高温抗剪切能力，在大空隙基体沥青混合料中（空隙率高达20%~28%）灌注特殊水泥砂浆形成一种密实的新型路面，称之为"半柔性路面"。

四、汽车荷载及其对路面的作用

汽车是路面的服务对象，也是路面结构产生破坏的主要原因。要保证汽车以一定的速度在道路上安全而舒适地行驶，就要研究行车荷载的特性及其对路面的作用。

（一）轮胎接地压强

汽车荷载经由轮胎传给路面。轮胎与路面接触面上的平均竖向压强 p 受下述因素的影响。

（1）充气轮胎的内压强 p_i。

（2）轮胎的类型（斜线或子午线）和性质（新或旧）。

（3）轮载的大小（同轮胎的标准负载相比）。

一般情况下，轮胎与路面接触面上的压强 p 为 $(0.8 \sim 0.9)p_i$，只是在轮胎软而旧，或者实际内压强比标准内压强低得多，或者轮载超过规定的标准负荷情况下，接触压强才会大于内压强 p_i，为 $(1.1 \sim 1.3)p_i$。车轮在行驶过程中，内压强会因轮胎内气温的升高而增加。因此，对于滚动的车轮，接地压强由 $(0.8 \sim 0.9)p_i$ 增大到 $(0.9 \sim 1.1)p_i$。路面设计时，通常忽略上述因素变化的影响而直接采用内压强 p_i 作为接地压强。

（二）接触面积

汽车荷载通过充气轮胎传给路面，车轮与路面的接触面积称为轮印面积，通常把轮胎的投影面积当作接触面积，其形状为长短轴比较接近的椭圆。在路面设计中，大多近似采用圆形接触面来代替，称为轮印的当量圆。汽车后轴多为双轮组，将双轮轮印简化为一个当量圆，称为单圆荷载；若简化为两个当量圆，称为双圆荷载。

（三）运动车辆对路面的作用力

汽车对路面施加的作用力的大小和性质随汽车的运动状态而变化。在汽车行驶过程中，汽车对路面体系除了作用有竖向力和车轮转动对路面产生的纵向水平力，还有转向时增加的横向水平力，尤其是车辆起动和紧急制动时，水平力将使路面面层产生波浪、拥包、推移等破坏而影响汽车的正常运行。如路面不平，汽车颠簸，还有冲击力和振动力产生；车轮的高速旋转使轮胎后形成暂时的真空，从而产生真空吸力。汽车运动状态越复杂，对路面的作用力也越复杂。在路面设计中，根据路面材料的性能来选择考虑这些作用力。柔性路面主要考虑了汽车荷载对路面作用的垂直力和水平力；汽车对路面的冲击力和振动力，目前只是在刚性路面设计中才考虑；至于真空吸力，目前尚未在设计中考虑。

（四）路面设计轴载

由于路面上行驶的车辆类型很多，它们的轴载也不相同，对路面的损坏程度也不同，因此必须选择一种代表性轴载作为设计轴载，并将各级轴载作用次数换算为设计轴载作用次数，从而计算设计使用年限内作用于路面的累计当量轴次。考虑到我国公路运输车辆的现状及发展趋势，我国公路沥青路面和水泥路面结构设计通常以 100 kN

的单轴—双轮组轴载为设计轴载,其当量双圆荷载计算参数由表4-2确定(相应的单圆荷载当量圆直径d约为30 cm)。

表4-2 设计轴载计算参数

标准轴载P(kN)	100	单轮传压面当量圆直径d(cm)	21.30
轮胎接地压强p(MPa)	0.70	两轮中心距(cm)	$1.5d$

对于行驶特重轴载车辆或特种车辆的水泥混凝土路面,宜选用特重车或特重车中主导车辆的轴载作为设计轴载。

公路上通行的车辆轴型根据轮组和轴组类型可以分为7类,如表4-3所示。

表4-3 轴型及编号

编号	轴型说明	编号	轴型说明
1	单轴(每侧单轮胎)	5	双联轴(每侧双轮胎)
2	单轴(每侧双轮胎)	6	三联轴(每侧单轮胎)
3	双联轴(每侧单轮胎)	7	三联轴(每侧双轮胎)
4	双联轴(每侧各一单轮胎、双轮胎)		

车辆类型根据轴型组合共分为11类,如表4-4所示。在当量轴载次数计算中不考虑1类车(单后轴单轮组)。

表4-4 车辆类型分类

编号	说明	典型车型	其他车型
1类	2轴4轮车辆	11型	
2类	2轴6轮及以上客车	12型客车	15型客车
3类	2轴6轮整体式货车	12型货车	
4类	3轴整体式货车(非双前轴)	15型	
5类	4轴及以上整体式货车(非双前轴)	17型	
6类	双前轴整体式货车	112型 115型	117型
7类	4轴及以下半挂货车(非双前轴)	125型	112型
8类	5轴半挂货车(非双前轴)	127型 155型	
9类	6轴及以上半挂货车(非双前轴)	157型	

续表

编号	说明	典型车型	其他车型
10类	双前轴半挂式货车	1127型	1122型 1125型 1155型 1157型
11类	全挂货车	1522型 1222型	

第二节　沥青路面设计

沥青路面设计的任务是根据道路使用要求以及水文、地质、气候等自然条件，筑路材料及施工条件，确定技术上可靠、经济上合理的路面结构，保证路面在预定的使用期限内处于规定的工作状态。沥青路面设计的内容包括路面结构层组合设计、厚度计算、路面材料配合比设计及方案比选等。对于高速公路、一级公路，除行车道部分的路面，还应包括路缘带、硬路肩、加减速车道、紧急停车带、匝道、收费站和服务区的路面设计。

当前世界各国的沥青路面设计方法基本上可分两类。一类是以经验或试验为依据的经验法。其著名代表是美国加州承载比法（CBR法）和美国各州公路工作者协会法，简称AASHTO法。另一类是以力学分析为基础，同时考虑环境因素、交通条件和路面材料特性的理论法，如英荷壳牌（Shell）法、美国地沥青协会（AI）法。理论法大多采用弹性层状体系理论分析沥青路面结构的应力、应变和位移，并可以利用电子计算机技术，因此理论法具有广阔的应用发展前景。我国现行沥青路面设计方法正是基于弹性层状体系理论进行结构设计与计算的方法。

一、弹性层状体系理论概述

由不同材料和路基组成的沥青路面结构在荷载作用下，其应力—应变关系大多呈非线性特性，并且应变随应力作用时间而变，应力卸除后有一部分塑性变形不可恢复。但考虑到运动车轮作用于路面的瞬时性，路面结构在瞬间产生的塑性变形很小。

因此，在进行路面结构计算和分析时，对于厚度较大、强度较高的高等级路面，将其视为线弹性体，并应用弹性层状体系理论进行分析计算是合适的。

二、沥青路面结构组合设计

沥青路面设计应根据公路等级、路面使用性能要求和所需要承担的交通荷载，结合当地气候、水文、地质、材料、建设和养护条件、工程实践经验以及环境保护要求等，进行路面的结构组合设计、材料设计和厚度设计，通过技术经济分析选定设计方案。

路面结构组合设计，即正确合理地选择路面结构层层次及材料组成，是路面设计的关键，它决定路面能否在设计使用期间具备其使用功能，满足行车的要求。

路面结构组合应根据道路等级、交通量大小、环境因素、施工条件和当地筑路材料等条件，从技术经济角度出发，选择合理的路面结构体系，以充分发挥路面结构各层的整体效能。

沥青路面结构可分为几种类型：在无机结合料稳定类基层（习惯称为"半刚性基层"）上铺设沥青混合料层的结构，称无机结合料稳定类基层沥青路面或称半刚性基层沥青路面；在无结合料的粒料（如级配碎石、填隙碎石）基层上铺设沥青混合料层的结构，称为粒料基层沥青路面；水泥混凝土做基层（比如旧水泥混凝土路面或碾压混凝土、贫混凝土、低标号混凝土基层），在其上铺设沥青面层的结构，称为刚性基层沥青路面（或复合式路面）；采用沥青混合料做基层的沥青路面结构，称为沥青结合料类基层沥青路面，其中直接在路基上或处置了的路基上铺筑400~550 mm的全厚沥青混合料结构层，称为全厚式沥青路面。

据理论分析和实践经验，路面结构组合设计应针对各种路面结构组合的力学特性、功能特性及其长期性能衰变规律和损坏特点，遵循路基路面综合设计的理念，保证路面结构的安全、耐久和全寿命周期经济合理。

（一）根据交通等级确定路面面层类型

确定路面面层类型应以政治、经济、国防、旅游以及经济发展的需要和设计交通量为主要依据。道路等级越高，交通等级越高，要求面层耐久越好、厚度也越厚，相应的面层层次也越多。

在选择面层类型时，应特别考虑当地的气候特征。如在气候干旱地区，不宜采用砂砾路面，以免产生严重的搓板现象；在多雨地区，要特别重视路面结构层的水稳性和面层透水性问题,以及寒冷地区沥青路面的低温抗裂性和高温地区的热稳性、抗滑性能等问题。

(二)适应行车荷载作用的要求

路面在行车荷载的作用下,内部产生的应力和应变随深度而递减。水平力产生的应力、应变随深度递减得更快,因此,对路面各结构层材料强度和刚度的要求也随着深度的增加而降低。于是在进行路面结构组合设计时,各结构层应按强度和刚度自上而下递减的规律组合,以充分发挥各层材料的效能。同时考虑到面层强度高、刚度大,造价也高,而基层、底基层强度、刚度较面层低,造价也低这一情况,在厚度组合时,应从上到下由薄到厚,以达到经济的目的。

等级高的道路沥青路面面层通常采用两层或三层结构。采用两层时分别称为上面层和下面层,采用三层时分别称为上面层、中面层和下面层。各级公路沥青面层推荐厚度如表4-5所示,可供初步设计时参考。

表4-5 各级公路沥青面层推荐厚度

公路等级	推荐厚度(cm)	公路等级	推荐厚度(cm)
高速公路	15.0~20.0	三级公路	2.0~4.0
一级公路	12.0~15.0	四级公路	1.0~2.5
二级公路	5.0~12.0		

路面结构中相邻结构层材料的模量比对路面结构的应力、应变分布有显著影响。相邻两层材料的模量比过大,上层底面将产生过大的弯拉应力(或弯拉应变),容易使上层开裂。根据理论分析和经验,一般基层与相邻面层的回弹模量比不应小于0.3,路基与相邻基层或底基层的模量比以0.08~0.4为宜。按此要求,路面结构需分较多的层次铺筑,以使各层模量逐渐过渡更为合理,但是为便于施工,路面结构层的层数也不宜过多,同时各结构层的厚度也不宜过小,厚度过小不可能形成稳定的结构。适宜的结构层厚度应根据路面结构的稳定性和强度来决定,还应结合材料规格及供应情况、施工工艺和经济等条件综合考虑。路面结构的最小厚度见表4-6。

表4-6 各类结构层的最小厚度和适宜厚度

结构层类型		符号	施工最小厚度（cm）	结构层的适宜厚度（cm）
密级配沥青混凝土（AC）	粗粒式	AC-25	7.0	8.0~12.0
	中粒式	AC-20	5.0	6.0~10.0
		AC-16	4.0	5.0~8.0
	细粒式	AC-13	3.5	4.0~6.0
		AC-10	2.0	2.5~4.0
	砂粒式	AC-5	1.5	1.5~3.0
沥青玛蹄脂碎石混合料（SMA）	中粒式	SMA-20	5.0	5.0~8.0
		SMA-16	4.0	4.0~7.0
	细粒式	SMA-13	3.0	3.5~6.0
		SMA-10	2.5	2.5~5.0
密级配沥青稳定碎石（ATB）	特粗式	ATB-40	12.0	12.0~15.0
	粗粒式	ATB-30	9.0	9.0~15.0
		ATB-25	7.0	8.0~12.0
开级配沥青稳定碎石（ATPB）	特粗式	ATPB-40	12.0	12.0~15.0
	粗粒式	ATPB-30	9.0	9.0~15.0
		ATPB-25	8.0	8.0~12.0
半开级配沥青稳定碎石（AM）	特粗式	AM-40	12.0	12.0~15.0
	粗粒式	AM-25	8.0	8.0~12.0
	中粒式	AM-20	5.0	6.0~8.0
		AM-16	4.0	5.0~7.0
	细粒式	AM-13	3.5	4.0~6.0
开级配沥青磨耗层（OGFC）	细粒式	OGFC-13	3.0	3.0~4.0
		OGFC-10	2.0	2.0~3.0
稀浆封层		—	0.3	0.3~0.8
沥青贯入式		—	4.0	4.0~8.0
沥青上拌下贯式		—	6.0	6.0~8.0
沥青表面处治		—	1.0	1.0~3.0

续表

结构层类型	符号	施工最小厚度（cm）	结构层的适宜厚度（cm）
水泥稳定类	—	15.0	18.0~20.0
石灰稳定类	—	15.0	18.0~20.0
石灰工业废渣类	—	15.0	18.0~20.0
级配碎砾石	—	8.0	10~20
贫混凝土	—	15.0	18.0~24.0
泥结碎石	—	8.0	10~15
填隙碎石	—	10.0	10~12

（三）考虑结构层自身特征

各结构层材料具有不同的特性，在路面结构组合设计时，应注意相邻层次的相互影响，采取措施限制或消除所产生的不利影响。例如，沥青混凝土路面不宜直接铺筑在碎（砾）石基层上，而宜在其间设置沥青碎石过渡层，以防止由于基层的松动造成面层不平整或变形开裂；在半刚性基层上铺筑沥青混凝土，为防止和缓减基层干缩或温缩开裂而引起面层反射裂缝，通常宜适当加厚面层，或者设置沥青碎石、级配碎石等联结层。此外，在软弱潮湿的路基上，不宜直接铺筑碎砾石基层，以防止基层产生过大的变形。

（四）加强层间结合

为了保证路面结构之间传递应力的连续性和结构的整体性，层间结合应尽量紧密稳定。常采用的技术措施有以下几种。

（1）在各种基层上应设置透层沥青。透层沥青应具有良好的渗透性能，可用液体沥青、稀释沥青、乳化沥青等。洒布数量宜通过现场试验确定，对粒料基层以透入3~6 mm为宜。

（2）在沥青层之间应设黏层，黏层沥青宜用乳化沥青，洒布数量宜为0.3~0.6 kg/m²；在新、旧沥青层之间，沥青层与旧水泥混凝土板之间应洒布热沥青、改性热沥青或改性乳化沥青作为黏层。

（3）在半刚性基层上应设下封层。

（4）拓宽路面时，在新、旧路面接搓处宜喷涂黏结沥青。

（五）考虑不利水温状况的影响

为了保证路面的强度和耐久性，路基必须处于干燥或中湿状态；否则会由于沥青面层不透气，使得路基和基层中因温度和湿度坡差向上积聚的水分无法通过面层排除，如果基层水稳定性不好，例如含泥量较多，塑性指数较大，一旦遇水变软，强度、刚度急剧下降，致使路面破坏。为防止雨雪下渗，浸入基层、路基，沥青面层应选用密级配沥青混合料。当采用排水基层时，其下均应设防水层，并设置结构内部的排水系统，将雨水排到路基外。作为路面基础的路基应稳定、密实和均匀，具有足够的承载能力；新建公路路床应处于干燥或中湿状态，并应采取措施防止地表水或地下水的浸入。路床顶面回弹模量值的确定应与交通荷载等级相适应，并应符合表4-7的规定。当路床顶面回弹模量值不满足要求时，应采取改变填料、增设粒料层或采用无机结合料改善等措施。

表4-7 路床顶面回弹模量要求（单位：MPa）

交通荷载等级	极重	特重	中等、重	轻交通
回弹模量，不小于	70	60	50	40

注：1. 表列回弹模量为考虑环境作用（干湿循环或冻融循环），路基达到平衡湿度状态下的动态回弹模量。

2. 沥青路面路基顶面竖向压应变的计算值应满足沥青路面永久变形的控制要求。

潮湿地区路面底基层为无机结合料类材料时，宜在底基层与路床之间设置粒料层，宽度应与路基同宽，其最小厚度为150 mm。

在冻深较大的季节性冰冻地区，路面总厚度的确定除应满足力学强度的要求，还应满足防冻层厚度的要求，以避免路基内出现较厚的聚冰带，导致路面不均匀冻胀和开裂等。路面防冻的最小厚度可参照表4-8确定。当按力学计算路面总厚度小于表列厚度时，应增设或加厚垫层以满足防冻厚度要求。

表4-8 沥青路面结构的最小防冻厚度（单位：cm）

路基类型	道路冻深（cm）	黏性土、细亚砂土			粉性土		
		砂石类	稳定土类	工业废渣类	砂石类	稳定土类	工业废渣类
中湿	50~100	40~45	35~40	30~35	45~50	40~45	30~40
	100~150	45~50	40~45	35~40	50~60	45~50	40~45
	150~200	50~60	45~55	40~45	60~70	50~60	45~50
	>200	60~70	55~65	50~55	70~75	60~70	50~65

续表

路基类型	道路冻深（cm）	黏性土、细亚砂土			粉性土		
		砂石类	稳定土类	工业废渣类	砂石类	稳定土类	工业废渣类
潮湿	60~100	45~55	40~50	35~45	50~60	45~55	40~50
	100~150	55~60	50~55	45~50	60~70	55~65	50~60
	150~200	60~70	55~65	50~55	70~80	65~70	60~65
	>200	70~80	65~75	550	80~100	70~90	65~80

注：1. 对潮湿系数小于0.5的干旱地区的防冻厚度比表中值减小15%~20%。

2. 对Ⅱ区砂性土路基的防冻厚度应相应减少5%~10%。

防冻层的宽度应与路基同宽，其最小厚度为150 mm，宜采用砂、砂砾、碎石等粒料类材料。另外，设置排水基层或防冻层时，应在排水基层或防冻层外侧边缘设置纵向集水沟和带孔集水管，并间隔50~100 m的纵向距离设置横向排水管。排水基层的纵向边缘集水沟设在路肩内侧边缘外。防冻层的纵向边缘集水沟设在路床边缘。

综上所述，在进行路面设计时，要按照面层耐久、基层坚实、路基稳定的要求，贯彻因地制宜、合理选材、方便施工、利于养护的原则以及上述结构组合原则，结合当地经验拟定几种路面结构方案，进行分析比较，并优先选用便于机械化施工和质量管理的方案，做到技术先进、经济合理。

高速公路、一级公路的路面一般不宜分期修建。软土地区或高填方路基、黄土湿陷地区等可能产生较大沉降的路段以及初期交通量较小的公路可进行"一次设计、分期修建"。

三、沥青路面设计指标和参数

（一）沥青路面主要病害类型

在相同的自然环境和交通条件下，由于各种路面结构组合的技术特征和性能衰变规律不同，在沥青路面使用期内所产生的主要破坏类型也有所不同。不同结构组合沥青路面的损坏特点如表4-9所示。

第四章 道路路面设计

表4-9 不同结构组合沥青路面的主要损坏类型

结构类型	粒料类基层沥青路面、底基层采用粒料的沥青结合料类基层沥青路面			无机结合料类基层沥青路面、底基层采用无机结合料类材料的沥青结合料类基层沥青路面	
沥青层厚度（mm）	≥150	50~150	≤50	≥150	<150
主要损坏类型	沥青层永久变形 沥青层疲劳开裂	沥青层疲劳开裂 沥青层永久变形	永久变形	面层永久变形 基层疲劳开裂 面层反射裂缝	基层疲劳开裂 面层反射裂缝
季冻地区	面层低温开裂				

复合式沥青路面的主要损坏类型为设传力杆水泥混凝土板的疲劳开裂、沥青混合料表面层的反射裂缝，以及由于沥青混合料表面层与水泥混凝土板之间的层间结合不良而产生的剪切推移变形。对于季节性冰冻地区，还需考虑沥青表面层的低温开裂。

（二）路面结构计算图式及设计指标

鉴于我国沥青路面研究技术水平和路面的主要损害类型，我国现行《公路沥青路面设计规范》（JTGD50）采用双圆垂直均布荷载作用下的多层弹性层状体系理论，以五个单项设计指标分别控制沥青混合料层疲劳开裂损坏、无机结合料稳定层疲劳开裂损坏、沥青混合料层永久变形量、路基顶面竖向压应变，以及季节性冻土地区的路面低温开裂等多项沥青路面使用性能。路面交（竣）工验收时，采用落锤式弯沉仪（FWD）实测中心点路表弯沉值，检验其是否达到设计强度要求；采用横向力系数SFC_{60}和构造深度TD考核路面的抗滑性能是否满足要求。

由于不同结构组合的沥青路面主要损坏类型不同，其设计控制指标也不同。因此，沥青路面结构验算应根据路面结构组合，参照表4-10选择相应的设计指标。

表4-10 不同结构组合沥青路面的设计指标

基层类型	底基层类型	设计指标[①]
无机结合料稳定类	粒料类 无机结合料稳定类	无机结合料稳定层层底拉应力、沥青混合料层永久变形量
沥青结合料类	粒料类	沥青混合料层层底拉应变、沥青混合料层永久变形量、路基顶面竖向压应变
	无机结合料稳定类	沥青混合料层永久变形量、无机结合料稳定层层底拉应力

续表

基层类型	底基层类型	设计指标①
粒料类②	粒料类	沥青混合料层层底拉应变、沥青混合料层永久变形量、路基顶面竖向压应变
	无机结合料稳定类	沥青混合料层层底拉应变、沥青混合料层永久变形量、无机结合料稳定层层底拉应力
水泥混凝土③	—	沥青混合料永久变形量

注：①季节性冻土地区应增加沥青面层低温开裂验算和防冻厚层验算。
②在沥青面层与无机结合料稳定类基层间设置粒料层时，应验算沥青混合料层疲劳。
③水泥混凝土基层应按现行《公路水泥混凝土路面设计规范》(JTGD40)设计。

不同设计指标对应的力学指标及其竖向位置如表4-11所示。水平方向计算点为单圆中心点、单圆边缘点、双圆中心距中点以及后两点的中点，取四个点计算的最大的力学响应量进行路面结构分析。

表4-11 路面设计指标对应的力学指标及竖向位置

设计指标	力学指标	竖向位置
沥青混合料层层底拉应变	行车方向的水平拉应变	沥青层层底
无机结合料稳定层层底拉应力	行车方向的水平拉应力	无机结合料层层底
沥青混合料层永久变形量	竖向压应力	沥青混合料层各分层顶面
路基顶面竖向压应变	竖向压应变	路基顶面

（三）设计参数

1. 沥青路面设计使用年限

新建高速公路、一级公路沥青路面设计使用年限15年，二级公路12年，三级公路10年，四级公路8年。

2. 当量设计轴载累计作用次数与交通量等级

路面设计所用的交通资料可以通过实地设立站点进行各类车辆的轴型调查和轴重测定，或者利用该地区或相似类型公路已有称重站的测定统计资料，也可以从已有的计重收费数据中提取所需的信息。所收集的信息包括交通量及增长率、方向系数、车道系数，以及车辆类型、轴型、轴重、轮组等轴载谱资料。再分别按沥青结合料层层底拉应变、无机结合料层层底拉应力、沥青层竖向压应力和剪切应力、路基顶面压应变引起路面相应损伤等效的原则，将不同车型、不同轴载的作用次数换算为与设计轴载相当的轴载作用次数即当量轴次。在路面设计期内，考虑方向系数和车道系数后，一个车道上的累计当量轴次总和即为设计用的累计当量轴次。

各类车辆的当量设计轴载换算系数可按下列三个水平确定。高速公路和一级公路的改建设计应按照水平一,其他情况可采用水平二或者水平三。

(1)水平一

按照当量轴载换算公式计算除第1类(后轴为单轮组)外其余所有车辆的各种轴型在不同轴重区间的当量设计轴载换算系数,计算时取各轴重区间的中点值作为该轴重区间的代表轴重。按式(4-1)计算各类车辆的当量设计轴载换算系数:

$$EALF_m = \sum_i \left[NAPT_{mi} \sum_j (EALF_{mij} \times ALDF_{mij}) \right] \quad (4-1)$$

式中,$EALF_m$:m类车辆的当量轴载换算系数;$NAPT_{mi}$:m类车辆中i种轴型的平均轴数,可根据式(4-2)计算确定;$ALDF_{mij}$:m类车辆中i种轴型在j级轴重区间的轴重分布系数,可根据式(4-3)计算确定;$EALF_{mij}$:m类车辆中i种轴型在j级轴重区间当量设计轴载换算系数,根据式(4-4)计算确定;I:分别为单轴单胎、单轴双胎、双联轴、三联轴;M:除后轴为单轮组外(即2类~11类)的所有车辆。

平均轴数$NAPT_{mi}$按式(4-2)计算:

$$NAPT_{mi} = \frac{NA_{mi}}{NT_m} \quad (4-2)$$

式中,$NAPT_{mi}$:m类车辆中i种轴型的平均轴数;NA_{mi}:m类车辆中i种轴型总数;NT_m:m类车辆总数。

各类车辆各种轴型在不同轴重区间出现的百分比,即各种轴型的轴重分布系数$ALDF_{mij}$(轴载谱)可以按式(4-3)计算。注意,确定轴载谱时,单轴单胎、单轴双胎、双联轴和三联轴应分别间隔2.5kN、4.5kN、9.0kN和13.5kN划分轴重区间。

$$ALDF_{mij} = \frac{ND_{mij}}{NA_{mi}} \quad (4-3)$$

式中,$ALDF_{mij}$:m类车辆中i种轴型在j级轴重区间的轴重分布系数;ND_{mij}:m类车辆中i种轴型在j级轴重区间的数量;NA_{mi}:m类车辆中i种轴型的数量。

m类车辆中i种轴型在j级轴重区间当量设计轴载换算系数$EALF_{mij}$,根据式(4-4)计算确定:

$$EALF_{mij} = c_1 c_2 \left(\frac{P_{mij}}{P_s} \right)^b \quad (4-4)$$

式中，P_s：设计轴载（kN）；P_{mij}：m类车辆中i种轴型在j级轴重区间的单轴轴载（kN），对于双联轴和三联轴，为分配到每根单轴的轴载重量；b：换算指数，分析沥青混合料层疲劳和沥青混合料层永久变形时，b=4；分析路基永久变形时，b=5；分析无机结合料层疲劳时，b=13；c_1：轴组系数，前后轴间距大于3 m时，分别按单个轴计算；轴间距小于3 m时，按表4-12取值；c_2：轮组系数，双轮组为1.0，单轮时取4.5。

表4-12 轴型系数取值

设计指标	轮-轴型	C的取值
沥青层疲劳沥青层永久变形	双联轴	2.1
	三联轴	3.2
路基永久变形	双联轴	4.2
	三联轴	8.7
无机结合料稳定层疲劳	双联轴	2.6
	三联轴	3.8

（2）水平二和水平三

若没有实测轴重数据时，按式（4-5）确定各类车辆的当量设计轴载换算系数：

$$EALF_m = EALF_{ml} \times PER_{ml} + EALF_{mh} \times PER_{mh} \tag{4-5}$$

式中，$EALF_{ml}$：m类车辆中非满载车的当量设计轴载换算系数；$EALF_{mh}$：m类车辆中满载车的当量设计轴载换算系数；PER_{ml}：m类车辆中非满载车所占的百分比；PER_{mh}：m类车辆中满载车所占的百分比。

为确定各类车辆的当量设计轴载换算系数，设计人员需要通过分析实测的或历史积累的车辆总重数据，或者根据以往的车辆超载情况调查结果，确定各种车型的非满载车和满载车的比例。

在水平二时，各类车辆非满载车和满载车的当量设计轴载换算系数取当地的经验值；在水平三时，采用如表4-13所示的各类车辆轻车和重车的当量轴载换算系数全国的经验值。

第四章　道路路面设计

表4-13　2～11类车辆非满载车及满载车的当量设计轴载换算系数

车型	沥青混合料层底拉应变、沥青混合料层永久变形		无机结合料稳定层层底拉应力		路基顶面竖向压应变	
	非满载车	满载车	非满载车	满载车	非满载车	满载车
2类	0.8	2.8	0.5	35.5	0.6	2.9
3类	0.4	4.1	1.3	314.2	0.4	5.6
4类	0.7	4.2	0.3	137.6	0.9	8.8
5类	0.6	6.3	0.6	72.9	0.7	12.4
6类	1.3	7.9	10.2	1505.7	1.6	17.1
7类	1.4	6.0	7.8	553.0	1.9	11.7
8类	1.4	6.7	16.4	713.5	1.8	12.5
9类	1.5	5.1	0.7	204.3	2.8	12.5
10类	2.4	7.0	37.8	426.8	3.7	13.3
11类	1.5	12.1	2.5	985.4	1.6	20.8

在此基础上，按照公式（4-6）确定初始年设计车道日平均当量轴次。

$$N_1 = AADT \times DDF \times LDF \times \sum_{m=2}^{11}(VCDF_m \times EALF_m) \quad (4-6)$$

式中，$AADT$：2轴6轮及以上车辆的双向年平均日交通量（辆/天）；DDF：方向系数，其值宜根据不同方向上实测交通量数据确定，无实测数据时可在0.5～0.6范围内选取；LDF：车道系数，其值可分为三个水平确定，改建设计应采用水平一，新建路面设计可采用水平二或水平三；水平一是根据现场交通量观测资料统计设计方向不同车道上车辆的数量，确定车道系数；水平二是采用当地的经验值；水平三是采用表4-14推荐值；M：车辆类型编号；$EALF_m$：m类车辆的当量设计轴载换算系数；$VCDF_m$：m类车辆类型分布系数，其值可分为三个水平来确定，改建设计应采用水平一，新建路面设计可采用水平二或水平三；水平一，根据设计方向的交通量观测资料，按照表4-4对车辆进行分类，确定4～11类车型所占的百分比，即为车辆类型分布系数；水平二，根据历史数据或经验按照表4-15确定公路的TTC分类，采用该TTC分类的车辆类型分布系数的当地经验值；水平三，根据历史数据或经验按照表4-15确定公路的TTC分类，采用表4-16针对TTC分类的车辆类型分布系数的经验值。

表4-14 车道分配系数

单向车道数	1	2	3	多4
高速公路	—	0.70~0.85	0.45~0.60	0.40~0.50
其他等级公路	1.00	0.50~0.75	0.50~0.75	—

注：交通受非机动车和行人影响较严重的取低限；反之，取高限。

表4-15 公路TTC分类标准（单位：%）

TTC分类	整体货车比例	半挂货车比例
TTC1	<40	>50
TTC2	<40	<50
TTC3	40~70	>20
TTC4	40~70	<20
TTC5	>70	—

表4-16 不同TTC分类的公路车辆类型分布系数（单位：%）

车辆类型编号	2	3	4	5	6	7	8	9	10	11
TTC1	6.4	15.3	1.4	0.0	11.9	3.1	16.3	20.4	25.2	0.0
TTC2	22.0	23.3	2.7	0.0	8.3	7.5	17.1	8.5	10.6	0.0
TTC3	17.8	33.1	3.4	0.0	12.5	4.4	9.1	10.6	8.5	0.7
TTC4	28.9	43.9	5.5	0.0	9.4	2.0	4.6	3.4	2.3	0.1
TTC5	9.9	42.3	14.8	0.0	22.7	2.0	2.3	3.2	2.5	0.2

在沥青路面设计使用年限内，设计车道上的当量设计轴载累计作用次数N_e按照式（4-7）计算。

$$N_e = \frac{[(1+\gamma)^t - 1] \times 365}{\gamma} N_1 \quad (4-7)$$

式中，N_e：设计使用年限内设计车道上的当量设计轴载累计作用次数（次）；t：设计使用年限（年）；γ：设计使用年限内交通量的年平均增长率；N_1：初始年设计车道日平均当量轴次（次/天）。

沥青路面所承受的设计交通荷载作用等级按设计使用年限内设计车道所承担的大型客车和货车累计交通量分为五个等级，见表4-17。

第四章 道路路面设计

表4-17 设计交通荷载分级

设计交通荷载等级	极重	特重	重	中等	轻
设计车道累计货车交通量（×10⁶）	≥20	20~9	9~5	5~1.5	<1.5

注：货车是指表4-4所列的2~11类车。

3. 设计安全等级和可靠度指标

各级公路沥青路面结构设计的安全等级及相应的可靠度、可靠度指标应不低于表4-18的规定。

表4-18 沥青路面结构设计安全等级、可靠度和可靠度指标

公路等级	高速公路	一级公路	二级公路	三级公路	四级公路
设计安全等级	一级		二级	三级	
可靠度（%）	95	90	85	80	70
可靠度指标β	1.65	1.28	1.04	0.84	0.52

4. 路基回弹模量

路基应稳定、密实和均匀，具有足够的承载能力。新建公路路床应处于干燥或中湿状态，并应采取措施防止地表水或地下水的浸入。现行规范已重复加载三轴压缩试验测试路基土在标准状态（最佳含水率、最大干密度）下的回弹模量。但考虑到在路面使用年限内路基含水率是变化的，通车一段时间后路基湿度会逐渐趋于相对平衡的状态，路面设计时采用路基平衡状态的湿度下路基顶面回弹模量值作为回弹模量设计值。不满足要求时，应采取改变填料、增设粒料层或采用无机结合料改善等措施提高路基顶面回弹模量值。

新建公路路基回弹模量设计值E_0可由标准状态下的路基回弹模量按式（4-8）确定，并应满足式（4-9）的要求。

$$E_0 = K_s K_\eta M_R \quad (4-8)$$

$$E_0 \geq [E_0] \quad (4-9)$$

式中E_0：路基回弹模量设计值（MPa）；$[E_0]$：路面结构设计的路基回弹模量要求值（MPa）；M_R：标准状态（最佳含水率、最大干密度）下路基回弹模量值（MPa）；路基土及粒料的回弹模量应根据路基结构应力水平，采用重复加载三轴压缩试验方法，通过试验获得；初步设计阶段，也可参照式（4-10）和式（4-11）由路基土或粒料的CBR值（%）估算标准状态下路基土或粒料的回弹模量值；K_s：路基

回弹模量湿度调整系数,为平衡湿度(含水率)状态下的回弹模量与标准状态下的回弹模量之比;K_η:干湿循环或冻融循环条件下路基土模量折减系数,通过试验确定。初步设计时,非冰冻地区可根据土质类型、失水率确定,季节性冰冻区可根据冻结温度、含水率确定,折减系数可取0.7~0.9。

$$M_R = 17.6 CBR^{0.64}(2 < CBR \leqslant 12) \quad (4-10)$$

$$M_R = 22.1 CBR^{0.55}(12 < CBR < 80) \quad (4-11)$$

5. 路面材料设计参数

路面结构层材料设计参数可由下列三个水平确定。

水平一,通过室内试验实测确定。

水平二,利用已有经验关系式确定。

水平三,参照典型数值确定。

高速公路和一级公路的施工图设计阶段宜采用水平一,其他设计阶段可采用水平二或水平三;二级及二级以下等级公路各设计阶段可采用水平二或水平三。

(1)粒料基层、底基层

路面设计采用平衡湿度状态下粒料的回弹模量,由标准条件下的回弹模量值乘湿度调整系数得到。(湿度调整系数在1.6~2.0范围内选取)

根据公路等级和设计阶段,标准条件(最佳含水率、现场压实度要求相应的干密度或最大干密度的95%)下粒料的回弹模量可采用重复加载三轴压缩试验实测,或者依据粒料的类别确定标准条件和平衡湿度条件下的回弹模量值,常用粒料的回弹模量参考值范围见表4-19。

表4-19 标准条件和平衡湿度条件下粒料层回弹模量参考范围(单位:MPa)

材料类型	标准条件下	平衡湿度条件下
级配碎石(基层)	200~400	300~700
级配碎石(底基层)	180~250	190~440
未筛分碎石	180~220	200~400
级配砾石(基层)	150~300	250~600
级配砾石(底基层)	150~220	160~380
天然砂砾	105~135	130~240

（2）无机结合料稳定类材料的弹性模量和弯拉强度

无机结合料稳定类材料的回弹模量采用中间段法单轴压缩试验确定，弯拉强度测试参照《公路工程无机结合料稳定材料试验规程》（JTGE51—2009）的有关规定。试验条件受限时（水平三），回弹模量和弯拉强度可参考表4-20选取。无机结合料稳定类材料的弹性模量和弯拉强度试验，水泥稳定类、水泥粉煤灰稳定类材料的试件龄期为90 d，石灰稳定类、石灰粉煤灰稳定类材料的试件龄期为180 d。

表4-20　无机结合料稳定类材料的弯拉强度和弹性模量参考值

材料类型	弯拉强度（MPa）	弹性模量（MPa）
水泥稳定粒料、水泥粉煤灰稳定粒料、石灰粉煤灰	1.5～2.0	18000～28000
稳定粒料	0.9～1.5	14000～20000
水泥稳定土、水泥粉煤灰稳定土、石灰粉煤灰稳定土	0.6～1.0	5000～7000
石灰土	0.3～0.7	3000～5000

路面结构分析时，无机结合料稳定类材料弹性模量应乘结构层模量调整系数0.5。

（3）沥青混合料回弹模量

水平一，沥青混合料动态压缩模量采用重复加载单轴压缩回弹模量试验测定。试验温度采用20℃，面层沥青混合料加载频率采用10 Hz，基层沥青稳定类材料加载频率采用5 Hz。

水平二，沥青混合料回弹模量可以采用经验关系式确定。道路石油沥青和常规级配的沥青混合料201的动态压缩模量可采用式（4-12）计算。

$$\lg E_a = 4.59 - 0.02f + 2.58G^* - 0.14P_a - 0.041V - 0.03VCA_{DRC} - 2.65 \times 1.1^{\lg f} G^* \cdot f^{-0.06} \\ - 0.05 \times 1.52^{\lg f} VCA_{DRC} \cdot f^{-0.21} + 0.0031f \cdot P_a + 0.002V$$

（4-12）

式中，E_a：沥青混合料20 t的动态压缩模量（MPa）；f：试验频率（Hz）；G^*：60℃、10 rad/s下沥青动态剪切复数模量（kPa）；P_a：沥青混合料的油石比（%）；V：压实沥青混合料的空隙率（%）；VCA_{DRC}：捣实状态下粗集料的松装间隙率（%）。

水平三，沥青混合料的动态压缩模量可参照表4-21确定。

表4-21 常用沥青混合料条件下的回弹模量参考值（单位：MPa）

沥青混合料类型	沥青种类			
	70号道路石油沥青	90号道路石油沥青	110号道路石油沥青	SBS改性沥青
SMA10、SMA13、SMA16	—	—	—	7500～12000
AC10、AC13	8000～12000	7500～11500	7000～10500	8500～12500
AC16/AC20/AC25	9000～13500	8500～13000	7500～12000	9000～13500
ATB25	7000～11000	—	—	—

注：1. TAB25为5 Hz条件下动态压缩模量。其他沥青混合料为10 Hz条件下动态压缩模量。

2. 沥青黏度大、级配好或空隙率小时取高值，反之，取低值。

（4）温度调整系数与等效温度

路面结构分析时，根据公路所在地区的气温条件、路面结构类型和结构层厚度，对路面疲劳寿命进行温度调整。

对于基准三层路面结构，温度调整系数按式（4-13）计算。

$$\begin{cases} k_{Ti} = a_i x^2 + b_i x + c_i \\ x = \mu T_a + d_i \Delta T_{a,mon} \end{cases} \quad (4-13)$$

式中，K_T：基准路面结构的温度调整系数，当$i=1$时为分析沥青混合料层疲劳开裂（层底拉应变），$i=2$时为分析无机结合料稳定层疲劳开裂（层底拉应力），$i=3$时为分析路基永久变形（路基顶面竖向压应变）；μT_a：公路所在地区年平均气温（℃）；$\Delta T_{a,mon}$：公路所在地区月均气温的年极差（℃），为最热月平均气温和最冷月平均气温之差，通常为7月和1月平均气温之差；b、c、d：与验算指标有关的回归系数，按照表4-22取值。

表4-22 回归系数取值

设计指标	a	b	c	d
沥青混合料层底拉应变无机结合料稳定层底拉应力	0.0006	0.027	0.71	0.05
路基顶面竖向压应变	0.0013	0.003	0.73	0.08

基准三层路面结构形式为沥青混合料面层的厚度$h_a=180$ mm，20℃沥青混合料的动态模量$E_a=8000$ MPa；粒料基层或无机结合料稳定基层的厚度$h_b=400$ mm，基层的回弹模量$E_b=400$ MPa；路基的回弹模量$E_0=100$ MPa。

基准路面等效温度按式（4-14）计算：

$$T_\xi = 1.04\mu T_a + 0.22\Delta T_{a,mon} \qquad (4\text{-}14)$$

式中符号意义同式（4-13）。

对于非基准路面结构，需要进行结构层厚度和模量修正，得到不同结构路面的温度调整系数和等效温度。

四、沥青路面使用性能设计要求

初步拟定的路面结构组合方案的设计分析结果应能满足下列沥青路面使用性能指标的设计要求，否则需调整路面结构方案，重新分析，直至满足要求。

（一）沥青层疲劳开裂

计算的沥青混合料层的疲劳开裂寿命N_{f1}不应小于按照沥青混合料层疲劳等效换算得到的设计使用年限内当量设计轴载累计作用次数N_{e1}。

（二）无机结合料层疲劳开裂

计算的无机结合料稳定层的疲劳开裂寿命N_{f2}不应小于按照无机结合料稳定层疲劳等效换算得到的设计使用年限内当量设计轴载累计作用次数N_{e2}。

（三）路基永久变形

路基顶面的最大竖向压应变不应大于容许压应变值$[\varepsilon_x]$。

（四）沥青混合料层永久变形

计算的沥青混合料层永久变形量不应大于表4-23规定的容许永久变形量。

表4-23 沥青混合料层容许永久变形量（单位：mm）

公路等级	沥青混合料层容许永久变形量	
	高速公路、一级公路	二级、三级公路
无机结合料稳定类基层、水泥混凝土基层、底基层为无机结合料稳定类的沥青混合料类基层	15	20
其他基层（粒料类基层、底基层为粒料的沥青混合料类基层）	10	15

（五）低温开裂

对于季节性冰冻地区，为了评价沥青路面横向裂缝密集程度，采用裂缝指数（简称CI）这个指标来表征。竣工验收时，100 m调查单元内横向裂缝条数，贯穿全幅的裂缝按1条计，未贯穿全幅的裂缝按0.5条计，长度小于单车道宽度的裂缝不计入。计算的沥青面层低温开裂指数不宜大于表4-24的要求。

表4-24 低温开裂指数要求值

公路等级	高速公路、一级公路	二级公路	三级、四级公路
低温开裂指数CI≤	3	5	7

（六）抗滑性能

抗滑性能以横向力系数测试车在60 km/h车速下测得的横向力系数（SFC_{60}）和用铺砂法测定的宏观构造深度TD为主要指标。高速公路、一级公路以及山岭重丘区二级和三级公路的路面在交工验收时，其抗滑技术指标应满足表4-25的技术要求。

表4-25 沥青路面抗滑技术指标

年平均降雨量（mm）	交工检测指标值	
	横向力系数SFC_{60}	构造深度TD（mm）
>1000	≥54	≥0.55
500~1000	≥50	≥0.50
250-500	≥45	≥0.45

第三节 水泥路面设计

一、概述

水泥混凝土路面是指用水泥混凝土作面层（配筋或不配筋）的路面结构，也称刚性路面，属于高级路面。根据对材料的要求、组成以及施工工艺的不同，水泥混凝土路面分为以下几种。

第四章 道路路面设计

（1）普通水泥混凝土路面是指除接缝区和局部范围（如角隅和边缘），面层内均不配筋的水泥混凝土路面，也称素混凝土路面。目前，该路面广泛用于公路及城市道路中。

（2）碾压混凝土路面是利用沥青混凝土路面摊铺、碾压技术施工的一种水泥混凝土路面。它与普通水泥混凝土路面所用材料基本组成相同，均为水、水泥、砂、碎（砾）石及外掺剂，不同之处是碾压混凝土为用水量很少的特干硬性混凝土，比普通水泥混凝土路面节约水泥10%～30%，且施工速度快，养护时间短，具有很好的社会经济效益。

（3）钢纤维混凝土路面是在混凝土面层中掺入钢纤维，即成为一种均匀而多向配筋的混凝土路面。与普通混凝土路面相比，该种路面的板厚在同等条件下相对较薄，且使用寿命长，养护费用少，国外一致认为它是一种新型路面材料，具有广阔的发展前景，特别是作为旧混凝土路面的罩面尤为适宜。

（4）钢筋混凝土路面是指面层内配置纵、横向钢筋或钢筋网并设接缝的水泥混凝土路面。其中，钢筋网的设置可以控制裂缝缝隙的张开量，把开裂的板拉在一起，使板依靠断裂面上集料的嵌锁作用而保证结构强度。

（5）连续配筋混凝土路面是指面层内配置纵向连续钢筋和横向钢筋，横向不设缩缝的水泥混凝土路面。适用于高速公路、一级公路和机场混凝土道面。

（6）复合式混凝土路面为面层由两层或两层以上不同材料类型和力学性质的混凝土复合而成，通常下层用当地品质较差的材料来铺筑，而上层用品质较好的材料，以降低造价，该路面也叫双层式或组合式路面。一般下层为碾压混凝土，其厚度取总厚度的2/3，上层为普通混凝土，其厚度一般取总厚度的1/3，并不宜小于8 cm。

（7）水泥混凝土预制块路面是由水泥混凝土预制块铺筑而成的路面。块料形状有矩形和嵌锁型（不规则形状）两类。这种路面结构由面层、砂整平层（厚3 cm）和基层组成，基层类型同普通混凝土路面。该种路面具有结构简单，价格低廉，能承受较大的单位压力，出现较大变形也不会破坏块料，便于修复等优点。因此，20世纪70年代以来，这种路面在欧美得到了较大的发展，较广泛地用于铺筑人行道、停车场、堆场（特别是集装箱码头）、街区道路、一般公路的路面等。

（8）装配式混凝土路面为在工厂中把混凝土预制成板块，然后运至工地现场装配而成的路面。混凝土板可以全年生产，不受气候影响，混凝土质量容易保证；施工进度快，铺筑完毕即可以通车；损坏后易于拆换修理。因此，它适用于城市道路、厂矿道路、大型基建场地、停车站场和软弱土基上。

水泥混凝土路面与其他路面相比具有较高的抗压、抗弯拉强度及抗磨耗能力，稳定性好，路面粗糙，抗滑性能好，养护费用少、经济效益高；但是由于混凝土本身的特点，混凝土路面也存在以下缺点：一般水泥混凝土路面要建造许多接缝，这些接缝不但增加施工和养护的复杂性，而且容易引起行车跳动，影响行车的舒适性。同时接缝又是路面的薄弱点，如处理不当，将导致路面板边和板角处破坏；水泥混凝土路面铺筑后，一般要经过15~20 d的保湿养护，开放交通较迟；修补工作量也大，且影响交通，这给有地下管线的城市道路带来较大困难。而且水泥混凝土路面的光、热反射能力高于沥青路面，驾驶员行车容易造成晃眼疲劳。

二、普通水泥混凝土路面的构造

（一）路基和基层

路基是路面的基础，其质量的好坏直接关系到路面的使用品质。路基应稳定、密实、均质，对路面结构提供均匀的支撑。如果路基的稳定性不足，在自然因素水温变化影响下，路基出现较大的变形，造成混凝土板下路基不均匀沉陷，导致对面板的不均匀支撑，使面板在荷载作用下底部产生过大的弯拉应力而破坏。因此，没有坚固、密实、均匀、稳定的路基，就没有稳固的路面。按照交通荷载等级，路床顶的综合回弹模量值应分别不低于40 MPa（轻交通荷载等级）、60 MPa（中等或重交通荷载等级）和80 MPa（特重或极重交通荷载等级）。对于不能满足综合回弹模量值要求的路床，应采取更换填料、增设粒料层或低剂量无机结合料稳定层等措施。压实度应满足《公路路基设计规范》（JTGD30—2015）要求。

另外，要加强排水设计，对可能危害路基稳定的地面水和地下水采取必要的防水排水措施，使之远离路基。路基一般要求处于干燥或中湿状态，过湿状态或强度和稳定性不符合要求的潮湿状态的路基必须进行处理。

在混凝土板下面设置基层，不仅能给混凝土面板提供均匀稳定的支撑，而且可以防止唧泥和冻胀的不良影响，保证路面整体强度和有较好的平整度，并延长混凝土板的使用寿命，对保证路面使用品质起着重要作用。水泥混凝土路面对基层的基本要求是有足够抗冲刷能力和一定的刚度，整体性强，稳定性好，断面正确，表面平整，有抗冻性，以避免出现板底脱空和错台现象。依据交通荷载等级、材料供应条件和结构层组合要求，可参照表4-26选用基层和底基层的组成材料类型。基层的最小厚度为15 cm。

第四章 道路路面设计

表4-26 适宜于各交通荷载等级的基层和底基层类型

交通荷载等级	基层类型	底基层类型
极重、特重	贫混凝土、碾压混凝土	级配碎石
	沥青混凝土	级配碎石、水泥稳定碎石、石灰粉煤灰稳定碎石
重	密级配沥青稳定碎石	
	水泥稳定碎石	级配碎石
中等、轻	级配碎石	未筛分碎石、级配砾石,或不设
	水泥稳定碎石、石灰粉煤灰稳定碎石	未筛分碎石

对于承受极重、特重或重交通荷载的路面,基层下应设置底基层;承受中等或轻交通荷载时,可不设底基层。当基层采用无机结合料稳定类材料,且上路床由细粒土组成时,应在基层下设置粒料类底基层。

基层采用无机结合料稳定类材料时,底基层宜选用小于0.075 mm颗粒含量少于7%的粒料类材料。无机结合料稳定碎石基层上应设置封层,封层可采用单层沥青表面处治或适宜的膜层材料等。当采用单层沥青表面处治时,层厚不宜小于0.6 cm。

贫混凝土或碾压混凝土基层上应铺设沥青混凝土夹层,层厚不宜小于4.0 cm。

各种基层和底基层的结构层适宜厚度视所选集料的公称最大粒径和压实效果的要求而定,可参照表4-27选用。基层或底基层的设计层厚超出相应材料的适宜层厚范围时,宜分层铺设和压实。

表4-27 基层和底基层材料的结构层适宜厚度

材料种类		适宜层厚(mm)
贫混凝土、碾压混凝土		120~200
无机结合料稳定粒料		150~200
沥青混凝土	集料公称最大粒径9.5 mm	25~40
	集料公称最大粒径13.2 mm	35~65
	集料公称最大粒径16 mm	40~70
	集料公称最大粒径19 mm	50~75
沥青稳定碎石	集料公称最大粒径19 mm	
	集料公称最大粒径26.5 mm	75~100
多孔隙水泥稳定碎石		100~150
级配碎石、未筛分碎石、级配砾石或碎砾石		100~200

在多雨地区，路基由低透水性细粒土组成的高速公路和一级公路或者承受极重或特重交通荷载的二级公路，宜设置由开级配沥青稳定碎石或开级配水泥稳定碎石组成的排水基层。排水基层下应设置由密级配粒料或水泥稳定碎石组成的不透水底基层。底基层顶面宜铺设沥青类封层或防水土工织物。

基层的宽度应比混凝土面板每侧至少宽出30 cm（采用小型机具施工）、50 cm（轨模式摊铺机施工）或65 cm（采用滑模式摊铺机施工），路肩采用混凝土面层，其厚度与行车道面层相同时，基层宽度应与路基同宽，以供施工时安装模板，并防止路面边缘渗水至路基而导致路面破坏。

碾压混凝土基层应设置与混凝土面层相对应的接缝。贫混凝土基层在其弯拉强度超过1.5 MPa时，应设置与面层相对应的横向缩缝；当一次摊铺宽度大于7.5 m时，还应设置纵向缩缝。

开级配沥青稳定碎石或水泥稳定碎石排水基层的计算厚度应满足排除表面水设计渗入量的需要。排水基层的设计厚度依据计算厚度按1.0 cm向上取整后再增加2.0 cm，以考虑表层空隙被堵塞的深度。

在冰冻深度大于0.5 m的季节性冰冻地区，为防止路基可能产生的不均匀冻胀对混凝土面层的不利影响，路面结构应有足够的总厚度，以便将路基的冰冻深度约束在有限的范围内。路面结构的最小总厚度随冰冻线深度、路基的潮湿状况和土质而异，其数值可参照表4-28而定。当路面结构总厚度小于表中规定的最小厚度时，应通过设置垫层补足。

表4-28　水泥混凝土路面结构最小防冻厚度（单位：m）

路基干湿类型	路基土类别	当地最大冰冻深度			
		0.50～1.00	1.00～1.50	1.51～2.00	＞2.00
中湿路基	易冻胀土	0.30～0.50	0.40～0.60	0.50～0.70	0.60～0.95
	很易冻胀土	0.40～0.60	0.50～0.70	0.60～0.85	0.70～1.10
潮湿路基	易冻胀土	0.40～0.60	0.50～0.70	0.60～0.90	0.75～1.20
	很易冻胀土	0.45～0.70	0.55～0.80	0.70～1.00	0.80～1.30

注：1. 易冻胀土：细粒土质砾（GM、GC）、除极细粉土质砂外的细粒土质砂（SM、SC）、塑性指数小于12的黏质土（CL、CH）。

2. 很易冻胀土：粉质土（ML、MH）、极细粉土质砂（SM）、塑性指数在12～22的黏质土（CL）。

3. 冻深小或填方路段，或基、垫层采用隔温性能良好的材料，可采用低值；冻深大或挖方及地下水位高的路段，或基、垫层采用隔温性能稍差的材料，应采用高值。

4. 冻深小于 0.50 m 的地区，可不考虑结构层防冻厚度。

垫层应与路基同宽，其最小厚度为15 cm。防冻垫层和排水垫层宜采用砂、砂砾等颗粒材料。

（二）混凝土面板

理论分析表明，轮载作用于板中部时板所产生的最大应力约为轮载作用于板边部时的2/3。因此，面层板的横断面应采用中间薄两边厚的形式，以适应荷载应力的变化。一般边部厚度约较中部大25%，从路面最外两侧板的边部，在0.6~1.0 m宽度范围内逐渐加厚。但是厚边式路面对路基和基层的施工不便，而且使用经验也表明，在厚度变化转折处，易引起板的折裂。因此，目前国内外常采用等厚式断面，或在等厚式断面板的最外两侧板边部配置钢筋予以加固。

水泥混凝土面层应具有足够的强度、耐久性，表面抗滑、耐磨、平整。一般采用接缝设置传力杆的普通水泥混凝土。面层板的平面尺寸较大或形状不规则，路面结构下埋有地下设施，高填方、软土地基、填挖交界段的路基有可能产生不均匀沉降时，应采用接缝设置传力杆的钢筋混凝土面层。其他面层类型可依据适用条件，按表4-29选用。

表4-29 其他面层类型选择

面层类型		适用条件
连续配筋混凝土面层		高速公路
复合式面层	密级配沥青混合料上面层	极重、特重交通荷载的高速公路
	连续配筋混凝土下面层设传力杆普通混凝土下面层	
碾压混凝土面层		二级及二级以下公路、服务区停车场
钢纤维混凝土面层		高程受限制路段、收费站、混凝土加铺层、桥面铺装
混凝土预制块面层		二级及二级以下公路桥头引道沉降未稳定段、服务区停车场

普通混凝土、钢筋混凝土、碾压混凝土或连续配筋混凝土面层所需的厚度，可依据交通荷载等级、公路等级和变异水平等级，可参照表4-30并按《公路水泥混凝土路面设计规范》（JTGD40—2011）规定计算确定。考虑混凝土路面表面在设计基准期（设计年限）内会因轮胎摩擦产生一定的磨耗量，设计厚度依据计算厚度加6 mm磨耗层后，按10 mm向上取整。

表4-30　水泥混凝土面层厚度的参考范围

交通荷载等级	极重	特重			重		
公路等级	—	高速	一级	二级	高速	一级	二级
变异水平等级	低	低	中	低	中	低	中	低	中
面层厚度（mm）	≤320	320~280	300~260	280~240	270~230	260~220

交通荷载等级	中等			轻	
公路等级	二级		三、四级	三、四级	
变异水平等级	高	中	高	中	高	中
面层厚度（mm）	250~220	240~210	230~200	220~190	210~180

钢纤维混凝土面层的厚度按钢纤维掺量确定，钢纤维体积率为0.6%~1.0%时，其厚度为普通混凝土面层厚度的0.65~0.75倍；特重或重交通荷载时，其最小厚度为180 mm；中等或轻交通荷载时，其最小厚度为160 mm。

复合式路面的沥青混凝土上面层的厚度不宜小于4.0 cm。水泥混凝土下面层的厚度通过结构分析计算确定。水泥混凝土下面层与沥青混凝土上面层之间应设置黏层。

为保证行车安全，混凝土路面表面必须采用拉毛、拉槽、压槽或刻槽等方法做表面构造，并达到构造深度的要求。

（三）接缝的构造与布置

水泥混凝土面层由一定厚度的混凝土板组成，混凝土板具有热胀冷缩的性质。由于一年四季气温的变化，混凝土板会产生不同程度的膨胀和收缩。而在一昼夜中，白天气温升高，混凝土板顶面温度较底面高，这种温度坡差会造成板的中部隆起；夜间气温降低，板顶面温度较底面为低，会使板的角隅和四周翘起。这些变形会受到板与基础之间的摩阻力和黏结力以及板的自重和车轮荷载等的约束，致使板内产生过大的应力，造成板的断裂或拱胀等破坏。

为避免这些缺陷，混凝土路面不得不在纵横两个方向设置许多接缝，把整个路面分割成许多板块。

任何形式的接缝处板体都不可能是连续的，其传递荷载的能力总不如非接缝处，而且任何形式的接缝都不免漏水。因此，对各种形式的接缝，都必须为其提供相应的传荷与防水的设施。

1. 横缝的构造与布置

横向接缝垂直于行车方向,共有三种:缩缝、胀缝、施工缝。缩缝保证板因温度和湿度的降低而产生收缩时不至于产生不规则裂缝。胀缝保证板在温度升高时能部分伸张,从而避免产生路面板在热天的拱胀和折断破坏,同时胀缝也能起到缩缝的作用。另外,混凝土每天完工以及因其他原因不能继续施工时,应设置施工缝。施工缝应尽量施工在胀缝处,如不可能,也应施工在缩缝处。

(1)胀缝

常采用平缝形式,平缝也叫真缝。对于交通繁重的道路,为保证混凝土板之间能有效地传递荷载,防止形成错台,应在胀缝处板厚中央设置滑动传力杆,并设置支架或其他方法予以固定。传力杆采用光面圆钢筋制作,尺寸及间距见表4-31。对于在同一条胀缝上的传力杆,设有套筒的活动端最好在缝的两边交错布置。

表4-31 传力杆尺寸及间距面层

厚度(mm)	直径(mm)	最小长度(mm)	最大间距(mm)
220	28	400	300
240	30	400	300
260	32	450	300
280	32~34	450	300
≥300	34~36	500	300

胀缝是混凝土路面的薄弱环节,它不仅给施工带来不便,而且容易由于施工不能满足要求而造成胀缝处的混凝土出现碎裂等病害。此外,胀缝还易引起行车跳动,其中的填缝料又要经常补充或更换,增加了养护的麻烦。因此,近年来,国内外修筑的混凝土路面均有减少或者不设胀缝的趋势。我国现行《公路水泥混凝土路面设计规范》(JTGD40)规定,在邻近桥梁或其他固定构筑物处以及与其他道路相交处应设置横向胀缝,设置的胀缝条数视膨胀量大小而定。低温浇筑混凝土路面面板或选用膨胀性高的集料时,应酌情确定是否设置胀缝。胀缝宽20 mm,缝内设置填缝板和可滑动的传力杆。

但是,采用长间距胀缝或无胀缝路面结构时,需注意采取一些相应的措施,如增大基层表面的摩阻力,以约束板在高温或潮湿时伸长的趋势;在气温较高时施工,以尽量减小水泥混凝土板的胀缩幅度。

（2）缩缝

缩缝一般采用假缝形式，即只在板的上部设缝隙，当板收缩时，将沿此最薄弱断面有规则地自行断裂。

由于缩缝缝隙下面板断裂面凹凸不平，能起到一定的传荷作用，一般不必设置传力杆，但在特重和重交通道路、收费广场以及邻近胀缝或自由端部的三条缩缝应加传力杆。普通混凝土路面横向缩缝间距一般为4~6 m（即板长）；碾压混凝土或钢纤维混凝土路面一般为6~10 m；钢筋混凝土路面一般为6~15 m。

当在胀缝或缩缝上设置传力杆时，最外边的传力杆距接缝或自由边的距离应较传力杆间距小些，一般为15~25 cm。

（3）横向施工缝

施工缝也叫工作缝。设在缩缝处的施工缝应采用加传力杆的平缝形式；设在胀缝处的施工缝，其构造与胀缝相同。

2. 纵缝的构造与布置

纵缝是指与行车方向平行的接缝。纵缝一般分假缝和施工缝。纵缝间距一般按3~4.5 m设置，这对施工和行车都方便。当一次铺筑宽度大于4.5 m时，应增设纵向缩缝，纵向缩缝采用假缝形式。为了防止接缝两侧混凝土板被拉开而丧失缝下部的嵌锁作用，应设置拉杆。拉杆采用螺纹钢筋，拉杆尺寸及间距见表4-32。其最外边的拉杆距横向接缝的距离不得小于10 cm。一次铺筑宽度小于路面宽度时，应设置纵向施工缝，施工缝采用平缝形式，并应设置拉杆，上部应锯切槽口，深度宜为30~40 mm，宽度宜为3~8 mm，槽内应灌塞填缝料。

表4-32 拉杆尺寸及间距（单位：mm）

面层厚度（mm）	到自由边或未设拉杆纵缝的距离（m）					
	3.00	3.50	3.75	4.50	6.00	7.50
200~250	14×700×900	14×700×800	14×700×700	14×700×600	14×700×500	14×700×400
≥260	16×800×900	16×800×700	16×800×600	16×800×500	16×800×400	16×800×300

对于多车道路面，应每隔3~4个车道设一条纵向胀缝，其构造与横向胀缝相同。当路旁有路缘石时，缘石与路面板之间也应设胀缝，但不必设传力杆。

3. 纵横缝的布置

纵缝与横缝一般做成垂直正交，使混凝土板具有90°的角隅。纵缝两旁的横缝一般成一条直线。在交叉口范围内，为了避免板形成较小的锐角并使板的长边与行车方向一致，接缝边长宜大于1 m。大多采用辐射式的接缝布置形式。

（四）特殊部位混凝土路面的处理

1. 板边和角隅补强

当采用板中计算厚度的等厚板时，或混凝土板纵、横向自由边缘下的基础有可能产生较大的塑性变形时，应在其自由边缘和角隅处设置下述两种补强钢筋。

（1）边缘钢筋

一般用两根直径为12～16 mm的螺纹钢筋或圆钢筋，设在板下部板厚的1/4～1/3处，且距板底均不小于5 cm，两根钢筋的间距不应小于10 cm，钢筋两端向上弯起。纵向边缘钢筋一般只做在一块板内，不得穿过缩缝，以免妨碍板的翘曲；有时也可穿过缩缝，但不得穿过胀缝。为了加强锚固能力，钢筋两端应向上弯起。在横向胀缝两侧板边缘以及混凝土路面的起终端处，为加强板的横向边缘，也可设置横向边缘钢筋。

（2）角隅钢筋

用于角隅部分的补强，一般可用两根直径为12～16 mm的螺纹钢筋，布置在板的上部，距板顶不应小于5 cm，距板边一般为10 cm。板角小于90°时，亦可采用双层钢筋网补强，钢筋选用直径6 mm，布置在板的上、下部，距板顶和板底以5～10 cm为宜。钢筋保护层的最小厚度不应小于5 cm。

2. 水泥混凝土路面同沥青路面相接

混凝土路面与沥青路面相接处容易出现沉陷和错台，或柔性路面受顶推而拥起，因此，在混凝土路面与沥青路面之间应设置至少3 m的过渡段。过渡段的路面采用两种路面呈阶梯状叠合布置，其下面铺设的变厚度混凝土过渡板的厚度不得小于200 mm。过渡板与混凝土面层相接处的接缝内设置直径25 mm、长700 mm、间距400 mm的拉杆。混凝土面层毗邻该接缝的1～2条横向接缝应采用胀缝形式。

3. 混凝土路面与桥梁相接

混凝土路面与桥梁相接，桥头设有搭板时，应在搭板与混凝土面板之间设置长6～10 m的钢筋混凝土面层过渡板。过渡板与搭板间的横缝采用设拉杆的平缝形式，过渡板与混凝土层间的横缝采用设传力杆的胀缝形式。膨胀量大时，应连续设置2～3条设传力杆的胀缝。如为斜交桥梁，钢筋混凝土面板的锐角部分应采用钢筋网补强。

桥头未设搭板时，宜在混凝土面板与桥台之间设置长10～15 m的钢筋混凝土面板；或设置由混凝土预制块面层或沥青面层铺筑的过渡段，其长度不小于8 m。

三、水泥混凝土路面设计

（一）设计理论与计算模型

水泥混凝土路面板具有较高的力学强度，在车轮荷载作用下变形小，同时按照现行的设计理论，混凝土板工作在弹性阶段，也就是在计算汽车荷载作用下，板内产生的最大应力不超过混凝土的比例极限应力。当水泥混凝土板工作在弹性阶段时，基层和土基所承受的荷载单位应力及产生的变形也微小，它们也都工作于弹性阶段。另外，由于混凝土板与基层或土基之间的摩阻力一般不大，所以在力学图式上可把水泥混凝土路面结构看作弹性地基上的小挠度薄板，用弹性地基板理论进行分析计算。

因此，我国水泥路面设计规范规定，水泥混凝土路面结构分析采用弹性地基板理论。

按基层和面层类型和组合的不同路面结构分析可分别采用下述力学计算模型。

1. 弹性地基单层板模型

适用于粒料基层上铺筑混凝土面层、旧沥青路面加铺混凝土面层。面层板底面以下部分按弹性地基处理。

2. 弹性地基双层板模型

适用于无机结合料类基层或沥青类基层上铺筑混凝土面层、旧混凝土路面上加铺分离式混凝土面层。面层和基层或者新旧混凝土面层作为双层板，基层底面以下或者旧混凝土面层底面以下部分按弹性地基处理。

3. 复合板模型

适用于两层不同性能材料组成的面层或基层复合板。旧混凝土路面上加铺结合式混凝土面层、两层不同性能材料组成的层间黏结的面层，作为弹性地基上的单层板或者弹性地基上双层板的上层板；而无机结合料类基层或沥青类基层与无机结合料类底基层组成的基层，作为弹性地基上双层板的下层板。

（二）设计标准

1. 可靠度设计标准

各级公路水泥混凝土路面结构的设计安全等级及相应的设计基准期（年限）、目标可靠指标与目标可靠度，应符合表4-33的规定。二级及二级以下公路路面结构破坏可能产生很严重的后果时，可提高一级安全等级。

表4-33 可靠度设计标准

公路等级	高速	一级	二级	三级	四级
安全等级	一级		二级	三级	
设计基准期（年）	30		20	20	
目标可靠度（%）	95	90	85	80	70
目标可靠指标	1.64	1.28	1.04	0.84	0.52

各安全等级路面的材料性能和结构尺寸参数的变异水平可分为低、中和高三级，应按公路等级、所采用的施工技术以及所能达到的施工质量控制和管理水平，通过调研确定变异水平等级和相应的变异系数，高速公路、一级公路的变异水平等级宜为低级，二级公路的变异水平等级应不大于中级。确有困难时，可按表4-34规定的主要设计参数变异系数范围选择相应的变异系数。

表4-34 变异系数c_v的范围

变异水平等级	低	中	高
水泥混凝土弯拉强度	$0.05<c_v\leqslant 0.10$	$0.10<c_v\leqslant 0.15$	$0.15<c_v\leqslant 0.20$
基层顶面当量回弹模量	$0.15<c_v\leqslant 0.25$	$0.25<c_v\leqslant 0.35$	$0.35<c_v\leqslant 0.55$
水泥混凝土面层厚度	$0.02<c_v\leqslant 0.04$	$0.04<c_v\leqslant 0.06$	$0.06<c_v\leqslant 0.08$

2.结构设计标准

水泥混凝土路面结构设计应以面层板在设计基准期内，在行车荷载和温度梯度综合作用下，不产生疲劳断裂作为设计标准，并以最重轴载和最大温度梯度综合作用下不产生极限断裂（一次性作用，突然断裂）作为验算标准。其极限状态设计表达式分别采用式（4-15a）和式（4-15b）。

$$\gamma_r(\sigma_{pr}+\sigma_{tr})\leqslant f_r \qquad (4-15a)$$

$$\gamma_r(\sigma_{p,\max}+\sigma_{t,\max})\leqslant f_r \qquad (4-15b)$$

式中，σ_{pr}：面层板在临界荷位处产生的行车荷载疲劳应力（MPa）；σ_{tr}：面层板在临界荷位处产生的温度梯度疲劳应力（MPa）；$\sigma_{p,\max}$：最重的轴载在临界荷位处产生的最大荷载应力（MPa）；$\sigma_{t,\max}$：所在地区最大温度梯度在临界荷位处产生的最大温度翘曲应力（MPa）；γ_r：可靠度系数，依据所选目标可靠度、变异水平等级及变异系数通过计算确定（见表4-35）；f_r：水泥混凝土弯拉强度标准值（MPa）。

表4-35 可靠度系数

变异水平等级	目标可靠度（%）			
	95	90	85	70~80
低	1.20~1.33	1.09~1.16	1.04~1.08	—
中	1.33~1.50	1.16~1.23	1.08~1.13	1.04~1.07
高	—	1.23~1.33	1.13~1.18	1.07~1.11

注：变异系数接近表4-35下限时，可靠度系数取低值；反之，取高值。

当贫混凝土或者碾压混凝土作基层时，应以设计基准期内行车荷载不产生疲劳断裂作为其设计标准，此时极限状态表达式为：

$$\gamma_r \sigma_{bpr} \leqslant f_{bc} \quad (4-16)$$

式中，σ_{bpr}：混凝土基层内产生的行车荷载疲劳应力（MPa）；f_{bc}：混凝土基层材料的弯拉强度标准值（MPa）。

（三）设计内容

水泥混凝土路面结构设计包括下述内容。

1. 路面结构组合设计

根据该路的交通繁重程度，结合当地环境气候条件和材料供应情况来综合考虑。它包括各层的结构类型、弹性模量和厚度的确定。基层、垫层的设置应根据水泥混凝土路面的要求来进行。

2. 混凝土面板厚度设计

混凝土面板厚度设计应按照设计标准的要求确定满足设计年限内使用要求所需的混凝土面层的厚度。

3. 混凝土面板的平面尺寸与接缝设计

根据混凝土面层板内产生的荷载应力和温度应力进行板的平面尺寸设计，布设各类接缝的位置，设计接缝的构造，并采取有效措施，提高接缝的传荷能力。

4. 路肩设计

高速公路和一级公路中间带和路肩路缘带的结构应与行车道的混凝土路面相同，并与行车道部分的混凝土面板浇筑成整体。路肩可采用水泥混凝土面层或沥青混合料面层，其基（垫）层结构应满足行车道路面结构和排水的要求，应采用级配粒料或多孔隙水泥稳定碎石。路肩与行车道之间的纵缝应设置拉杆。

一般公路的混凝土路面应设置路缘石或用沥青混合料加固路肩。高速公路和一级公路的路肩宜采用与行车道相同的路面结构和厚度，当选用薄混凝土面层时，其厚度不宜小于150 mm。

复合式路面的路肩沥青面层可选用沥青混凝土（高速公路、一级或二级公路）或沥青表面处治（三级或四级公路）。其基层可选用无机结合料稳定粒料或者级配粒料。行车道路面结构不设内部排水设施时，沥青面层和不透水基层的总厚度不宜超过行车道面层的厚度，基层下应选用透水性粒料填筑。

5. 普通混凝土路面配筋设计

普通混凝土路面板较大或交通量较大、地基有不均匀沉降或板的形状不规则时，可沿板的自由边缘加设补强钢筋，在角隅处加设发针形钢筋或钢筋网，以阻止可能出现的裂缝。

（四）设计参数

1. 交通荷载等级和累计作用次数

我国《公路水泥混凝土路面设计规范》（JTGD40—2011）规定，按疲劳断裂设计标准进行结构分析时，以100 kN单轴—双轮组荷载作为设计轴载；对极重交通荷载等级的水泥混凝土路面，宜选用货车中占主要份额特重车型的轴载作为设计轴载。

各级轴载作用次数可按式（4-17）换算为设计轴载的作用次数N_s。

$$N_s = \sum_{i=1}^{n} N_i \left(\frac{P_i}{P_s}\right)^{16} \qquad (4-17)$$

式中，P_i：i级轴载重（kN），联轴按每一根轴载单独计；P_s：设计轴载重（kN）；n：各种轴型的轴载级位数；N_i：i级轴载的作用次数；N_s：设计轴载的作用次数。

水泥混凝土路面所承受的交通荷载作用按设计基准期内设计车道所承受的设计轴载累计作用次数分为五级，分级范围如表4-36所示。

表4-36 交通荷载分级范围

交通荷载等级	极重	特重	重	中等	轻
设计基准期内设计车道承受设计轴载（100 kN）累计作用次数N_e（104）[①]	>1×10^6 [②]	2000~1×10^6	100~2000	3~100	<3

注：①交通轴载的调查和分析。
②极重荷载等级的路面应将所承受的特重轴载车辆或特种车辆选作设计轴载并计算累计作用次数。

设计基准期内设计车道的标准轴载累计作用次数与第一年的交通量、交通组成和交通量的增长情况等因素有关。上述交通参数应进行详细调查、观测与预测，然后按式（4-18）确定设计使用年限内设计车道的设计轴载累计作用次数N_e：

$$N_e = \frac{N_s\left[(1+g_r)^t - 1\right] \times 365}{g_r}\eta \qquad (4-18)$$

式中，N_e：设计轴载累计作用次数；N_s：100 kN单轴-双轮组标准轴载的日平均作用次数；g_r：由调查确定的交通量年平均增长率（%）；t：设计基准期（年），见表4-33；η：临界荷位处的车辆轮迹横向分布系数，按表4-37选用。

表4-37 车轮轮迹横向分布系数

公路等级		纵缝边缘处
高速公路、一级公路、收费站		0.17～0.22
二级及二级以下公路	行车道宽＞7 m	0.34～0.39
	行车道宽≤7 m	0.54～0.62

注：车道或行车道宽或者交通量较大时，取高值；反之，取低值。

2. 材料设计参数

（1）路床土和粒料的回弹模量应采用重复加载三轴压缩试验测定。土试件的尺寸应为直径100 mm、高200 mm（最大粒径不超过19 mm），粒料试件的尺寸应为直径150 mm、高300 mm。

（2）无机结合料稳定类材料的弹性模量应采用单轴压缩试验测定。试件尺寸应为直径100 mm、高200 mm，或直径150 mm、高300 mm。水泥稳定类材料的试件龄期应采用90 d，石灰粉煤灰稳定类材料的试件龄期应采用180 d，测定前试件应浸水1 d。

（3）沥青混合料动态模量应采用周期加载单轴压缩试验测定。试件的尺寸应为直径100 mm、高150 mm。

（4）水泥混凝土的设计强度与模量。

水泥混凝土路面以设计弯拉强度作为设计控制指标，取28 d龄期的15 cm×15 cm×55 cm的水泥混凝土小梁试件，用三分点加载试验方法确定。设计弯拉强度必须满足规范规定的弯拉强度标准的要求。同时，为保证路面有较高的耐久性、耐磨性和抗冻性。混凝土的抗压强度不应低于30～35 MPa。

各交通荷载等级要求的水泥混凝土弯拉强度标准值f_r不得低于表4-38的规定。

第四章　道路路面设计

表4-38　水泥混凝土弯拉强度标准值

交通荷载等级	极重、特重、重	中等	轻
水泥混凝土的弯拉强度标准值f_r（MPa）	≥5.0	≥4.5	≥4.0
钢纤维混凝土的弯拉强度标准值f_r（MPa）	≥6.0	≥5.5	≥5.0

水泥混凝土的弯拉弹性模量可以采用试验实测。当无条件实测时，可按式（4-19）计算并结合工程经验分析确定。

$$E_c = 1.44 f_r^{0.458} \times 10^4 \qquad (4\text{-}19)$$

式中，E_c：水泥混凝土的弯拉弹性模量（MPa）；f_r：水泥混凝土的弯拉强度标准值（MPa）。

混凝土配合比设计时的混合料试配弯拉强度的均值应按式（4-20）确定。

$$f_m = \frac{f_r}{1-1.04c_v} + ts \qquad (4\text{-}20)$$

式中，f_m：混凝土试配弯拉强度的均值（MPa）；f_r：混凝土弯拉强度标准值（MPa）；c_v：混凝土弯拉强度的变异系数；s：混凝土弯拉强度试验样本的标准差；t：保证率系数，按样本数和判别概率参照表4-39确定。

表4-39　保证率系数

公路等级	判别概率	样本数			
		6	9	15	20
高速公路	0.05	0.79	0.61	0.45	0.39
一级公路	0.10	0.59	0.46	0.35	0.30
二级公路	0.15	0.46	0.37	0.28	0.24
三、四级公路	0.20	0.37	0.29	0.22	0.19

路基和路面各结构层的各项设计参数值也可以根据《公路水泥混凝土路面设计规范》（JTGD40—2011）附录E的相关规定，按经验数值范围确定。

3. 板底地基顶面的当量回弹模量

除粒料基层的单层板结构或旧沥青路面加铺混凝土面板时混凝土板下各层均属于弹性地基，其他结构都是去除最上面两层后的部分作为地基。分析混凝土板内荷载应力时，应将其多层弹性体系地基换算为弹性半无限地基，以其顶面的当量回弹模量作为半无限地基的模量值。不同力学计算模型均采用相同的回归计算公式。

（1）新建公路的混凝土板底地基当量回弹模量E_t应按下列公式计算。

$$E_t = E_0 \left(\frac{E_x}{E_0}\right)^a \qquad (4-21)$$

$$\alpha = 0.86 + 0.26 \ln h_x \qquad (4-22)$$

$$E_x = \frac{\sum_{i=1}^{n} E_i h_i^2}{\sum_{i=1}^{n} h_i^2} \qquad (4-23)$$

$$E_x = \frac{\sum_{i=1}^{n} E_i h_i^2}{\sum_{i=1}^{n} h_i^2} \qquad (4-24)$$

式中，E_t、E_t：地基当量回弹模量（MPa）；E_0：路床顶综合回弹模量（MPa）；α：与粒料层总厚度h_x有关的回归系数；E_x：粒料层的当量回弹模量（MPa）；h_x：粒料层的当量总厚度（m）；n：粒料层的层数；E_i、h_i：第i结构层的回弹模量（MPa）和厚度（m）。

（2）原有柔性路面顶面的地基综合当量回弹模量值。在旧沥青混凝土路面上铺筑水泥混凝土面层时，原沥青混凝土路面顶面的地基综合当量回弹模量值可根据落锤式弯沉仪（荷载50 kN、承载板半径150 mm）的中心点弯沉的测定结果按式（4-25a），或根据贝克曼梁（后轴重100 kN的车辆）的弯沉测定结果按式（4-25b）计算确定。

$$E_t = \frac{18621}{w_0} \qquad (4-25a)$$

$$E_t = 13739 w_0^{-1.04} \qquad (4-25b)$$

$$w_0 = \bar{w} + 1.04 s_w \qquad (4-25c)$$

式中，w_0：路段代表弯沉值（0.01mm）；$\bar{w}$：路段弯沉平均值（0.01mm）；s_w：路段弯沉的标准差（0.01mm）。

（五）单层板模型的设计计算方法

1.临界荷位

为了简化计算工作，通常选取使面板内产生最大应力或最大疲劳损伤的一个荷载位置作为应力计算时的临界荷位。由于现行设计方法采用疲劳断裂作为设计标准，选择临界荷位时应以产生最大疲劳损伤的荷载位置作为设计标准，利用荷载应力和温度应力综合疲劳作用的疲劳方程，分析具有不同接缝传荷能力的混凝土路面的疲劳损伤，得出其临界荷位在纵缝边缘中部。双层板模型计算时，其基层板的临界荷位与面层板相同。

2.设计轴载的荷载疲劳应力计算

设计轴载在面层板临界荷位处产生的荷载疲劳应力应按式（4-26）确定。

$$\sigma_{Pr} = k_r k_f k_c \sigma_{ps} \qquad (4-26)$$

式中，σ_{pr}：σ_{pr}设计轴载在面层板临界荷位处产生的荷载疲劳应力（MPa）；σ_{ps}：设计轴载在四边自由板临界荷位处产生的荷载应力（MPa）；k_r：考虑接缝传荷能力的应力折减系数，采用混凝土路肩时，k_r=0.87～0.92（路肩面层与路面面层等厚时取低值，减薄时取高值）；采用柔性路肩或土路肩时k_r=1；k_f：考虑设计基准期内荷载应力累计疲劳作用的疲劳应力系数，可按式（4-27）计算；k_c：考虑计算理论与实际差异以及动载等因素影响的综合系数，按公路等级查表4-40确定。

表4-40 综合系数k_c

公路等级	高速公路	一级公路	二级公路	三、四级公路
综合系数k_c	1.15	1.10	1.05	1.00

$$k_f = N_e^{\lambda} \qquad (4-27)$$

式中，λ：材料疲劳指数，普通混凝土、钢筋混凝土、连续配筋混凝土采用0.057；碾压混凝土和贫混凝土采用0.065，钢纤维混凝土按$\lambda=0.054-0.017\rho_f \frac{l_f}{d_f}$计算，其中，$\rho_f$为钢纤维的体积率（%），$l_f$为钢纤维的长度（mm）；$d_f$为钢纤维的等效直径（mm）。

设计轴载在四边自由板临界荷位处产生的荷载应力σ_{ps}按下列公式计算：

$$\sigma_{Ps} = 1.47 \times 10^{-3} r^{0.70} h_c^{-2} P_s^{0.94} \qquad (4-28)$$

$$r = 1.2\left(\frac{D_c}{E_t}\right)^{\frac{1}{3}} \qquad (4-29)$$

$$D_c = \frac{E_c h_c^2}{12(1-\mu_c^2)} \qquad (4-30)$$

式中，σ_{ps}：设计轴载A在四边自由板临界荷位处产生的荷载应力（MPa）；Ps：设计轴载的单轴重（kN）；r：混凝土面板的相对刚度半径（m）；h_c、E_c、μ_c：混凝土面板的厚度（m）、弯拉弹性模量（MPa）和泊松比；D_c：混凝土面板的截面弯曲刚度（MN·m）；E_t：板底地基当量回弹模量（MPa）。

3. 最重轴载的最大荷载应力

最重轴载在面层板临界荷位处产生的最大荷载应力应按式（4-31）计算。

$$\sigma_{p,\max} = k_t k_c \sigma_{Pm} \qquad (4-31)$$

式中，$\sigma_{p,\max}$：最重轴载P_m在面层板临界荷位处产生的最大荷载应力（MPa）；σ_{pn}：最重轴载P_m在四边自由板临界荷位处产生的最大荷载应力（MPa），按式（4-31）计算，式中的设计轴载P_a改为最重轴载P_m（以单轴计，kN）。

4. 温度疲劳应力

在面层板临界荷位处产生的温度疲劳应力应按式（4-32）确定：

$$\sigma_{tr} = k_t \sigma_{t,\max} \qquad (4-32)$$

式中，σ_{tr}：面层板临界荷位处的温度疲劳应力（MPa）；$\sigma_{t,\max}$：最大温度梯度时混凝土面板的温度翘曲应力，按式（4-33）确定；k_t：考虑温度应力累计疲劳作用的疲劳应力系数，按式（4-36）确定。

$$\sigma_{t,\max} = \frac{\alpha_c E_c h_c T_g}{2} B_L \qquad (4-33)$$

式中，α_c：混凝土的线膨胀系数（1/℃），根据粗集料的岩石特性确定，通常可取10×10^{-6}/℃；Tg：公路所在地50年一遇的最大温度梯度（℃/m），按表4-41取用；B_L：综合温度翘曲应力和内应力作用的温度应力系数，按下列公式计算。

$$B_L = 1.77 e^{-4.48 h_c} C_L - 0.131(1-C_L) \qquad (4-34)$$

$$C_L = 1 - \frac{\sinh t \cos t + \cos h t \sin t}{\cos t \sin t + \sin h t \cosh t} \qquad (4-35)$$

第四章 道路路面设计

$$t = \frac{L}{3r} \qquad (4\text{-}36)$$

$$k_t = \frac{f_r}{\sigma_{t,\max}}\left[a_t\left(\frac{\sigma_{t,\max}}{f_r}\right)^{b_t} - c_t\right] \qquad (4\text{-}37)$$

式中，a_t、b_t、c_t：回归系数，按所在地区的公路自然区划查表4-42。

表4-41　最大温度梯度计算值Tg

公路自然区划	Ⅱ、V	I	Ⅳ、Ⅵ	Ⅶ
Tg（V/m）	83~88	90~95	86~92	93~98

注：海拔高时取高值；湿度大时取低值。

表4-42　回归系数

回归系数	公路自然区划					
	Ⅱ	Ⅲ	Ⅳ	V	Ⅵ	Ⅶ
a_t	0.828	0.855	0.841	0.871	0.837	0.834
b_t	1.323	1.355	1.323	1.287	1.382	1.270
c_t	0.041	0.041	0.058	0.071	0.038	0.052

（六）分离式双层板模型的设计计算方法

采用贫混凝土或者碾压混凝土作基层时，需要验算基层的荷载疲劳应力是否超过材料能力。

采用其他材料作基层时，与前述弹性地基单层板理论相比，虽在计算公式中考虑了基层刚度大时的影响，但无须考虑基层的极限状态，也就无须针对基层计算其各自应力，在选用公式进行实际计算时需加以注意。

1. 弹性地基双层板荷载应力

（1）上层板在设计荷载P_s作用下的荷载疲劳应力σ_{ps}。面层板或上面层板的荷载疲劳应力σ_{pr}计算与单层板模型相同[式（4-37）]，但与设计轴载Ps作用下的荷载应力σ_{ps}计算公式不同。

设计轴载Ps在上层板临界荷位处产生的荷载应力σ_{ps}应按下列公式确定。

$$\sigma_{ps} = \frac{1.45\times 10^{-3}}{1+\dfrac{D_b}{D_e}} r_g^{0.65} h_c^{-2} P_S^{0.94} \qquad (4\text{-}38)$$

—129—

$$D_b = \frac{E_b h_b^3}{12(1-\mu_b^2)} \quad (4-39)$$

$$r_g = 1.21[(D_c + D_b)/E_t]^{\frac{1}{3}} \quad (4-40)$$

式中，D_b：下层板的截面弯曲刚度（MN·m）；h_b、E_b、μ_b：下层板的厚度（m）、弯拉弹性模量（MPa）和泊松比；r_g：双层板的总相对刚度半径（m）；h_c、D_c：上层板的厚度（m）和截面弯曲刚度（MN·m）。

（2）下层板在设计荷载Ps作用下的荷载疲劳应力σ_{bps}。贫混凝土或碾压混凝土基层板或者下面层板的荷载疲劳应力，应按式（4-41）计算，其中，疲劳应力系数k_r和综合系数k_c的确定方法与单层板的确定方法相同。

设计轴载Ps在下层板临界荷位处产生的荷载应力应按下列公式计算。

$$\sigma_{hPr} = k_t k_c \sigma_{hPs} \quad (4-41)$$

$$\sigma_{bPs} = \frac{1.41 \times 10^{-3}}{1 + \dfrac{D_C}{D_b}} r_g^{0.68} h_b^{-2} P_s^{0.94} \quad (4-42)$$

式中，σ_{hPr}：下层板的荷载疲劳应力（MPa）；σ_{hPs}：设计轴载，在下层板临界荷位处产生的荷载应力（MPa）。

（3）上层板最大荷载应力。最重轴载在上层板临界荷位处产生的最大荷载应力$\sigma_{P,max}$按式（4-31）计算。其中，应力折减系数k_r和综合系数k_c同式（4-26）的取值；最重轴载在四边自由板临界荷位处产生的最大荷载应力σ_{pm}，式中的设计轴载Ps改为最重轴载P_m（以单轴计，kN）。

（4）下层板最大荷载应力。下层板在最重轴载作用下的最大荷载应力$\sigma_{P,max}$计算公式与弹性地基单层板相同，其中的两个修正系数k_r、k_c的取值也相同。

2.弹性地基双层板温度应力

上层板的温度疲劳应力最大温度翘曲应力$\sigma_{t,max}$、综合温度翘曲应力和内应力作用的温度应力系数B_L的计算公式与单层板的相同，但式中的温度翘曲应力系数C_L应按下列公式确定。

$$C_L = 1 - \frac{1}{1+\xi} \frac{\sin ht \cos t + \cos ht \sin t}{\cos t \sin t + \sin ht \cosh t} \quad (4-43)$$

$$t = \frac{L}{3r_g} \quad (4-54)$$

$$\xi = \frac{\left(k_n r_g^4 - D_c\right) r_\beta^3}{\left(k_n r_\beta^4 - D_c\right) r_g^3} \tag{4-45}$$

$$r_\beta = \left[\frac{D_c D_b}{(D_c + D_b) k_n}\right]^{\frac{1}{4}} \tag{4-46}$$

$$k_n = \frac{1}{2}\left(\frac{h_c}{E_c} + \frac{h_b}{E_b}\right)^{-1} \tag{4-47}$$

式中，ξ：与双层板结构有关的参数；r_β：层间接触状况参数（m）；k_n：面层与基层之间的竖向接触刚度，上下层之间不设沥青混凝土夹层或隔离层时按式（4-45）计算，设沥青混凝土夹层或隔离层时，取3000 MPa/m。

下层板的温度疲劳应力不需计算分析。

第五章 梁桥设计

第一节 梁桥设计概述

梁桥是对结构在垂直荷载作用下,支座只产生垂直反力而无水平推力梁式体系桥的总称,它以主梁受弯来承担自重和使用荷载。按照静力特性,梁桥分为简支梁桥、连续梁桥、悬臂梁桥、T形刚构桥及连续刚构桥五种体系。

用混凝土和钢筋结合在一起建成的梁式体系桥统称为钢筋混凝土梁桥,简称混凝土梁桥。钢筋混凝土梁桥和预应力混凝土梁桥按照施工方案的不同,可分为整体式梁桥和节段式梁桥。经装配而成的梁桥又称为装配式梁桥。

一、桥的结构体系和形式

(一)钢筋混凝土梁桥和预应力混凝土梁桥的一般特点

钢筋混凝土梁桥就其混凝土集料的特点而言,有如下优点:可就地取材,成本较低;可塑性强;耐久性及耐火性好,建成后维修费用少;结构刚度大,整体性好,变形小;可以采用装配式结构,将桥梁构件标准化,施工干扰小,质量可靠,生产效率高。

钢筋混凝土梁桥也有其不足之处,如结构自重较大,恒荷载通常占全部设计荷载的1/3~2/3,自重消耗掉了大部分材料的强度,大大限制了其跨越能力;结构的抗裂性能较差,在正常使用阶段往往是带裂缝工作的。因此,装配式钢筋混凝土简支梁桥的跨径一般不超过20m,而悬臂梁桥与连续梁桥的最大跨径一般为30~40m。

预应力混凝土是一种预先储备了足够压应力的新型混凝土结构。对混凝土施加预应力的高强度钢筋,既是加力工具,又是抵抗荷载而引起构件内力的受力钢筋。考虑混凝土的收缩和徐变作用会导致预应力损失，所以必须使用高强度、低松弛的材料。只有这样，才能使预应力混凝土获得良好的使用效果。

预应力混凝土梁桥除了具有钢筋混凝土梁桥的所有优点外，还有下述特点：

（1）能有效地利用现代化的高强度材料（高标号混凝土、高强度钢材），减小构件截面尺寸，显著降低自重占全部作用效应的比重，增强跨越能力。

（2）与钢筋混凝土梁桥相比，一般可以节省钢材30%～40%。跨径越大，节省钢材越多。

（3）全预应力混凝土梁在正常使用阶段不出现裂缝，即使是部分预应力混凝土梁在常遇荷载作用下也无裂缝。鉴于截面能全面参与工作，梁的刚度就比通常开裂的钢筋混凝土梁大，因此其变形小。预应力混凝土梁可显著减小建筑高度，能把大跨径桥梁做得轻柔、美观。由于全预应力混凝土梁能消除裂缝，故其增强了混凝土结构在多种桥型中的适应性，进一步提高了结构的耐久性。

（4）预应力技术的应用为现代装配式结构提供了最有效的接头和拼装技术手段。根据需要，可在纵向和横向都施加预应力，使装配式构件结合成整体，从而扩大装配式梁桥的使用范围。

目前，预应力混凝土简支梁的跨径已达50～70m，悬臂梁、连续梁的最大跨径已达260m。

（二）结构体系和受力特点

在钢筋混凝土梁桥与预应力混凝土梁桥体系中，简支梁、悬臂梁和连续梁是三种古老的梁式结构体系，早为人们所采用。由于应用了传统的钢桥悬臂拼装方法，并对其加以改进，预应力混凝土梁桥中的悬臂体系得到了新的发展，形成了T形刚构桥。连续梁体系也因采用了悬臂施工方法获得了新的竞争力。随后又将T形刚构桥粗厚桥墩减薄，形成柔性桥墩，将墩梁连固，从而形成连续刚构桥。它是T形刚构与连续梁相结合形成的一种新体系。它与一般连续刚架的区别在于柔性桥墩的作用，结构基本上属于无推力体系，而上部梁结构主要具有连续梁的特点。因此，梁桥体系基本上可归纳成五种类型，即简支梁桥、悬臂梁桥、连续梁桥、T形刚构桥与连续刚构桥。

1.简支梁桥

简支梁桥是梁桥中应用最早、使用最广泛的一种桥型。它构造简单，最易设计为各种标准跨径的装配式结构，施工工序少，架设方便；在多孔简支梁桥中，由于各跨构造和尺寸统一，从而可简化施工管理工作，降低施工费用；因相邻桥孔各自单独受力，故桥墩上需设置相邻简支梁的两个支座；简支梁桥的构造因较易处理而常被选用。

简支梁桥是静定结构，结构内力不受地基变形等的影响，因而适合在地基条件较差的桥位上建桥。简支梁桥的设计主要受跨中正弯矩的控制。当跨径增大时，跨中恒荷载和活荷载弯矩将急剧增加。当恒荷载弯矩所占比例相当大时，结构能承受活荷载的能力就减弱。为了提高简支梁桥的跨越能力，可采用预应力混凝土结构。预应力使梁全截面参与工作，减小了结构恒荷载，增强了抵抗活荷载的能力。我国预应力混凝土简支梁的标准跨径一般在40m以内。

2.悬臂梁桥

将简支梁梁体加长并越过支点，就形成了悬臂梁桥。梁仅一端悬出时称为单悬臂梁，两端均悬出时称为双悬臂梁。使用悬臂梁的桥型至少有三孔，或是采用一双悬臂梁结构的跨线桥，或是采用由单悬臂梁、简支挂梁组中孔合成的悬臂梁桥。在较长桥中，可由单悬臂梁、双悬臂梁与简支挂梁联合组成多孔悬臂梁桥，习惯上称悬臂梁主跨为锚跨。

悬臂梁利用悬出支点以外的伸臂，使支点产生负弯矩，从而对锚跨跨中的正弯矩产生有利的卸载作用。

无论是钢筋混凝土悬臂梁桥还是预应力混凝土悬臂梁桥，在实际桥梁工程中均较少采用。悬臂梁虽然在力学性能上优于简支梁，可适用于更大跨径的桥型方案，但因跨径较大时梁体质量过大而不易进行装配化施工，往往要在工费昂贵的支架上现浇。钢筋混凝土悬臂梁桥因支点负弯矩区段的存在，将不可避免地产生裂缝，顶面即有防护措施，也常因雨水侵蚀而降低使用年限。预应力混凝土悬臂梁桥虽无此患，并可采用节段悬臂方法，但它同连续梁一样，因支点是简单支承，施工时必须采用临时固定措施。与连续梁相比，其跨中还要增加悬臂梁与挂梁间的牛腿伸缩缝构造，使用时行车不及连续梁平顺。

国内的箱形薄壁钢筋混凝土悬臂梁桥的最大跨径为55m，国外一般在70~80m以下。对于预应力混凝土悬臂梁桥，世界上的最大跨径为150m，一般在100m以下。

3.连续梁桥

使简支梁梁体在支点上连续，从而形成连续梁。连续梁可以做成两跨或三跨一联，也可做成多跨一联。每联跨数太多，联长就要加大，受温度变化及混凝土收缩等的影响而产生的纵向位移也就较大，使伸缩缝及活动支座的构造复杂化；若每联长度太短，则使伸缩缝的数目增多，不利于高速行车。为充分发挥连续梁高速行车平顺的优点，现代的伸缩缝及支座在不断改进，最大伸缩缝长度已达660mm，梁体的连续长度已达1000m以上。连续梁中间墩上也只需设置一个支座，而在相邻两联连续梁的桥墩上仍需设置两个支座。

连续梁在恒荷载作用下，由于支点负弯矩的卸载作用，跨中正弯矩显著减小，其弯矩图形与同跨悬臂梁相差不大。然而，连续梁在活荷载作用下，因主梁连续，产生的支点负弯矩对跨中正弯矩仍有卸载作用，故其弯矩分布要比悬臂梁合理。

钢筋混凝土连续梁桥同悬臂梁桥一样，因存在施工和使用上的前述缺点而应用甚少，但预应力混凝土连续梁桥的应用却非常广泛。尤其是悬臂法、顶推法、逐跨施工法在连续梁桥中的应用，充分发挥了预应力技术的优点，使施工设备机械化、生产工厂化，从而提高了施工质量，降低了施工费用。

连续梁桥的突出优点是：结构刚度大，变形小，动力性能好，主梁变形挠曲线平缓，有利于高速行车。预应力混凝土连续梁桥是超静定结构，因受墩台基础不均匀沉降等的影响，将在结构内产生附加内力（又称为次内力），通常用于桥基较为良好的场合。预应力混凝土连续梁桥的常用跨径一般为40~160m。

4. T形刚构桥

T形刚构桥是一种具有悬臂受力特点的梁桥，最早采用钢筋混凝土结构，从墩上伸出较短的悬臂，跨中用简支挂梁组合而成。因墩上在两侧伸出悬臂，因形同英文字母T而得名。由于钢筋混凝土梁式结构承受负弯矩，不可避免地会在顶面处出现裂缝，因此钢筋混凝土T形刚构桥不可能做到较大的跨径。而预应力混凝土结构采用悬臂施工方法，适宜做成长悬臂结构。预应力混凝土T形刚构桥分为跨中带剪力铰和跨中设挂梁两种基本类型。

钢筋混凝土T形刚构桥的常用跨径为4~50m，预应力混凝土T形刚构桥的常用跨径可达60~200m。

5. 连续刚构桥

连续刚构桥是预应力混凝土梁式桥型之一。它综合了连续梁和T形刚构桥的受力特点，将主梁做成连续梁体，与薄壁桥墩固结。它同连续梁一样，可以做成一联多孔，在长桥中可以在若干中间孔以剪力铰相连接。德国本道夫桥采用薄壁桥墩来代替T形刚构桥的粗大桥墩，中孔仍采用剪力铰，边孔做成连续体系。这种桥型就是连续刚构桥的雏形，它的主要受力特性接近T形刚构桥。典型的连续刚构体系如同T形刚构体系一样，对称布置并采用悬臂施工方法施工。随着墩高的增加，薄臂桥墩对上部梁体的嵌固作用越来越弱，逐步退化为柔性墩的作用。

连续刚构体系除具有连续梁的优点外，墩梁固接节省了大型支座的费用，减少了墩及基础的工程量，改善了结构在水平荷载（如地震荷载）作用下的受力性能，即各柔性墩按刚度比分配水平力。柔性墩的设计必须考虑上部梁体变形（如转动与纵向位移）对它的影响。

以上介绍的是梁桥体系中的五种基本体系，在实际桥梁工程中还有新的梁式体系，如V形墩连续梁、双薄壁墩连续梁、桁架式悬臂梁、T形钢构、空间桁式连续梁等。它们的发展与材料工艺水平和性能的提高、预应力工艺的改进、现代化施工技术的发展、设计理论的完善和先进计算工具的应用是分不开的。

（三）截面形式

梁桥根据其截面形式的不同，可以分为三种类型，即板桥、肋梁桥和箱形梁桥。

1.板桥

板桥的截面特点是建筑高度小，构造简单，施工方便；采用预制装配施工时，预制构件质量小，架设方便。板按截面形式可划分为整体式实心板、装配式实心板、装配式空心板、装配整体组合式板及异形板。前四种板主要用于小跨径板桥，包括简支板桥、连续板桥和斜板桥等。异形板截面形式主要用于城市高架桥及跨度为20~30m、桥面较宽的预应力混凝土连续板桥。

整体式实心板截面形状简单，结构刚度大，整体性好，适用于各种道路线形复杂的桥梁，如斜、弯、坡、S形和喇叭形桥梁等，通常采用现浇混凝土施工。在车辆荷载作用下，整体式实心板多为双向受力板。实心板截面因材料利用不够合理，一般仅用于跨径不超过8m的小跨径板桥。有时为了减轻自重，挖去其部分受拉区的混凝土，做成矮肋式截面。

装配式板截面避免了现场浇筑混凝土造成的弊端，一般由数块一定宽度的实心或空心预制板组成，各板利用板间企口缝填充混凝土相连接。在荷载作用下，每块板相当于单向受力的梁式窄板，除在主跨径方向承受弯曲外，还承受通过板间接缝（铰缝）传递来的剪力和由此引起的扭转。采用这种截面形式的结构整体性较差，但施工方便，工期较短。

钢筋混凝土实心预制板一般用于跨径不超过8m的小跨径板桥，钢筋混凝土空心预制板一般用于跨径为6~13m的小跨径板桥，预应力混凝土空心预制板常用于跨径为8~20m的中、小跨径板桥。

装配整体组合式板是将小型预制构件安装就位作为底模，然后在其上现浇桥面混凝土，使之组合成整体。这种组合式板桥施工简单，适用于缺乏起吊设备的场合或小跨径板桥。

异形板是现代城市高架桥经常采用的一种截面形式。其特点是结构受力合理，建筑高度小，桥下净空大，能够满足城市跨线桥跨度较大的要求，且能与桥梁墩柱很好地匹配，形成美观的造型，但施工较复杂。

2.肋梁桥

肋梁桥主梁截面的基本形式是T形截面，根据其施工方式可分为整体肋梁式截面和装配肋梁式截面。前者一般为现浇混凝土施工，大多采用双T形截面布置，以便简化施工，降低工程造价。后者采用工厂或现场预制，然后装配形成整体。

肋梁桥的主要特点是挖去了受拉区的混凝土，减轻了主梁自重，增强了跨越能力。肋梁式截面适合预制安装，主梁质量易于控制，施工速度快，桥梁部分构件损坏后容易修复和更换。其主梁除采用T形截面外，也可采用Π形或I形截面。将其组合成整体时，桥梁横截面仍类似于T形截面主梁组合的桥梁横截面。从主梁结构受力角度分析，由于T形截面上翼缘面积较大，其截面重心位置偏上，故T形截面特别适合承受上翼缘受压、下翼缘受拉的单向弯矩荷载。这与钢筋混凝土简支梁和预应力混凝土简支梁的受力模式相当吻合。T形截面上翼缘恰好提供了较大的混凝土受压区，而下翼缘只要能满足受拉钢筋或预应力钢筋的布置就可以了。T形截面的重心至下翼缘的距离较大，对有效利用受拉钢筋和预应力钢筋非常有利。承受同样拉力的钢筋或预应力钢筋力臂越大，所能承受的弯矩越大，T形截面能为受拉钢筋或预应力钢筋提供的力臂也就越大。因此，肋梁桥大多用于跨径为13~20m的钢筋混凝土简支梁桥或跨径为20~40m的预应力混凝土简支梁桥，以及少数跨径不大，正、负弯矩绝对值相差不大的悬臂梁桥或连续梁桥。

3.箱形梁桥

箱形截面是大跨径预应力混凝土梁桥及弯桥、斜桥普遍采用的截面形式之一。其特点是全截面参与工作、截面抗弯、抗扭刚度大；材料在截面上分布合理，能有效地抵抗正、负弯矩和较大的扭矩；同时有良好的横向抗弯能力。由于箱形截面横向刚度大，故在车辆荷载作用下各主梁受力均匀，其荷载横向分布系数较小。箱形截面不仅适用于较大跨径的预应力混凝土简支梁桥，还特别适用于大跨径的连续梁桥、悬臂梁桥和T形刚构桥等。

箱形截面一般分为单箱单室、单箱双室、单箱多室、双箱单室、双箱双室、多箱单室及长悬臂斜腹箱形截面等，通常根据桥面宽度、桥梁跨度和所采用的施工方式等选用。单箱单室截面受力明确，计算简单，施工方便，材料用量较节省。单箱多室和双箱双室等截面内力分布较均匀，但计算较复杂，施工也较困难。由于其施工模板复杂，实际工程中较多选用单箱单室或双箱单室等截面。中等宽度的桥梁一般选用单箱单室或单箱双室截面，宽桥一般选用单箱多室、双箱单室或直接采用两个分离的单箱单室或单箱双室截面。分离的箱形截面受力明确，施工方便，可分开施工，以降低施工成本。长悬臂斜腹箱形截面是现代城市高架桥经常采用的截面形式之一。其造型美观，箱形底板较窄，能减少桥墩截面尺寸，增加桥下净空，材料用量较节省；但其截面形心偏上，对承受负弯矩稍不利。

箱形截面形式是大跨径桥梁优先选用的截面形式之一。它不仅适用于大跨径梁桥，还适用于其他大跨径桥梁结构，如悬索桥、斜拉桥、箱形拱桥等。目前，跨径超过50m的大跨径桥梁绝大多数采用箱形截面。

二、现浇连续箱梁、连续—刚构桥的设计流程

桥梁基本资料搜集、桥型布置图设计、墩台等下部构造设计及附属设施设计可参考上述装配式梁桥（上部结构采用标准图）设计。这里主要介绍现浇连续箱梁及连续—刚构桥上部结构的具体计算与设计流程。

（一）恒荷载内力计算

恒荷载内力计算就是计算由上部结构自重所引起的内力响应。恒荷载内力一般可分为一期恒荷载内力与二期恒荷载内力。一期恒荷载内力的计算与桥梁结构的施工方法密切相关，不同施工方法对应的恒荷载内力各不相同，故不能简单地按照一次落架计算。二期恒荷载包括桥面铺装和桥面系荷载，可以模拟为纵向均布荷载计算。

预应力混凝土连续梁桥的施工方法较为成熟，实际应用中主要有以下五种：满堂支架现浇、简支变连续、逐跨施工、顶推法施工、悬臂浇筑（拼装）施工。上述施工方法中，除满堂支架现浇法外，其余均为节段施工法，在计算恒荷载内力时要按施工阶段逐步进行分析模拟，累加得到恒荷载内力。

满堂支架现浇法施工仅适用于桥墩不高且桥下地面情况适宜搭设支架的小跨径预应力混凝土连续梁桥。其一期恒荷载和二期恒荷载都按照一次落架的方式作用于全桥连续结构上，叠加这两个施工阶段的内力就可得到结构的最终恒荷载内力。

逐跨施工法适用于等跨度的多跨连续梁桥，其一期恒荷载内力的分布情况介于满堂支架现浇法与简支变连续法两种方法之间。其施工阶段与简支变连续法类似，但每

架设一孔就形成一个带悬臂的连续体系。各施工阶段的内力叠加，得到最终的一期恒荷载内力；二期恒荷载加载方式与简支变连续法相同。

平衡悬臂施工法是适用范围最广的施工方法。悬臂施工所产生的恒荷载内力分布情况接近于悬臂梁桥的受力状态，正弯矩仅在跨中合龙段处出现。由于悬浇或悬拼过程中有挂篮或吊机在主梁上移动，因此进行施工过程的仿真分析时，除了模拟各节段重力之外，还要模拟施工机具的重力作用及拆除移动。悬臂施工合龙时需要进行体系转换，具体的施工过程及体系转换次序往往要在结构设计全部完成后才能确定。顶推法施工过程中梁体内力不断改变，各截面处出现的正、负弯矩往往比在结构使用状态下自重荷载产生的内力更为不利，所以在顶推法施工仿真分析中要模拟各顶推阶段梁体自重荷载产生的内力，顶推到位后还要模拟拆除大量临时预应力筋及补张拉最终结构所需预应力筋时产生的内力。

（二）附加荷载内力计算

超静定结构在各种内外因素的综合影响下，结构因受到强迫的挠曲变形或轴向伸缩变形，在结构多余约束下产生约束力，从而引起结构的附加内力，又称为次内力。对于简支梁桥、悬臂梁桥、T形刚构桥这三种静定结构，不存在附加内力。连续—刚构桥最主要的附加荷载内力是常年温差引起的结构次内力。连续梁桥结构主要考虑的是桥面板升降温、基础不均匀沉降及支座摩阻力产生的次内力。

理论上，温度变化的影响应由年温差的影响和骤变温差的影响组合而成，但考虑在设计计算中温度的影响力还要与恒活荷载内力及其他内力进行组合，这种在各方面都处于最不利的情况在实际中出现的概率较小。因此，一般的做法是分别计算年温差影响力和骤变温差影响力，两者不叠加，取其最不利者作为温度变化的影响力进行组合。

在桥面板升降温计算中，可以认为桥梁纵向温度变化是一致的，这样温度场可简化为沿桥梁截面高度方向变化的温度梯度形式。由于温度梯度的非线性变化引起的温度自应力在中、小桥中并不明显，因此超静定结构的温度次内力是桥面板升降温引起的主要结构响应。目前，在设计中一般考虑日照温差，将其分为桥面板升温、桥面板降温两种情况，在桥面板内均匀分布。

根据桥梁纵向基础的不同沉降情况，基础不均匀沉降产生的结构次内力有多种不利组合形式。在数值分析中，将每一个基础沉降模拟为支座竖向位移，先分别分析单个基础沉降，再组合得到最不利沉降情况下的结构次内力。

支座摩阻力一般由常年温差及汽车制动力产生。对于多跨连续梁桥，墩顶支座摩阻力由每联下部各墩支座顶部的水平位移刚度确定。水平位移刚度是与墩顶水平位移刚度和支座剪切刚度有关的合成刚度。在数值计算中，将支座摩阻力等效为节点力来计算结构响应。应该注意的是，由于变截面连续梁节点竖坐标往往不相等，因此不能忽略水平荷载所产生的结构内力。

（三）活荷载内力计算

活荷载内力是由基本可变荷载中的汽车、人群荷载作用于主梁上产生的结构内力。在桥梁结构使用状态下，主梁具有空间结构受力特性，在实际计算中一般引入横向分布系数，将空间结构计算转化为平面结构计算。

主梁各截面弯矩的横向分布系数均采用跨中截面横向分布系数代替，计算剪力时要考虑横向分布系数沿梁纵向的变化。

（四）荷载组合

桥梁结构按极限状态法设计时分为两种极限状态——正常使用极限状态和承载能力极限状态，应按不同的组合系数对荷载效应进行组合。

（五）预应力钢束的布置与计算

在预应力混凝土梁桥计算中，根据预应力混凝土结构设计原理及有关规范的规定，预应力钢束的布置应综合考虑以下因素：根据受力类型的不同，分别考虑承载能力极限状态下正截面抗压、抗弯强度及斜截面抗剪强度等，正常使用极限状态下预应力混凝土构件法向拉压应力及轴向拉压应力要求，施工阶段（施加预应力阶段）截面法向拉压应力要求。充分考虑梁体的构造特点，在有限的空间内进行钢束的竖弯与平弯，钢束间的相对位置、转弯角度及半径等应满足构造要求。

（六）结构验算

对预应力结构，预应力配束后应该对结构进行各种验算，包括施工阶段应力验算，结构正常使用极限状态下的变形、裂缝及营运阶段应力验算，全梁承载能力极限状态下的强度验算，以及其他锚下局部应力和桥面板承载能力验算等。对非预应力结构，也要进行类似的验算，以保证结构的安全。

第五章　梁桥设计

第二节　梁桥的一般构造及规定

一、简支板桥的构造

（一）整体式简支板桥的构造

整体式简支板桥常用在4~8m跨径的不规则桥梁上，其横截面一般设计成等厚度的矩形截面。板的厚跨比一般取1/22~1/16，有时为了减轻自重，也可将受拉区稍加挖空做成矮肋式板桥。

对于城市桥梁，由于桥面较宽，为了防止因温度变化和混凝土收缩而引起纵向裂缝，以及活荷载在板的上缘产生过大的横向负弯矩，常将板沿桥中线断开，做成上下行并列的两座桥。为了缩短桥梁墩台的长度，也可将人行道做成悬臂形式，从板的两侧挑出。整体式简支板桥的跨径通常与板宽相差不大，故在荷载作用下常处于双向受力状态。因此，除了配置纵向受力钢筋以外，还要在板内设置垂直于主钢筋的横向分布钢筋。横向分布钢筋设在主钢筋的内侧，其数量一般不少于主钢筋的15%，直径不应小于8mm，间距应不大于200mm。

考虑当车辆在靠近板边行驶时参与受力的板宽要比中间的小，因此板中间2/3板宽范围内需按计算进行配筋，在两侧各1/6板宽范围内应比中间板宽增加15%进行配筋。板的主钢筋直径不应小于10mm，间距应不大于200mm；在一般环境下，钢筋的保护层厚度应不小于30mm；按计算可以不设弯起的斜钢筋，习惯上仍然将一部分主钢筋按30°或45°的角度在跨径1/6~1/4处弯起。通过支点处时不弯起的主钢筋，每米板宽内不应少于3根，并不应小于主钢筋截面面积的1/4。

在标准跨径为6m的钢筋混凝土整体式简支板桥构中，桥面宽度为净8.5m+2×0.25m，计算跨径为5.69m，板厚320mm。纵向主筋采用HRB335钢筋，直径为20mm，在中间2/3板宽范围内间距为125mm，其余两侧的间距减小为95~110mm。主筋在跨径两端1/6~1/4范围内呈30°弯起，分布钢筋采用HPB235钢筋，直径为10mm，间距为200mm。

（二）装配式简支板桥的构造

我国常用的装配式简支板桥按其截面形式可分为实心板和空心板两种。

1.实心板桥

装配式实心板桥一般用在跨径不超过8m的小桥中。我国交通运输部颁布的装配式钢筋混凝土实心板桥标准图的跨径有3.0m、4.0m、5.0m、6.0m和8.0m，板高为0.16~0.36m。实心板桥形状简单，施工方便，建筑高度小，施工质量易于保证，在实际工程中得到了普遍的应用。但当跨径增大时，其恒荷载内力占总内力的比重增加，实心板截面就显得很不合理，宜采用截面中部部分挖空的空心板截面。

2.空心板桥

钢筋混凝土空心板桥的跨径一般为6~13m，板厚为0.4~0.8m；预应力混凝土空心板桥的跨径可做到8~20m，板厚为0.4~0.85m。与实心板相比，空心板的自重轻，材料利用合理，运输安装方便，建筑高度较同跨径的T形梁小，在实际工程中应用很广泛。开单孔型空心板，挖空率大，自重最小，但顶板跨度大，需配置横向受力钢筋以承担荷载的作用。开双孔型空心板施工时可用充气囊或无缝管材作芯模，制作及脱模方便，但挖空率小，自重较大。开孔的芯模由两个半圆和两块侧板组合而成。当空心板的厚度改变时，只需更换两块侧板以适应其变化。空心板桥的顶板和底板厚度均不应小于80mm，空心板的空洞端部应予以填封。为了保证抗剪强度，空心板应在截面内按计算需要配置弯起钢筋和箍筋。

3.装配式板桥的横向连接

为保证板块共同承受车辆荷载，装配式板桥的板块之间必须设置横向连接构造，常用的有企口混凝土铰接和钢板焊接两种横向连接方式，企口混凝土铰接形式有圆形、菱形和漏斗形等，预制板内应预留钢筋伸入铰内。块件安装就位后，在铰缝内填充细骨料混凝土，铰槽的深度宜为预制板高度的2/3，以保证铰缝有足够的刚度来传递剪力，使各板块共同受力。在铰接板顶面应铺设厚度不小于80mm的现浇混凝土，可以先将预制板中的伸出钢筋与相邻板的同类钢筋互相绑扎，再一起浇筑在铺装层内。

企口缝内的混凝土需要达到设计强度后才能承受荷载，当需要提前通车而加快工程进度时也可采用钢板焊接连接。

（三）装配—整体式组合板桥的构造

装配整体式组合板桥是为了减小预制构件的安装质量，加强板跨结构的整体工作性能而设计的一种半装配式桥型。它的特点是将板的一部分提前预制，构件轻巧，便于装运；装配部分安装完毕后又可成为其余部分现浇混凝土的底模。

净跨径为4m的装配整体式组合板桥的中钢筋伸出预制构件外，能使新、旧混凝土结合得更好，并起到分布钢筋的作用。钢筋伸出预制构件，与后浇混凝土板顶层钢筋网相连，使后浇混凝土与预制构件结合成整体。由预制板与现浇混凝土结合的组合板，预制板顶面应做成凹凸相差不小于6mm的粗糙面。如结合面配置竖向结合钢筋，钢筋应埋入预制板和现浇层内，其埋置深度不小于10倍钢筋直径；钢筋纵向间距不应大于500mm。

（四）斜交板桥的受力特点

在桥梁建设中，常常由于桥位处的地形限制或高等级公路对线形的要求而将桥梁做成斜交板桥。简支斜交板桥可分为整体式简支斜交板桥和装配式简支斜交板桥两大类。前者一般采用实心截面的钢筋混凝土结构，斜跨长度在8m以内。后者可以采用实心截面，也可以设计成空心截面。斜跨长在8m以内者，多采用钢筋混凝土结构；斜跨长度大于8m者，多采用预应力混凝土结构。它们的尺寸拟订均可参考本章上文所述正交直板桥。

斜交板桥可改善线形，但它的受力状态很复杂，目前多借助计算机进行有限元分析，以求得数值解。本节仅对斜交板桥的受力性能做一些定性分析，以便设计时从构造上予以保证。

斜交角度是指桥梁中轴线的垂线与支承线间的夹角，这是为了与桥涵水文中关于水流方向的斜交角定义相一致。为了合理地布置简支斜交板桥中的各种钢筋，必须对斜板的主要受力特点有一个基本的了解。根据试验结果，可以把斜板的受力性能简单地用三跨连续梁进行比拟，具体归纳为以下几点：支承边反力、跨中主弯矩、钝角负弯矩、横向弯矩、扭矩图。

二、简支梁桥的构造

（一）装配式简支梁桥的构造

1.装配式简支梁桥的截面形式

对于一定跨径及宽度的桥梁而言，主梁采用何种截面形式及主梁的间距多大，应从受力的合理性、经济的材料用量、尽可能减少预制工作量、单片主梁的吊装质量等方面综合考虑。

装配式简支梁桥主梁的截面形式主要有三种基本类型，即II形、T形和箱形。II形截面主梁堆放、运输方便，块件之间用穿过腹板的螺栓连接。这种构件的制造较复杂，梁肋被分成两片薄腹板，通常用钢筋网来配筋，难以做成刚度大的钢筋骨架。跨度较大的II形梁桥的混凝土和钢筋用量都比T形梁桥大，而且构件也重，故II形梁一般只适用于6~12m的小跨径桥梁。

装配式T形梁桥外形简单，制造方便，梁肋内有刚劲的钢筋骨架，主梁之间借助间距为5~8m的横隔梁来连接，整体性好，接头也较方便。但T形截面在运输、安装过程中稳定性差，特别是预应力混凝土T形梁，不能斜置、倒置或在安装过程中倾斜；构件在桥面板的跨中接头对板的受力不利。我国交通运输部编制的标准图中，装配式钢筋混凝土T形梁的跨径为10~20m，装配式预应力混凝土T形梁的跨径为25~40m。

T形梁的梁肋（或称腹板）厚度在保证抗剪条件下要尽可能减小，以减轻构件自重，但从施工角度考虑又不宜小于150mm。为了增加截面有效高度，或为了满足预应力的受压需要，应使受拉钢筋或预应力筋尽量在梁肋底部较集中地布置，形成呈马蹄形的梁肋底部。但马蹄形的梁肋底部使模板结构和混凝土的浇筑难度增加。

2.块件的划分方式

一座装配式梁桥划分成什么样的预制拼装单元，直接影响着结构的受力，构件的预制、运输和安装及拼装接头的施工等问题，而且这些问题往往又彼此影响、相互矛盾。同时，块件的划分方式与所选用的横截面形式紧密相关。因此，在设计时必须考虑施工过程中的各种具体条件，通过综合比较，选择经济合理、技术先进、施工方便的块件划分方案。

（二）装配式预应力混凝土简支梁桥的构造布置

装配式预应力混凝土简支梁桥的横截面类型与钢筋混凝土简支梁桥基本相似，通常也做成T形和箱形，T形截面在预应力混凝土体系中应用最广。我国编制的后张法装配式预应力混凝土简支梁桥的标准图中，跨径有25m、30m、35m和40m。

装配式构件的划分方式也与钢筋混凝土简支梁桥基本相同，最常用的是以纵向竖缝划分的T形梁和小箱梁。鉴于预应力钢筋预加力的特点，还常做成纵、横向竖缝划分的串联梁。

下面将从主梁布置、截面尺寸、配筋特点等方面介绍预应力混凝土简支梁桥的构造。

1.主梁布置

主梁的高度随截面形式、主梁间距、主梁跨径及建筑高度的不同而不同。我国交通运输部编制的装配式预应力混凝土T形梁桥标准图中对主梁布置进行了详细介绍。这里不再一一赘述。

2.截面尺寸

为了便于预应力钢束的布置和满足承受预压力的需要，预应力混凝土简支T形梁的梁肋下部通常加宽做成马蹄形。为了配合钢束的起弯及梁端布置钢束锚固端与安放张拉千斤顶的要求，靠近支点处腹板也要加宽至与马蹄部分同宽，腹板厚度沿纵向变化，马蹄部分也逐渐加高。一般在跨径中部肋宽采用180mm，且不宜小于肋板高度的1/15。

为了防止在施工和运输中马蹄部分产生纵向裂缝，除马蹄部分面积不宜小于全截面面积的10%~20%，建议具体尺寸如下：

（1）马蹄宽度为肋宽的2~4倍，且马蹄部分（特别是斜坡区）的管道保护层厚度不宜小于60mm。

（2）马蹄全宽部分高度加1/2斜坡区高度为梁高的15%~20%，斜坡角度宜大于45°。同时应注意，马蹄部分不宜过高、过大，否则会降低截面形心，并减弱抵消自重荷载的能力。为了使截面布置经济、合理，节省预应力筋的配筋数量，T形梁截面的效率指标ρ应大于0.5。

3.配筋特点

装配式预应力混凝土简支梁桥的配筋，除纵向预应力筋外，还有架立钢筋、箍筋、水平分布钢筋、承受局部应力的非预应力钢筋和其他构造钢筋等。

4.横向连接构造

装配式预应力混凝土梁桥的横向连接构造一般与钢筋混凝土梁桥相同，也可在横隔梁内预留孔道，采用横向预应力筋张拉集整。但其对梁的预制精度要求较高，施工较复杂。

三、钢筋混凝土连续梁桥的构造

钢筋混凝土连续梁桥的适用情况：一般当跨径小于16m时可采用矩形截面，跨径为15~30m时可采用T形或工字形截面，跨径大于20m时可采用现浇箱形截面，或用于中等跨径桥梁，如高速公路的跨线立交桥、互通立交的匝道桥等。

（一）立面构造

1.截面高度

跨径在20m左右及20m以下的钢筋混凝土连续梁桥可采用等高截面，在30m以上时可采用变高度截面。

梁的根部高度约为最大跨径L的1/15；梁的跨中高度可按构造选用，一般为最大跨径L的1/25~1/12。

2.跨径比例

钢筋混凝土连续梁的边跨一般为中跨的60%~100%，其中的较大值适用于五跨及五跨以上的连续梁桥。当边跨小于中跨的50%时，桥台上必须设拉力支座或压重。

（二）横断面构造

钢筋混凝土连续梁桥跨径不大时，可首先考虑采用板式（包括空心板）和T形截面。当需要采用箱形截面时，多采用低矮的多室箱形，翼板的悬臂长度一般小于2m，很少采用宽的单室箱形截面。采用T形截面时，可考虑采用宽矮T形截面带宽翼板的翼形（或称鱼脊）结构，也可采用宽外翼板的Π形或空心结构。沿梁长可以根据内力变化采用不同的截面形式。

四、预应力钢筋混凝土连续梁桥的构造

预应力钢筋混凝土连续梁桥适用于跨径为30~200m的中、大跨径桥梁，跨径的选取与施工方法密切相关。

（一）立面构造

1.桥跨布置

（1）等跨布置。对于长桥和选用顶推法及简支转连续施工的预应力混凝土连续

梁桥，为了使构造简单、预制定型、施工方便，多采用等跨布置。等跨布置的跨径大小主要取决于经济分孔和施工设备条件。

（2）不等跨布置。大、中跨径预应力混凝土连续梁桥为了减小边跨跨中正弯矩，宜采用不等跨布置，这样有利于对称悬臂施工。但对于多于三跨的预应力混凝土连续梁桥，中间跨一般采用等跨布置。边中跨比的选用与施工方法有关：悬臂施工变高度连续梁桥时，一般边中跨比为0.5~0.6；满堂支架现浇施工连续梁桥时，一般边中跨比为0.6~0.8；顶推法施工等高度连续梁桥时，一般边中跨比为0.7~1。当边跨为中跨跨径的50%或更小时，桥台上需设拉力支座或压重。两种跨径的多跨连续梁桥相衔接时，宜设过渡跨。过渡跨的跨径一般为相邻跨径的平均值。

2.梁高选择

连续梁桥的支点处，设计负弯矩值一般比跨中设计正弯矩值大，采用变高度形式符合连续梁桥的受力分布规律。但在某些条件下，如当桥梁总长度很大，采用顶推法或简支转连续施工时，等跨结构受力性能较差所带来的欠缺完全可以由施工经济效益的提高来得到补偿。

（二）横截面构造

预应力混凝土连续梁桥常用的主梁横截面按制造工艺分为预制式和现浇式两类。预制式按横截面形式分为T形梁截面和小箱梁截面。现浇式一般采用箱形截面。

1.T形梁横截面。T形梁横截面适用于跨径为20~50m的预应力混凝土连续梁桥，梁高为1.6~2.5m。双肋式T形梁横截面也可用于跨径为40~60m的连续梁桥。

2.箱形梁横截面：

（1）特点。当连续梁桥跨径超过40~60m时，主梁多采用箱形截面。箱形截面的特点有：

①箱形截面为闭口截面，抗扭刚度大。

②顶板和底板有较大的面积，可以在跨中或支座部位有效地抵抗正、负弯矩。

③适应现代化施工方法的要求。

④随着箱、室数量的增多，施工难度加大。

常用的箱形截面形式是单箱单室、单箱双室和分离式双箱单室。

（2）截面形式。

①单箱单室和单箱双室的比较。单箱双室比单箱单室桥面板的正（负）弯矩减小70%（50%），顶、底板中钢束比较容易平弯到肋的两侧锚固。但是，单箱双室增加

了一根肋板，自重增加和施工困难往往抵消了它的优点。

②单箱多室与分离式箱的比较。采用单箱三室或多于三室，对于改善荷载横向分布并无多大帮助，而且会增加施工难度，从经济上讲，最多采用单箱双室，很少采用多室。分离式箱可采用翼板完全分离的双箱，各箱单独用悬臂法施工比较方便；两个分离式箱可以采用不同的线形，以适应曲线桥超高的要求；其基本可变荷载（汽车荷载、人群荷载）横向分布较均匀，能有效利用材料，而且分离式箱的中间带可不占用桥面的结构建筑面积。

一般情况下，单箱单室箱梁的室宽控制在8m以内。翼板设置横向预应力筋时悬出长度控制在5m以内，不设横向预应力筋时悬出长度控制在3m以内，单箱单室箱形截面的翼板宽度为室宽的一半。单箱单室截面加上翼板宽度，总宽最大可达18m，则分离式双箱单室桥面可以达到36m，因此在宽桥中多采用分离式箱截面形式。

③宽翼板箱梁与窄翼板箱梁的比较。在箱形梁中，用较长的悬臂板构成宽翼板箱梁，可以使较窄桥墩满足桥面有较大行驶宽度的要求，以减少下部工程量。但是，过宽的翼板在截面受力设计时并不具优势。

④外侧直腹板与斜腹板的比较。为了进一步减小桥墩的宽度和底板的宽度，可以采用外侧斜腹板箱形梁。但为了保证负弯矩区有足够的混凝土承压面积，这个区域的底板应比直腹板箱形梁厚些。此外，斜腹板的施工模板定位、腹板中钢筋束放样和布置均较复杂。

（3）箱的形式选择。

各种形式箱梁的选择视具体情况而定，主要与桥宽直接相关。在大、中跨径连续梁桥中，箱梁形式的选择与跨径的关系不太大；而在中、小跨径连续梁桥中，在桥面较宽的情况下，选择肋板较少的箱可能导致梁高与腹板厚度不协调。

（4）箱形梁的细部尺寸拟订。

第三节　梁桥的总体设计

一、简支梁桥总体设计

简支梁桥及先简支后连续梁桥一般在50m跨径以下应用广泛。其上部结构已实现标准化，简支梁桥及先简支后连续梁桥的上部结构可以直接套用标准图。

（一）桥孔布置

（1）按照跨越的道路、铁路、河道、管线等规划线位及断面要求，结合现场条件，合理布置桥孔。在满足交通功能的同时，还应满足所跨越构筑物的使用和维护等方面的要求。

（2）立交桥梁布孔长度应结合桥梁所处地区的环境布置。一般在市区要考虑街道两侧的通透；在山区要结合路基填土高度及地形、地质条件来确定桥孔长度；在软土地基上应考虑路基沉降及稳定性等因素，可适当加大桥孔长度。当为路口转向处及斜桥、弯桥时，还应考虑行车视线的要求。

（3）山区桥梁布孔应充分考虑桥宽及坡脚范围内地形变化对布孔及基础的影响。

（4）对于跨越河道或沟渠的桥梁宜布置为奇数孔。河道中桥跨布置及墩柱布设情况应征得河道管理部门的同意。

（二）上部结构标准图主梁的选择

上部结构选择时，应充分考虑施工的方便，优选标准跨径结构，同一标段、同一跨径的桥梁应尽量采用同种结构形式。跨径为20~40m的桥梁宜采用预应力混凝土先简支后连续T形梁或箱梁形式。构件质量应考虑当地起吊条件，一般不宜超过500~600kN，同时应考虑预制梁的运输问题。当采用架桥机架设时，还应验算架设过程中对桥梁上、下部结构的影响。一般桥下道路有净空要求的高架桥采用预应力混凝土组合箱梁，无净空要求的高架桥采用预应力混凝土T形梁。

（三）桥面铺装、护栏、伸缩缝等附属设施的确定

1.桥面铺装

预制结构桥梁桥面铺装组成一般为10cm沥青混凝土+防水层+10cmC50混凝土，防水层防水等级一般为P6。桥面铺装应有完善的桥面防水、排水系统。

2.护栏

单孔跨径大于16m的桥梁外侧采用墙式护栏，内侧采用波形梁护栏；单孔跨径小于或等于16m的中、小桥内、外侧均采用波形梁护栏，护栏长度算至侧墙墙尾。墙式护栏每6m设一道暗缝，并在墩台中心位置处断开。

3.伸缩缝

（1）空心板桥。跨径小于或等于16m的单孔桥梁一般只设一道伸缩缝，另一端采用桥面连续形式；对于两跨、单孔跨径在16m以下（不包括16m）的桥梁，伸缩缝设于桥墩处，两侧桥台处连续；对于三跨及三跨以上多跨桥梁，每联端部设置伸缩缝。薄壁式桥台处设一道伸缩缝。

（2）组合箱梁、T形梁及连续箱梁。桥跨长度或一联长度小于或等于160m时，采用160型伸缩缝。

（四）下部结构的一般规定

1.桩柱式桥墩

墩柱、系梁、盖梁及挡块采用C40混凝土，承台采用C25混凝土，桩基采用C30水下混凝土，扩大基础采用C30混凝土。

墩柱采用双柱式还是三柱式根据桥梁的具体宽度而定。

2.桥墩盖梁

盖梁宽度依上部结构形式、支座间距和尺寸及支座边缘至盖梁边缘的最小距离来确定。另外，考虑抗震措施因素，简支梁梁端至墩台帽边缘应有一定的距离，其最小值a（cm）$\geq 70+0.5L$（L为梁的计算跨径，以m为单位）。盖梁高度一般为盖梁宽度的80%~120%。

3.桥墩系梁

设置横系梁的目的主要是加强柱（桩）式墩的整体性。柱式墩墩柱系梁高度同柱径，系梁宽度按柱径的80%取整数值。为便于统一，桩顶系梁尺寸同墩柱系梁。

4.桥墩基础

桥墩桩基常采用摩擦桩和端承桩两种形式。钻孔桩（挖孔桩）的摩擦桩中距不得小于成孔直径的2.5倍，支承或嵌固在基岩中的钻孔桩（挖孔桩）中距不得小于实际桩径的2倍。

5.桥台

桥台及基础形式的确定应综合考虑填土高度、路基形式及地基条件等。

（1）当采用埋置式桥台且地基条件较好时，填土高度小于5m，可采用单排柔性桩墩；填土高度大于或等于5m，宜采用肋板式桥台，肋板式桥台的承台顶一般与地面等高即可，桥台较高时可适当上抬。

（2）当无条件放坡，且填土高度大于5m时，可采用边墩盖梁，周边设挡墙板与道路挡墙相接，形式应与道路挡墙一致，否则应采用双排桩基重力式桥台。

（3）基础可为桩基，地基条件允许时也可采用天然地基上的扩大基础。

二、连续梁（刚构）桥总体设计

简支梁桥及先简支后连续梁桥一般在50m跨径以下应用广泛。其设计已实现了标准化，有交通部颁布的通用图作为参考。而悬臂梁桥因行车不适，耐久性差，现较少采用。以下对目前使用较多的连续梁桥、连续刚构桥的总体设计进行介绍。

（一）连续梁桥

1.桥型特点及布置

连续梁桥在结构自重和汽车荷载等恒荷载、活荷载作用下，主梁受弯，跨中截面承受正弯矩，中间支点截面承受负弯矩。作为超静定结构，温度变化、混凝土收缩徐变、基础变位及预应力等会使桥梁结构产生次内力。

根据连续梁的受力特点，大、中跨径的连续梁桥一般宜采用不等跨布置，但多于三跨连续梁桥的中间跨一般采用等跨布置。当采用三跨或多跨连续梁桥时，为使边跨与中跨的最大正弯矩接近相等，以达到经济的目的，边跨跨径取中跨的80%为宜；当综合考虑施工和其他因素时，边跨一般取中跨的55%～80%。对于预应力混凝土连续梁桥宜取偏小值，以增加边跨刚度，减小活荷载弯矩的变化幅度，减少预应力筋的数量。

若采用过小的边跨，会在边跨支座上产生拉力，需在桥台上设置拉力支座或边跨压重。当受到桥址处地形、河床断面形式、通航（车）净空要求及地质条件等因素的限制，并且总长度受到制约时，可采取多孔小边跨与较大的中间跨相配合的方式，跨径从中间向外递减，以使各跨内力峰值相差不大。

桥跨布置还与施工方法密切相关。长桥、选用顶推法施工或者简支连续法施工的桥梁，多采用等跨布置。这样结构简单，可统一模式。等跨布置的跨径大小主要取决于经济分孔和施工设备条件。

连续梁跨数以三跨用得最为广泛。连续梁桥超过五跨时的内力情况虽然与五跨时相差不大，但会增大温度变化的附加影响，造成梁端伸缩量很大，需设置大位移量的伸缩缝。因此，连续梁跨数一般不超过五跨，但也有为减少伸缩缝道数而采用多于五跨的情形。当需要在宽阔的河流或旱谷上修建多孔多联连续梁桥时，通常可按3~7孔为一联分联布置。连续梁桥一般可分为等截面连续梁桥和变截面连续梁桥。等截面连续梁桥具有跨越能力较差、构造简单、施工快捷的特点，一般适用于中、小跨径连续梁桥；变截面连续梁桥具有受力合理，采用悬臂施工的特点，一般适用于中、大跨径连续梁桥。

2.等截面连续梁桥

（1）受力特点。除按简支转连续法施工的连续梁桥外，其余超静定连续梁结构在恒荷载和活荷载作用下，支点截面负弯矩一般比跨中截面正弯矩大；但跨径不大时这个差值不是很大，可以考虑采用等截面形式，并采取一定的构造措施予以调节，从而简化主梁的构造。

（2）桥跨布置。等截面连续梁桥可选用等跨和不等跨两种桥跨布置方式。等跨布置的跨径大小主要取决于经济分孔和施工设备条件。高跨比一般为1/18~1/15。顶推法施工的等截面连续梁桥需考虑顶推施工对结构附加受力的要求，梁高H与顶推跨径L之比一般以1/15~1/12为宜。一般边跨与中跨跨径之比为0.6~0.8。

（3）适用范围。等截面连续梁桥一般适用于以下情况：

①一般适用于中等跨径桥梁，以30~60m为宜。这样可以使主梁构造简单，施工快捷。

②立面布置以等跨径为宜，也可以采用不等跨径布置，应根据桥下地形、地质、通车和通航等具体情况确定。

③适用于有支架施工、移动模架施工及顶推法施工。

3.变截面连续梁桥

（1）受力特点。当连续梁的主跨跨径接近或大于70m时，若主梁仍采用等截面布置，在恒荷载和活荷载作用下，主梁支点截面处的负弯矩将比跨中截面处的正弯矩大得多，在受力方面就显得不太合理且不经济。这时采用变截面连续梁桥更符合受力要求，高度变化基本上与内力变化相适应。当加大靠近支点附近的梁高（即加大截面惯性矩）做成变截面梁时，还能进一步降低跨中弯矩，增强支点部位的抗剪能力。

采用变截面布置特别适合悬臂法施工（悬臂浇筑和悬臂拼装）。变截面连续梁不仅受力合理、施工便利、外形美观，还可节省材料，并可增大桥下净空高度。

（2）桥跨布置。变截面大跨径预应力混凝土梁桥的立面一般采用不等跨布置。但多于三跨的连续梁桥，除边跨外，其余中间各跨一般采用等跨布置，方便悬臂施工。对于多于三跨的连续梁桥，其边跨跨径一般为中跨跨径的60%~80%。当采用箱形截面的三跨连续梁时，边跨跨径甚至可减小至中跨跨径的50%~70%。有时为了满足城市桥梁或跨线桥的交通要求而需增大中跨跨径时，可将边跨跨径设计成中跨跨径的50%以下。在此情况下，端支点上将出现较大的负反力，故必须在该边跨设置抗拉支座或压重以消除负反力。

（3）箱梁截面高度及其变化。在不受建筑高度限制时，连续箱梁的梁高宜采用变高度形式。其底曲线可采用圆弧线、折线、二次抛物线和介于折线与二次抛物线之间的1.5~1.8次抛物线变化形式。抛物线的变化规律应与连续梁的弯矩变化规律接近。采用圆弧线或折线截面变化布置可使桥梁的构造简单、施工方便。具体的选用形式应以各截面上下缘受力均匀、布筋便利为原则确定。

4.适用范围

（1）适用于连续梁的主跨跨径为70~160m，且采用不等跨布置的情况。

（2）适合采用悬臂浇筑和悬臂拼装两种悬臂施工方法。

大跨径预应力混凝土连续梁桥采用悬臂法施工时，存在梁墩临时固结和体系转换的工序，施工较为复杂。应对施工期间结构的稳定性和同一"T"之间的受力平衡予以高度重视。此外，主墩需要采用大吨位支座，并预留检修通道和支座更换构造。

5.连续梁支座布置

（1）顺桥向布置。一联箱梁一般只在一个桥墩处设置顺桥向固定支座，上部结构顺桥向水平力由固定支座处的桥墩承担。若该桥墩不能独立承受顺桥向水平力，则可考虑在多个桥墩上设置固定支座。

（2）横桥向布置。在每个桥墩处一般横向布置两个支座；当采用独柱墩时，可只布置一个支座，但一联箱梁至少应有两个墩台位处布置两个支座；当桥宽较大且采用现浇箱梁时，可以布置两个以上支座。支座横桥向布置的位置对横隔梁受力状况有较大影响，一般布置在箱梁腹板附近。支座横向布置时，还应考虑支座安装更换所需的操作空间。

（二）连续刚构桥

连续刚构桥是连续梁桥与T形刚构桥的组合体系桥，也称为梁墩固结的连续梁，是目前应用最为广泛的桥型之一。

连续刚构桥在桥墩抗推刚度较小时，工作状态接近连续梁桥。与连续梁桥相比，它在采用悬臂法施工阶段和运营阶段，墩顶与梁一直保持固结状态。根据桥墩的形式，其又分为双肢薄壁墩、单柱式墩和V形墩（或Y形墩）。连续刚构桥适用于桥墩较柔的中、大跨径桥梁，因此桥墩较矮时不宜采用梁墩固结。连续V形刚构桥（采用V形墩或Y形墩）具有构造复杂、造型美观的特点，适用于对造型要求较高的中等跨径桥梁。

1.受力特点

大跨径连续刚构桥结构的受力特点主要为梁体连续，且墩、梁、基础三者固结为一个整体协同受力。由于桥墩参与工作，故连续刚构桥与连续梁桥的工作状态有一定区别。连续刚构梁体内的恒荷载、活荷载产生的轴向拉力随着桥墩的加高而减小，但墩高达到30m以上时减小的速率变得很小。

在桥墩采用双肢薄壁墩的连续刚构桥中，墩顶截面的恒荷载负弯矩要较相同跨径的连续梁桥小；由于梁墩固结共同参与工作，连续刚构桥由活荷载引起的跨中正弯矩较连续梁桥小，因而可以降低跨中区域的梁高，使恒荷载内力进一步降低。因此，连续刚构桥的主跨跨径可以比连续梁桥设计得更大一些。当跨径超过100m时，预应力混凝土连续刚构桥可作为连续梁桥的比选方案。

2.边、中跨比例

连续刚构桥主梁大多采用不等跨变截面的结构布置形式，以适应主梁内力的变化。根据统计资料，连续刚构桥边跨和主跨的跨径比值变化范围为0.24～0.69。当边、中跨比值小于0.5时，边跨一般需要压重，这属于特殊情况下的处理，一般不采用。为使边跨正弯矩和中支点处的负弯矩大致接近，使预应力钢束布置更趋合理，国内外已建连续刚构桥的边跨和主跨的跨径比值大多为0.5～0.69。变截面连续刚构桥的边、中跨比值要比变截面连续梁桥的比值（0.6～0.8）小。其原因在于连续刚构桥的墩、梁固结，边跨的长短对中跨恒荷载弯矩调整的影响较小；边、中跨跨径比值在0.54～0.56时，不仅可以使中墩内基本没有恒荷载偏心弯矩，还可减小边跨支点附近梁段腹板的主拉应力。连续刚构桥由于边跨合龙段长度小，故可以在边跨悬臂端用导梁支承于边墩上，进行边跨合龙，从而取消落地支架，施工十分方便和经济。

3.主梁截面高度

大跨径连续刚构桥主梁一般采用变截面箱梁，箱梁中支点截面的高跨比一般为1/18～1/15，大部分采用1/18，箱梁跨中截面和边支点截面的高跨比为1/86～1/46，通常为1/60～1/54，箱梁跨中高度一般不小于2.5～3.5m。连续刚构桥跨中截面的高跨比值略小于连续梁桥，其原因在于连续刚构桥梁墩固结，活荷载作用于中跨时，与相同跨径的连续梁桥相比，连续刚构桥跨中正弯矩较小。

4.主梁底部变高曲线

连续刚构桥主梁底部的线形设计原则与变截面连续梁桥相似。一般情况下，其梁底变高曲线可采用二次抛物线；但考虑大跨径连续刚构桥（$L>150m$）在$L/8$～$L/4$处的箱梁截面高度可能不足，底板混凝土压应力和腹板主拉应力偏大，故将二次抛物线变更为1.5～1.8次方的抛物线更为合理。

5.桥墩

大跨径连续刚构桥的桥墩不但应满足施工、运营等各阶段支承上部结构质量和稳定性等方面的要求，而且桥墩的柔度应适应由于温度变化，混凝土收缩、徐变及制动力等因素引起的水平位移，以尽量减小由这些因素使结构产生的次内力。若桥墩的水平抗推刚度较大，则由主梁的预应力张拉、混凝土徐变收缩、温度变化等因素引起的变形受到桥墩的约束后，将会在主梁内产生较大的次应力，桥墩将受到较大的水平推力，并有可能造成结构开裂。因此，连续刚构桥桥墩在满足桥梁施工、运营期安全性和稳定性要求的前提下，其水平抗推刚度宜尽量小，即采用柔性桥墩。但大跨径连续刚构桥在横桥向的约束弱，桥梁在横向不平衡荷载或风荷载作用下易产生扭曲、变位，因此桥墩宜采用横向刚度较大的薄壁墩。

连续刚构桥柔性墩的立面形式主要有三种：竖直双肢薄壁墩、竖直单柱式薄壁墩、V形墩（或Y形柱式墩）。其基础通常采用群桩加实体承台形式。

6.桥型特点

预应力混凝土连续刚构桥可以看作由T形刚构与连续梁组合而成的。相比于连续梁（需要临时固结、体系转换及大吨位支座）和T形刚构（存在伸缩缝的变形问题），它数跨相连，跨中不设铰或挂梁，结构刚度大，伸缩缝少，行车平顺、舒适。因其主墩梁墩固结，故无须安装支座，施工时无须进行体系转换，构造简单，施工方便，运营期间养护工作量小。

大跨径连续刚构桥的构造特点是中间桥墩采用梁墩固结，桥墩高而柔，水平抗推刚度小，能有效减小温度变化和混凝土收缩、徐变的影响；桥型结构整体性和抗震性能好，顺桥向抗弯刚度和横向抗扭刚度大，能满足特大跨径桥梁的受力要求。其上部结构大多采用箱形梁，并采用三向或双向全预应力结构。

但连续刚构桥对基础承载力和变形的要求高。若地基发生过大的不均匀沉降，连续梁可通过调整墩顶支座的高程来补救，连续刚构则做不到。对于大跨径连续刚构桥，当主墩水平刚度过大时，中跨梁体会产生过大的温差应力而对结构受力不利。此外，梁墩固结处应力复杂也是连续刚构桥的一大缺点。

第四节 简支梁桥的计算

一、简支梁桥内力计算内容

在拟订好简支梁桥的截面尺寸以后，便可按照主梁、横隔梁和行车道板三大部分分别进行内力分析和截面配筋设计。每个部分的计算内容分述如下。

（一）主梁

1.永久作用内力计算

钢筋混凝土简支梁桥或预应力混凝土简支梁桥的恒荷载往往占全部设计荷载很大的比重。梁的跨径越大，恒荷载所占的比重越大。在确定计算恒荷载时，为了简化起见，习惯上将沿桥跨分散作用的横隔梁质量、沿桥横向不等分布的铺装层质量及作用于两侧的人行道和栏杆等的质量均匀地分摊给各主梁承受。因此，对于等截面梁桥的主梁，其计算恒荷载是简单的均布荷载。有时为了精确起见，也可根据施工安装的情况，将人行道、栏杆、灯柱和管道等的质量像活荷载计算那样，按荷载横向分布规律对各主梁进行分配。

对于预应力混凝土简支梁桥，在施加预应力阶段，往往要利用梁体自重（或称为先期恒荷载）来抵消强大钢丝束张拉力在梁体翼缘上产生的拉应力。在此情况下，要将恒荷载分成两个阶段（先期恒荷载和后期恒荷载）来进行分析。在特殊情况下，恒荷载可能要分成更多的阶段来考虑。

确定了计算恒荷载g_i之后，按一般材料力学公式计算出梁内各截面的弯矩M和剪力V。当恒荷载分阶段计算时，应按照各阶段计算恒荷载g_i来计算内力，以便进行内力和应力的组合。

2.可变作用内力计算

当荷载的横向分布系数求出后，就可具体确定作用在某一根主梁上的作用力数值，利用一般工程力学方法来计算作用效应。

对于支点截面或靠近支点截面的剪力，除可分别计算汽车荷载和人群荷载作用下的剪力外，还应计入由于荷载横向分布系数在梁端变化所产生的影响。

3.内力组合

按照相关规范的规定，对于不同的组合，应对所计算出的恒荷载及汽车荷载内力分别乘以相应的荷载分项系数。

4.截面配筋设计

针对所采用的结构（钢筋混凝土、预应力混凝土或部分预应力混凝土），按照相关规范中的公式及规定进行截面配筋设计，也可采用专用的电算程序进行计算。

5.裂缝验算

钢筋混凝土构件和部分预应力混凝土B类构件应做此项验算，但计算出的裂缝宽度不得超过相关规范规定的限值。

6.变形验算

各种混凝土构件均需进行此项验算，并按相关规范的规定确定桥梁应设置的预拱度。

上述的4~6项内容的具体计算公式及方法，详见《公路钢筋混凝土及预应力混凝土桥涵设计规范》（JTG 3362—2018）。

（二）横隔梁

横隔梁的设计内容主要包括活荷载的内力计算、截面配筋设计和横隔梁接头钢板及焊缝计算。

（三）行车道板

行车道板主要有三种类型，即单向板、悬臂板和铰接悬臂板，一般均按单向板进行内力计算和截面配筋设计。

二、主梁内力计算

对于简支梁桥的主梁，只要知道荷载分布，就很容易用结构力学方法计算出主梁内力。其需要计算的内力有弯矩、剪力及其分布。

跨径较小的简支梁主要计算跨中弯矩、剪力和支点剪力。跨径较大的简支梁一般还要计算1/4跨径处的弯矩和剪力，变截面梁还应计算截面变化处的弯矩和剪力。

简支梁桥主梁的永久作用内力包括：主梁结构重力产生的内力SG1、后期结构质量（如现浇梁间连接构件，现浇桥面铺装、护栏或栏杆、人行道、灯柱等）引起的后期内力SG2。

主梁重力可按照设计结构尺寸和重力密度计算荷载集度；桥面铺装重力按照实际厚度分布在主梁上；横隔梁重力可作为集中荷载分摊给主梁；两侧的护栏、人行道的重力可以均匀分配到各主梁上，也可以按照荷载横向分布规律分配给各主梁。

如果分阶段施工的简支梁桥的主梁截面是逐渐增加的，则需要分阶段计算内力。预应力混凝土简支梁桥需要计算预应力施加阶段内力的变化。

三、横隔梁内力计算

在设有横隔梁的钢筋混凝土梁桥或预应力混凝土梁桥上，为了保证各主梁共同受力和加强结构的整体性，横隔梁本身或其装配式接头应具有足够的强度。对于纵、横向由主梁和横隔梁组成的梁格结构，要精确分析横隔梁的内力十分繁杂。下面介绍根据主梁计算中的偏心压力法原理来计算横隔梁内力的实用方法。

（一）力学模型

横隔梁的力学模型是将桥梁的中横隔梁近似地视为竖向支承在多根弹性主梁上的多跨弹性支承连续梁。由于各主梁的荷载横向影响线（弹性支承力影响线）在主梁计算中已求得，故可以简单地用静力平衡条件来求解连续梁的内力。鉴于桥上荷载具有横向移动性，采用绘制横隔梁内力影响线的方法计算比较方便。

对于具有多根内横隔梁的桥梁，由于位于跨中的横隔梁受力最大，通常只需要计算跨中横隔梁的内力，其他横隔梁可偏安全地仿此设计。

（二）横隔梁的内力影响线

当桥梁在跨中有单位荷载$P=1$作用时，各主梁所受的荷载为R_1，R_2，R_3，…，R_n，这也是横隔梁的弹性支承反力。因此，由力的平衡条件就可写出横隔梁任意截面r处的内力计算公式。

（1）荷载$P=1$位于截面r左侧时：

$$M_r = R_1 \cdot b_1 + R_2 \cdot b_2 - 1 \cdot e = \sum^{左} R_i b_i - e$$

$$Q_r = R_1 + R_2 - 1 = \sum^{左} R_i - 1 \qquad (5-1)$$

（2）荷载$P=1$位于截面r右侧时：

$$M_r = R_1 \cdot b_1 + R_2 \cdot b_2 - 1 \cdot e = \sum^{左} R_i b_i$$

$$Q_r = R_1 + R_2 = \sum^{左} R_i \qquad (5-2)$$

式中：M_r，Q_r——横隔梁任意截面r处的弯矩和剪力；

e——荷载$P=1$至所求截面的距离；

b_i——支承反力R_i至所求截面的距离。

以上公式中，对于确定的计算截面r而言，所有的b_i均为已知，而R_i则随承受荷载$P=1$位置处的e值而变化。因此，可以直接利用已经求得的R_i横向影响线来绘制横隔梁的内力影响线。

通常，横隔梁的弯矩在靠近桥中线截面处较大，剪力则在靠近桥两侧边缘的截面处较大。

（三）作用在横隔梁上的计算荷载

有了横隔梁的内力影响线，就可直接在其上加载来计算截面内力。对于跨中一根横隔梁来说，除了直接作用在其上的轮重外，前、后的轮重也会对它产生影响。计算时可假设荷载在相邻横隔梁之间按杠杆原理法传递。因此，车辆纵向轮重分布给该横隔梁的计算荷载为：

$$P_{aq} = \frac{1}{2} \sum P_i y_i \qquad (5-3)$$

式中：P_i——轴重，应注意将车辆重轴布置在欲计算的横隔梁上；

y_i——对于所计算的横隔梁，按杠杆原理法计算的纵向荷载影响线竖标值。

（四）横隔梁内力计算

在横隔梁内力影响线上，将上述计算荷载按最不利位置加载，就可求得作用在横隔梁上的最小（或最大）内力值。在计算中，对汽车荷载应计入冲击作用，并按实际加载情况计入多车道折减系数。求得横隔梁的内力后，就可按钢筋混凝土或预应力混凝土结构的计算原理来配置钢筋，并进行强度或应力验算。

四、行车道板内力计算

（一）行车道板的类型

钢筋混凝土简支梁桥和预应力混凝土简支梁桥的行车道板直接承受车辆轮压荷载。它与主梁梁肋和横隔梁连在一起，是主梁截面的组成部分。

从结构形式上看，在具有主梁和横隔梁的简单梁格及具有主梁、横梁和内纵梁（或称为副纵梁）的复杂梁格体系中，行车道板实际上都是周边支承的板。

从承受荷载的特点来看，在矩形四边支承板上，当板中央作用一竖向荷载时，虽然荷载要向相互垂直的两对支承边传递，但由于板沿和跨径的相对刚度不同，因此传递的荷载也不相等。由弹性薄板理论可知，对于四边简支的板，只要板的长边 L_2 与短 L_1 边之比 $L_2/L_1 > 2$，则荷载的绝大部分会沿短边方向传递，而沿长边方向传递的荷载将不足6%。L_2/L_1 值越大，向长边跨度方向传递的荷载越少。

根据板的受力特性，通常把长边与短边之比大于或等于2的周边支撑板看作由短跨承受荷载的单向受力板（简称单向板）来计算，而在长跨方向按构造配置分布钢筋；把长边与短边之比小于2的板称为双向受力板（简称双向板），需按两个方向的计算内力分别配置分布受力钢筋。

目前，在钢筋混凝土简支梁桥及预应力混凝土简支梁桥的主梁设计中，虽然梁宽有所增加（1.8~2.5m），但与横隔板的间距相比往往小得多，因此桥面板属于单向板的居多。

对于常见的装配式T形梁桥，当翼缘板的端部为自由边时，它实际上是三边支承的板，可以简化为沿短跨一端嵌固而另一端为自由端的悬臂板来分析。当相邻翼缘板在端部互相做成铰接缝时，则行车道板应按一端嵌固、一端铰接的铰接悬臂板进行计算。

综上所述，在实践中最常遇到的行车道板受力图式为单向板、悬臂板和铰接悬臂板三种。双向板由于用钢量大，构造复杂，实际中较少采用。

（二）车轮荷载在板上的分布

作用在桥面上的车轮压力，通过桥面铺装层扩散分布在钢筋混凝土板面上。由于板的计算跨径相对于轮压的分布宽度来说不是很大，故在计算中应将轮压作为分布荷载来处理。这样既避免了较大的计算误差，又能减少桥面板的材料用量。

受车轮充气压力及装载质量的影响，车轮在桥面板上的实际分布形状是很复杂的。为了计算方便，通常可近似地把车轮与桥面的接触面看作尺寸分别为a_2、b_2的矩形。其中，a_2是指车轮沿行车方向的着地长度，b_2为车轮的着地宽度。公路-Ⅰ级和公路-Ⅱ级汽车荷载均采用相同的车辆荷载。其前轮的着地宽度及长度（$b_2 \times a_2$）为0.3m×0.2m，而中、后轮的着地宽度及长度为0.6m×0.2m。根据试验研究，对于混凝土或沥青面层，荷载的扩散程度偏安全地假定成45°角扩散。

（三）板的有效工作宽度

行车道板是周边支承的板。在局部分布荷载P作用下，不仅其直接承压部分的板带参与工作，与其相邻的部分板带也会共同参与工作，不同程度地分担一部分荷载。因此，在桥面板的计算中，首先要解决如何确定板的有效工作宽度的问题。

（四）行车道板的内力计算

在行车道板设计中，习惯以每米宽板条为单位来进行计算。借助板的有效工作宽度，很容易算出作用在每米宽板条上的荷载及其引起的内力。

1.多跨连续单向板的内力

从构造上看，行车道板与主梁梁肋是整体连接在一起的。因此，当板上有荷载作用时，会促使主梁也发生相应的变形，而这种变形又会影响板的内力。如果主梁的抗扭刚度极大，则板的工作就接近于固端梁；如果主梁抗扭刚度很小，板在梁肋支承处就接近于铰支座，则板的受力就如同多跨连续梁体系。行车道板和主梁梁肋的实际支承条件既不是固端，又不是铰支，而是弹性固结的。其实际受力状态应是多跨弹性支承连续梁。

2.铰接悬臂板的内力

T形梁翼缘板作为行车道板有时用铰接的方式连接，其最大弯矩一般出现在悬臂根部。

3.悬臂板的内力

对于边主梁外侧悬臂板或沿纵缝不相连接的悬臂板，在计算悬臂根部最大弯矩时，应将车轮荷载靠板的边缘布置，则恒载和活载弯矩值可由一般公式求得。

第六章 拱桥的设计与构造

第一节 拱桥总体布置与设计

一、拱桥的总体布置

(一)拱桥设计标高的确定

拱桥的标高主要有四个,即桥面标高、拱顶底面标高、起拱线标高和基础底面标高。这几项标高的合理确定是拱桥总体布置中的一个重要问题。

桥面标高一般由两岸线路的纵断面设计控制。对跨越平原区河流的拱桥,其桥面最小高度一般由桥下净空控制,并且还需满足宣泄设计洪水或不同航道等级所规定的桥下净空界限的要求。

当桥面标高确定之后,由桥面标高减去拱顶处的建筑高度(拱顶填料厚度和主拱圈厚度),就可得到拱顶底面的标高。

起拱线标高由矢跨比的要求及净跨径确定。

基础底面的标高应根据冲刷深度、地基承载能力等因素确定。

(二)矢跨比的确定

当拱顶、拱脚标高确定后,根据跨径即可确定拱的矢跨比。主拱圈矢跨比是拱桥的主要设计参数之一,它不但影响主拱圈内力,还影响拱桥的构造型式和施工方法的选择。因此,应从上、下部结构受力、通航、泄洪等方面综合考虑确定矢跨比。

拱桥的水平推力与垂直反力的比值随矢跨比减小而增大。当矢跨比减小时,拱的水平推力增大,反之则推力减小。众所周知,推力大,相应地在拱圈产生的轴向力也大，对拱圈自身的受力状况有利，但对墩台及基础不利。同时，当拱圈受力后因其弹性压缩、温度变化、混凝土收缩，墩台位移等原因，都会使无铰拱的拱圈内产生附加内力，因而拱越平坦（矢跨比越小），附加内力越大。反之，当拱的矢跨比过大时，拱脚区段过陡，给拱圈的砌筑或混凝土浇筑带来困难。另外，拱桥的外形是否美观，与周围自然景观能否协调，也与矢跨比有很大关系。因此在设计时，矢跨比的大小应经过综合比较后进行选定。通常，对于砖、石、混凝土板拱桥及双曲拱桥，矢跨比一般为1/6～1/4，不宜超过1/8；箱形拱桥的矢跨比一般为1/8～1/6，钢筋混凝土拱桥的矢跨比一般为1/10～1/6，或者更小一些，但也不宜小于1/12。

二、拱轴线的选择和拱上建筑的布置

由结构力学可知，拱轴线的形状不仅直接影响拱的内力及截面应力的分布，而且与拱的耐久性、经济合理性和施工安全性等都有密切关系。因此在拱桥设计中，选择合理的拱轴线是一个重要问题。

理想的拱轴线是在各种荷载作用下拱圈截面只受轴向压力，而无弯矩作用，这就能充分利用圬工材料的抗压性能。但事实上因为除结构自重外，拱圈还要受到活载、温度变化和材料弹塑性变形等因素的作用，因此不可能获得这种拱轴线。考虑到公路拱桥的结构自重占全部荷载比重较大，如一座跨径30m的双车道公路桥，活载大约只有恒载的20%，随着跨径的增大，恒载所占的比重还将增大。一般来说，以结构自重压力线作为设计拱轴线基本上是适宜的。

拱桥设计中所选择的拱轴线应满足以下几个方面的要求，即尽量减小拱圈截面的弯矩，使主拱圈在计入弹性压缩、温度变化、混凝土收缩徐变等影响后，各主要截面的应力较为均匀，且最大限度地减小截面拉应力；对于无支架施工的拱桥，尚应满足施工阶段的要求，并尽可能少用或不用临时性施工措施，以便于施工。拱桥常用的拱轴线型有以下几种。

（一）圆弧线

在均布径向荷载作用下，拱的合理拱轴线为一条圆弧线，如图6-1a所示。圆弧线线型简单、施工方便。但在一般情况下，圆弧形拱轴线与结构自重压力线偏离较大，使拱圈各截面受力不均匀。

（二）悬链线

实腹式拱桥的恒载集度，从拱顶向拱脚是均匀增加的，这种荷载分布图的拱圈的压力线是一条悬链线，如图6-1b所示。因此，实腹式拱桥采用悬链线作为拱轴线。在结构自重作用下，当不计拱圈由结构自重弹性压缩产生的影响时，拱圈截面将只承受轴力而无弯矩。

（三）抛物线

在竖向均布荷载作用下，拱的合理拱轴线是二次抛物线，如图6-1c所示。对于结构自重集度比较接近均布的拱桥，往往可以采用二次抛物线作为拱轴线。

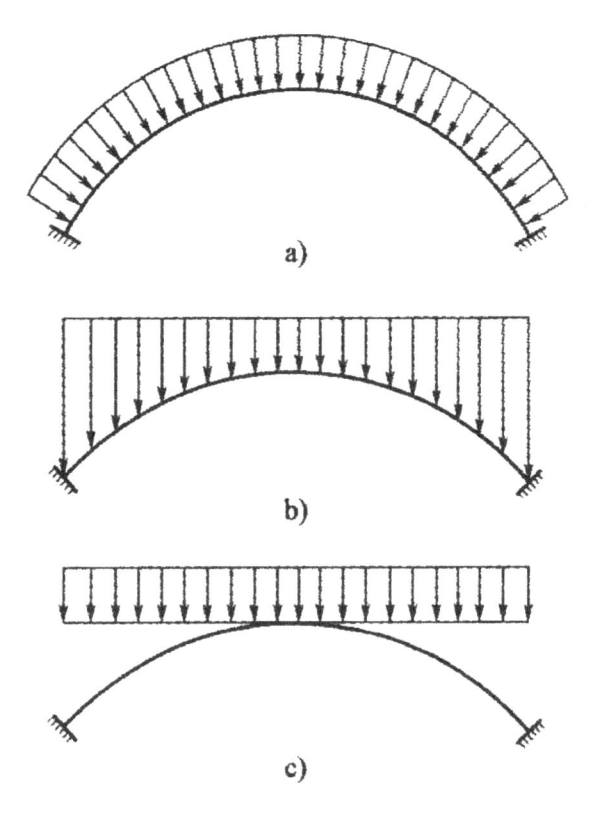

图6-1 拱桥拱轴线型

中承式与下承式简单体系拱桥、组合体系拱桥的恒载分布较均匀，因此采用二次抛物线作为拱轴线是适宜的。

在某些大跨径拱桥中，由于拱上建筑布置的特殊性，为了使拱轴线尽可能与结构自重压力线相吻合，也可采用高次抛物线（如四次或六次抛物线）作为拱轴线。

由上可见，拱上建筑的形式与布置、桥面结构的支承方式，对拱轴线选择有很大的影响。在一般情况下，上承式小跨径拱桥可采用实腹圆弧拱或实腹悬链线拱；大、中跨径上承式拱桥可采用空腹式悬链线拱；轻型拱桥、矢跨比较小的大跨径上承式拱桥、中承式和下承式拱桥及各种组合形式拱桥，可采用抛物线拱。

三、不等跨连续拱桥的处理方法

多孔连续拱桥最好选用等跨或分组等跨的分孔方案。但当受地形、地质、通航等条件的限制，或引桥很长，考虑与桥面纵坡协调一致时，或对桥梁的美观有特殊要求时，可以考虑采用不等跨的分孔，如图6-2所示。

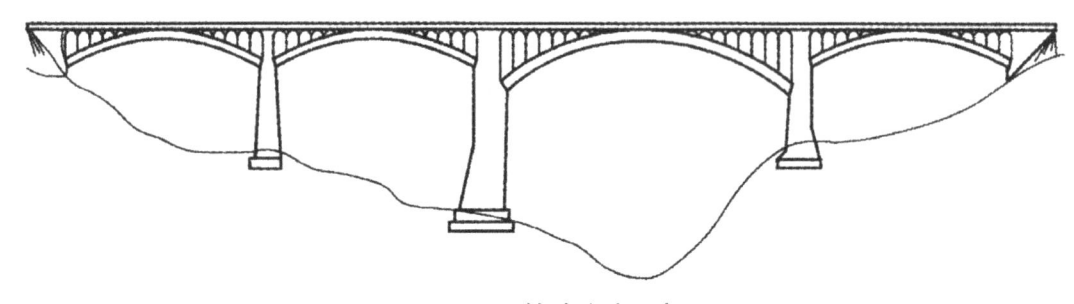

图6-2 不等跨分孔示意

不等跨拱桥，由于相邻孔的恒载推力不相等，使桥墩和基础增加了恒载的不平衡推力。在采用柔性墩的多孔连续拱桥中，还需考虑恒载不平衡推力产生的连拱作用，使计算和构造复杂。为了减小这个不平衡推力，改善桥墩、基础的受力状况，节省材料和造价，可采用以下措施。

（一）采用不同的矢跨比

跨径一定时，矢跨比与推力大小成反比，在相邻两孔中，大跨径用较陡的拱，小跨径用较坦的拱，使相邻两孔在恒载作用下的不平衡推力尽量减小。

（二）采用不同的拱脚标高

由于采用了不同的矢跨比，致使相邻两孔的拱脚标高不在同一水平线上。因大跨径孔的矢跨比大，拱脚降低，减小了拱脚水平推力对基底的力臂，这样可使大跨与小跨的恒载水平推力对基底产生的弯矩得到平衡。

（三）调整拱上建筑的恒载重量

当必须使相邻孔的拱脚放置在相同（或相接近）的标高上时，也可通过调整拱上建筑的重量来减小相邻孔间的不平衡推力。大跨径可用轻质的拱上填料或采用空腹式拱上建筑，小跨径用重质的拱上填料或采用实腹式拱上建筑，用增加小跨径拱的恒载重力来增大恒载的水平推力。

（四）采用不同类型的拱跨结构

一般小跨径用板拱或厚壁箱拱结构，大跨径用分离式肋拱或薄壁箱拱结构，以减轻大跨径的恒载重量来减小恒载的水平推力。有时，为了进一步减小大跨径拱的恒载水平推力，可以将大跨径部分做成中承式肋拱。

在具体设计时，可以同时采用以上几种措施。如果不能达到平衡推力的目的，可加大桥墩和基础的尺寸，或将其做成不对称的形式。

第二节　简单体系拱桥的构造

一、拱圈构造

（一）板拱

根据设计要求，板拱可以采用等截面圆弧拱、等截面或变截面悬链线拱，拱圈所采用的材料可为石材、混凝土和钢筋混凝土，结构多数为无铰拱，也可用两铰拱和三铰拱。

1.拱圈截面尺寸的拟定

对于实腹式拱桥，拱圈宽度主要取决于桥面的宽度。桥面的栏杆（宽50~150mm）一般布置在帽石的悬出部分上面。因此，拱圈的宽度接近桥宽。

为了减小实腹拱的拱圈宽度，可将人行道布置在钢筋混凝土悬臂上。钢筋混凝土悬臂的做法大致有两种：一种是设置单独的悬臂构件；另一种是采用横贯全桥的钢筋混凝土挑梁，在挑梁上再安设钢筋混凝土人行道板。采用悬臂式人行道结构，其用钢量较不设悬臂者多，但缩小了拱圈宽度及墩台尺寸，节省了较多的圬工量，从而获得了更大的经济效益。

对于空腹式板拱，拱圈宽度则与腹拱形式有较大关系。如采用拱式腹孔，一般按实腹式拱的方法拟定拱圈宽度；若为梁式腹孔，其构造类似于多跨梁桥，拱圈宽度均小于桥面宽度。

公路拱桥主拱圈宽跨比一般大于1/20，随着跨径的增大，宽跨比则减小。按我国《公路钢筋混凝土及预应力混凝土桥涵设计规范》规定，若主拱圈的宽跨比小于1/20时，为了确保拱的安全可靠，则应验算其横向稳定性。

拱圈高度与跨径、矢高、建筑材料、荷载大小等因素有关。

根据我国多年的实践经验，中、小跨径石拱桥拱圈高度可按下列经验公式进行估算：

$$h = 45\beta k \sqrt[3]{l_0} \tag{6-1}$$

式中：h——拱圈高度，cm；

l_0——拱圈净跨径，cm；

β——系数，一般为4.5~6，取值随矢跨比的减小而增大；

k——荷载系数，对于公路-Ⅰ级为1.4，公路-Ⅱ级为1.2。

大跨径石拱桥的拱圈高度，可参照已建桥梁的设计资料拟定或参考其他经验公式进行估算。

2.拱圈截面的变化规律

拱桥的拱圈有等截面和变截面两种形式。变截面的做法通常有两种：一种是拱圈沿拱轴方向不变宽度而只变厚度；另一种是厚度不变而改变拱圈宽度。

由结构力学可知，拱圈截面上作用着轴向压力N和弯矩M（剪力Q暂且不计），而轴向力可近似表示为$N \approx H/\cos\varphi$，此处H为水平推力，为任意截面处拱轴切线与水平线的夹角，由于cos值由拱顶向拱脚逐渐减小，故轴向压力N由拱顶向拱脚逐渐增大。特别在陡拱中，其差值悬殊。为了使全截面的应力值趋于相等，拱圈的截面也应自拱顶向拱脚逐渐增大。因此，在相同跨径、矢高、荷载等条件下，变截面拱圈的圬工数量较等截面拱圈少（根据石拱桥标准图所列工程数量比较，变截面拱圈的圬工数量比等截面少10%~15%），但变截面拱施工较麻烦。

在无铰拱中，沿拱轴截面弯矩M的变化较复杂，它不仅与截面位置、荷载布置有关，而且与截面变化规律有密切的联系。随着截面惯性矩由拱顶向拱脚逐渐增加，分配到的弯矩值也随之增大（尤其是拱脚附近区段）。计算表明，用增大惯性矩来减小弯曲应力的方法并不是最有效的。根据拱桥的试验可知，由于拱上结构与拱圈的共同作用，拱上结构对拱圈的内力（主要是指截面弯矩值）有明显的减载作用。因此，为了方便施工，拱圈一般采用等截面。

目前在无铰拱桥设计中，对于跨径小于50m的石拱桥，跨径小于100m的双曲拱桥、箱形拱或钢筋混凝土肋拱桥，均可采用等截面拱圈。只有在更大跨径或拱圈很陡的圬工拱桥中，为了节省圬工，减轻拱圈自重，可考虑采用由拱顶向拱脚增厚的变截面形式。

在大跨径拱桥中，也可采用等高变宽的变截面拱圈。这种方式由于截面高度不变而宽度由拱顶（或1/4跨径处）向拱脚逐渐增大，因此在截面惯性矩改变不大的情况下，既加大了截面，又提高了拱的横向稳定性。但这种拱圈变截面方式，将增大下部结构的宽度，增加造价，因而一般适用于大跨径窄拱桥。

3.拱圈构造

石板拱按砌筑拱圈的石料规格可分为料石拱、块石拱及片石拱。用粗料石砌筑拱圈时，拱石需要按拱轴线和截面形式不同而分别进行编号，以便加工，等截面圆弧拱的拱石规格少，编号简单；变截面圆弧拱圈的拱石类型较多，编号较复杂，施工不方便。采用等截面或变截面的悬链线作为拱轴线时，拱石的编号更复杂。因此，目前大多采用等截面拱桥。

用于拱圈砌筑的石料应要求石质均匀、不易风化和无裂纹，强度等级不得低于MU40。砌筑拱圈用的砂浆，对于大、中跨径拱桥不得低于M10，对于小跨径拱桥不得低于M7.5。为了节省水泥，有条件的地方，可以采用小石子混凝土代替砂浆砌筑片石或块石，跨径一般不得大于20mm。采用小石子混凝土砌筑的片石板拱，其砌体强度比用同等级水泥砂浆砌体的强度高，而且一般可节约水泥用量1/4～1/3。

关于拱石的规格，在《公路桥涵施工技术规范》中做了明确的规定。由于料石加工要求较高，因此对中小跨径的公路石拱桥，如果条件允许应尽量采用片石拱，以节省劳动力和降低工程造价。对于城市桥梁，有时为了美观，可用细料石作为拱桥的镶面。

根据拱圈的受力特点和需要，拱圈砌筑应满足下列构造要求：①拱石受压面的砌缝应是辐射方向。轴向砌缝一般可做成通缝，不必错缝。②当拱圈厚度不大时，可采用单层拱石砌筑；当拱圈厚度较大时，可采用多层拱石砌筑，但要求垂直于受压面的顺桥向砌缝应错开，其错缝间距不小于100mm。③在拱圈的横截面内，拱石的竖向砌缝应当错开，其错开间距至少100mm。这样，在纵向或横向剪力作用下，可避免剪力单独由砌缝内的砂浆承担，从而增大砌体的抗剪强度和整体性。④砌缝宽度。拱石砌缝宽度不能太大，因砂浆强度比拱石强度低得多，缝太宽必将影响砌体强度和整体性。通常，粗料石和混凝土预制块拱圈的砌缝宽度应为10~20mm，拱桥圈的砌缝宽度不大于30mm，采用小石子混凝土砌块石时，砌缝宽度不大于50mm。⑤拱圈与墩台、空腹式拱上建筑的腹孔墩与拱圈相连接处，应采用特制的五角石，以改善连接处的受力状态。为避免施工时损坏或被压碎，五角石不得带有锐角，为了简化施工，目前常用现浇混凝土拱座及腹孔墩底梁代替石质五角石。对于块石、片石拱圈，应选择较大的平整面与拱轴线垂直，并使拱石大头向上，小头向下。石块间的砌缝必须相互交错，较大缝隙用小石块嵌紧，同时砌缝用砂浆或小石子混凝土灌满。

对于跨径较小、桥面特宽的桥梁，为了防止拱圈横桥向受力不均匀及温度变化等因素造成拱圈纵向开裂，可考虑采用分离式拱圈。

素混凝土板拱主要用于缺乏合格天然石料的地区。可采用整体现浇，也可采用预制砌筑。整体现浇混凝土拱圈，拱内收缩应力大，对受力不利，且拱架、模板耗用量大，工期长，质量不易控制，故较少采用。预制砌筑是将混凝土板拱划分为若干块件，先预制混凝土块件，然后进行砌筑成拱。预制砌块在砌筑前应有足够的养生期，以消除或减小混凝土收缩的影响。

钢筋混凝土板拱板厚较素混凝土板拱小，其构造简单、外表整齐、轻巧美观。根据桥宽需要可做成单条整体拱圈或多条平行板（肋）拱圈，施工时可反复利用一套较窄的拱架和模板来完成，大大节省了材料。

（二）拱肋

1.拱肋的构造

拱肋是肋拱桥主要承重结构，可采用混凝土、钢筋混凝土、钢管混凝土、劲性骨架混凝土等材料。拱肋的数目和间距以及截面形式主要根据跨径、桥宽、拱上结构构造、所用材料、施工条件、经济性等方面综合考虑决定。为简化构造，宜选用较少的拱肋数量。为保证肋拱桥的横向整体稳定性，两侧拱肋最外缘的间距一般不宜小于跨径的1/20。

拱肋的截面形式主要有实体矩形、工字形、箱形、管形和劲性骨架混凝土箱形等。矩形截面形式简单、施工方便，但经济性相对较差，一般仅用于中小跨径的肋拱。工字形截面拱肋能减轻结构自重并改善截面受力，但这种截面的拱肋横向刚度较小，常用于大、中跨径的肋拱桥。当肋拱桥的跨径大、桥面宽时，可采用箱形截面以提高拱肋横向受力和抗扭性能，节省更多的圬工数量，但结构构造及施工较复杂。采用钢管混凝土材料的拱肋，是一种抗压性能好、自重轻、塑性及耐疲劳等性能优良的结构构造，现已在我国广泛使用。

在分离的拱肋之间应设置横系梁，以增强肋拱桥的横向整体性和稳定性，在拱脚及跨中段横系梁布置应适当加密。

2.拱肋截面尺寸拟定

根据设计经验，矩形和工字形截面拱肋高度可分别按跨径的1/60~1/40与1/35~1/25拟定。矩形截面拱肋的肋宽可为肋高的0.5~2.0倍；工字形截面拱肋的肋宽为肋高的0.4~0.5倍，腹板厚度常为300~500mm。

（三）双曲拱桥

双曲拱桥主拱圈通常由拱肋、拱波、拱板和横向联系等几部分组成。

双曲拱桥的主要特点是将主拱圈以"化整为零"的方法按先后顺序进行施工，再以"集零为整"组合式整体结构承重。施工时，先将拱圈划分成拱肋、拱波、拱板及横向联系四部分，并预制拱肋、拱波和横向联系，即"化整为零"；然后吊装钢筋混凝土拱肋成拱并与横向联系构件组合成拱形框架，在拱肋间安装拱波，随后浇筑拱板混凝土，形成主拱圈，即"集零为整"。

由于双曲拱桥采用了多次截面组合的施工成型方式，造成截面受力复杂、整体性差。经多年使用发现，多数双曲拱桥都出现了较严重的裂缝，影响桥梁的安全，故目前已很少使用。

（四）箱形拱

主拱圈截面由一个单箱式或多室箱构成的拱称为箱形拱。大跨径拱桥采用箱形截面，其截面挖空率可达全截面的50%~70%，与板拱相比较，可节省大量圬工体积，减轻结构自重，降低结构造价。在相同截面积的条件下，箱形截面抗弯惯性矩及抗扭惯性矩均较大，拱圈的整体性好，应力分布较均匀，且箱形截面的中性轴大致居中，对于抵抗正负弯矩几乎具有相等的能力，能较好地适应主拱圈各截面正负弯矩的变化。单条箱肋刚度较大、稳定性较好，能够单箱肋成拱，便于无支架吊装。但箱形拱的制作要求较高，吊装设备较多，需要较大的吊装能力。因此，跨径在50m以上的大跨径拱桥才宜采用箱形拱。

箱形拱的每一个闭合箱是由箱壁（侧板）、顶板（盖板）、底板及横隔板组成。

1.箱形拱的构造

箱形拱分为单箱单室和单箱多室截面，单箱单室截面仅用于窄桥。

由多条预制箱形肋和现浇箱间混凝土组成箱形多室截面，箱形肋也先预制腹板和横隔板，再浇筑底板与顶板，这两种截面形式是目前箱形多室截面主要采用的成型方式。另外，箱形多室截面的装配整体化成型方式还有由多条预制槽形肋、顶盖板和现浇顶板组成，以及由多条预制工字形肋和翼缘板焊接组成。这两种成型方式有吊装重量小的优点，但预制拱肋抗弯刚度较小，单肋合拢后的稳定性差。因此，这两种方式目前已较少采用。

为了加强预制箱形肋在吊运及使用期间的抗扭刚度，提高箱壁局部稳定性，除在预制箱肋的端部、吊点及拱上结构传力点设置垂直于拱轴线的横隔板外，箱内其他部位应每隔2.5~5m的距离设置一道厚度为60~150mm的横隔板，拱顶段的横隔板应适当加厚加密。

为保证拱圈的整体性，预制箱形肋之间应具有可靠的横向连接。预制箱形肋常用的横向连接形式：底板横向预留外伸带钩钢筋，交叉分布在现浇混凝土内；在设横隔板处顶板上面应预埋钢板，箱肋间用钢筋搭焊连接。在横隔板之间的顶板横向也应预留外伸带钩钢筋，确保箱肋横向连接的整体性。为了减轻箱肋吊装质量，可将箱肋部分厚度的顶板在拱圈安装后再现浇。

箱形肋拱的主拱由双肋或多肋组成，拱肋由横系梁连接形成整体。箱形肋拱的肋数与桥宽、荷载等级、材料性能、拱肋和拱上结构构造，以及施工条件等因素有关。在一般情况下，桥宽小于20m时宜采用双肋式；桥宽大于20m时，根据肋间横系梁、拱上立柱及柱顶盖梁尺寸及与拱肋尺寸的相对合理性、协调性，选取合适的肋数，一般为三肋或四肋式。由于多肋拱受力较复杂、宽度过大的下部结构也易出现各种问题，因此在桥宽较大时，如高速公路桥梁等，通常采用分离的两个双肋拱。考虑到拱肋受力、构造及施工的需要，箱形肋可采用单室肋或组合双室肋。

箱形肋拱的横隔板及拱肋的其他构造要求，可参照箱形板拱的有关内容。

2.箱形拱截面尺寸拟定

（1）箱形板拱截面尺寸拟定

箱形板拱的拱圈高度主要由跨径决定，并与所用材料有较大关系。根据已建桥梁的资料，拱圈常用混凝土强度等级约C40，特大跨径时混凝土强度等级一般不超过C60，拱圈截面高度可按跨径的1/75~1/55拟定。

箱形板拱的拱圈宽度，一般为桥宽的0.6~1.0倍，桥面结构外悬拱圈的长度一般为1.5~4m。对于特大跨径拱桥，拱圈宽度可能小于跨径的1/20，不能满足拱圈横向稳定的构造要求，故需进行必要的稳定性分析，以确保拱圈足够安全。

箱形截面腹板的厚度宜取100~200mm，顶、底板厚度宜取100~250mm。当采用预制装配施工时，腹板预制和现浇厚度宜分别为50~80mm和150~250mm，顶板现浇混凝土的厚度不宜小于100mm。边腹板应采用一次成型。对于特大跨径拱桥，上述尺寸将有所变化。

在拱圈纵向分段确定后，预制箱形肋的宽度主要取决于施工吊装能力。根据我国的吊装设备情况，吊装能力一般不大于800kN，宽度约为1.5m。

（2）箱形肋拱截面尺寸拟定

根据已建桥梁的资料，拱肋截面高度可按跨径的1/70~1/50拟定。

箱形肋单个箱室的宽度一般可取肋高的0.5~1.0倍，但应满足施工期间的受力与稳定要求。拱肋截面的其他细部尺寸拟定，可参照箱形板拱的有关内容，其中顶板、腹板及底板的尺寸取箱形板拱相应尺寸的较大者。

二、拱上建筑构造

（一）实腹式拱上建筑

按拱上建筑采用的构造形式不同，可将其分为实腹式和空腹式两种。实腹式拱上建筑实腹式拱上建筑构造简单，施工方便，但填料数量较多，自重较大。因此，一般用于小跨径的圬工拱桥。实腹式拱上建筑由拱腹填料、侧墙、护拱、变形缝、防水层、泄水管以及桥面系组成。

根据所选的拱腹填料及其构造特点，实腹式拱上建筑分为填充式和砌筑式两种。填充式拱上建筑是指在拱圈两侧筑以侧墙，其内充以填料。侧墙主要承受填料及车辆荷载所产生的侧压力，一般采用块石或片石砌筑，也可根据拱圈的材料采用混凝土或轻型钢筋混凝土侧墙。为了美观需要，可用粗料石或细料石镶面。侧墙厚度一般按构造要求确定，其顶面宽500~700mm，向下逐渐增厚，墙脚厚度可采用侧墙高度的0.4倍。特殊情况下侧墙厚度应计算确定。填料主要起填空、传力的作用，因此应尽量就地取材，降低成本。填料通常采用砾石、碎石、粗砂或卵石夹黏土并加以夯实。在地质条件较差的地区，为了减轻拱上建筑的自重，可以采用其他轻质材料（如炉渣、石灰、黏土等混合料）作填料。护拱设置于拱脚段，以加强拱脚段的拱圈，通常采用浆砌块、片石结构。

当填充材料不易取得时，可改用砌筑式拱上建筑，即采用干砌圬工或浇筑素混凝土作为拱腹填料。当用素混凝土填料时，可以不设侧墙，而在外露混凝土表面用砂浆饰面或设置镶面。

（二）空腹式拱上建筑

1.腹孔

根据腹孔构造不同，可分为拱式腹孔和梁式腹孔两种。

拱式拱上建筑构造简单、外形美观，但重量较大，一般用于圬工拱桥。腹孔的形式和跨径的选择要既能减轻拱上建筑的重量，又不致因荷载过分集中于腹孔墩处，给主拱圈受力状况造成不利影响，同时还要使拱桥外形协调美观。

在带实腹段式拱上建筑的腹孔布置中，每半跨内腹拱的布置范围一般不超过主拱跨径的1/4~1/3，对于中小跨径拱桥，腹孔跨数以3~6孔为宜。对于全空腹式，考虑到美观及有利于拱顶截面受力的要求，一般采用奇数腹孔布置方式。

腹拱的跨径一般可选用2.5~5.5m，但不宜大于拱圈跨径的1/15~1/8，比值随拱圈跨径的增大而减小。腹拱宜做成等跨的，以利于腹拱墩的受力和施工。

腹拱的拱圈可以采用石砌、混凝土预制或现浇的圆弧形板拱，矢跨比一般为1/6~1/2，为了减轻质量，也可以采用双曲拱、微弯板和扁壳等各种形式的轻型腹拱。通常双曲拱的矢跨比采用1/8~1/4（无支架施工的拱桥，腹拱的矢跨比宜用小者），微弯板的矢跨比采用1/12~1/10。

腹拱圈的厚度与它的跨径、构造形式等有关。当腹拱的跨径为1~4m时，石板拱的厚度不小于300mm，混凝土板拱的厚度不小于150mm，也可以采用厚度为140mm的微弯板（其中预制厚60mm、现浇厚80mm）。当腹拱跨径为4~6m时，可采用双曲拱，其拱圈高度一般为300~400mm。当采用钢筋混凝土拱时，拱圈厚度可以减小，如跨径为5.5m时拱圈厚度仅需200mm。

紧靠桥墩（台）的第一个腹拱，目前主要有两种做法，一种是将腹拱的拱脚直接支承在墩（台）上；另一种是跨越桥墩，使桥墩两侧的腹拱圈相连，由于拱圈受力后变形较大，而墩台变形较小，容易造成第一个腹拱因拱脚变位而开裂，因而靠近墩台的腹拱应做成三铰拱。

梁式拱上建筑可减轻拱上重量，降低拱轴系数（使拱上建筑的恒载分布接近于均布荷载），改善拱圈在施工过程中的受力状况以获得更好的经济效益。腹孔的布置与拱式拱上建筑的腹拱布置要求基本相同。

带实腹段的腹孔布置方式一般用于板拱，但由于这种布置方式使拱顶段在温度变化等因素影响下处于不利的受力状态，因此在大跨拱桥的梁式拱上建筑中一般都采用全空腹的布置方式。考虑到美观及拱顶截面的受力，全空腹式的腹孔一般取奇数。

腹孔梁的结构形式有：当腹孔的跨径小于10m时，通常采用钢筋混凝土简支实心或空心板；当跨径在10~20m时，常采用预应力混凝土简支空心板；当跨径大于20m时，一般采用预应力混凝土简支T梁。简支结构除了墩（台）支承处以外，一般可采用连续桥面构造。为了适应拱圈变形，腹孔梁宜采用活动性较好的支座，如厚度较大的橡胶支座等。与墩（台）衔接处应采用完善的伸缩缝构造。除简支结构的腹孔以外，连续、框架等其他结构也常被采用。

2.腹孔墩

腹孔的支撑结构或腹孔墩，可分为横墙（立墙）式和立柱式两种。

横墙式腹孔墩一般用圬工材料砌筑或现浇混凝土形成，施工简便、节省钢材，但自重较大，多用于石拱桥中。为了便于维修、减轻重量，可在横向挖一个或几个孔。腹孔墩用浆砌片、块石时，厚度不宜小于600mm；用混凝土砌筑时，一般应大于腹拱圈厚度的一倍。

立柱式腹孔墩是由立柱和盖梁组成的钢筋混凝土排架结构。在必要时沿立柱高度设置若干根横系梁，间距一般不大于6m。在河流有漂流物或流冰时，如果拱圈会被部分淹没，不宜采用立柱式腹孔墩。

为便于施工，腹孔墩的侧面一般做成竖直的。若采用斜坡式，则以不超过30∶1的坡度为宜。

三、其他细部构造

（一）拱上填料、桥面及人行道

拱上建筑中的填料，不仅可以扩大车辆荷载作用的面积，还可以减小车辆荷载对拱圈的冲击，但美中不足的是增加了拱桥的恒载重量。无论是实腹拱还是空腹拱（除无拱上填料的轻型拱桥），在拱顶截面上缘以上都做了拱腹填充处理。填充后，通常还需设置一层填料，即拱顶填料，在该填料以上才做桥面铺装。根据现行相关桥梁规范的规定，当填料厚度（包括路面厚度）等于或大于500mm时，拱桥结构计算时可不计汽车荷载的冲击力。

对于大跨径钢筋混凝土拱桥或在较差的地基上建造拱桥时，为了进一步减轻拱上建筑质量，可减薄拱上填料厚度，甚至可以不用拱上填料，直接在拱顶截面上缘以上铺筑混凝土桥面，要求混凝土层的厚度不应小于80mm，并在其中设置钢筋网，且应计入汽车荷载的冲击力。

拱桥车行道、人行道桥面铺装的要求与梁桥基本相同。

（二）伸缩缝与变形缝

由于拱上建筑与主拱圈的共同作用，一方面拱上建筑能够提高主拱圈的承载能力，但另一方面，对主拱圈的变形又起约束作用，在主拱圈和拱上建筑内均产生附加内力，使结构受力较复杂。

为了使结构的计算图示尽量与实际的受力情况相符合，避免拱上建筑的不规则开裂，保证结构安全耐用，除在设计计算上做充分的考虑外，还需在构造上采取必要的措施。通常是在相对变形（位移或转角）较大的位置设置伸缩缝，而在相对变形较小处设置变形缝。

对小跨径实腹拱，伸缩缝设在两拱脚的上方，并在横桥方向贯通全宽和侧墙的全高直至人行道。伸缩缝多做成直线形，以使构造简单，施工方便。对拱式空腹拱桥，通常将紧靠墩（台）的第一个腹拱做成三铰拱，并在紧靠墩（台）的拱铰上方设置伸缩缝，且应贯通全桥宽，而其余两拱铰上方设置变形缝。在大跨径拱桥中，还应将靠拱顶的腹拱做成两铰或三铰拱，并在拱铰上方也设置变形缝，以使拱上建筑更好地适应主拱的变形。对于梁式腹孔，通常是在桥台和墩顶立柱处设置标准伸缩缝，而在其余立柱处采用桥面连续。

变形量较小的伸缩缝宽度一般为10~20mm，在施工时可用锯木屑与沥青按1:1的比例配合压制成的预制板嵌入砌体或埋入现浇混凝土中，对于变形量较大的应采用成品伸缩缝。变形缝则不留缝宽，用干砌或油毛毡隔开即可。

（三）排水与防水层

对于拱桥，不仅要求将桥面雨水及时排除，而且要求将透过桥面铺装渗入拱腹的雨水及时排除。桥面雨水的排除，除了桥梁设置纵坡和桥面设置横坡外，一般还沿桥面两侧缘石边缘设置泄水管。通过桥面铺装渗入拱腹内的雨水，应由防水层汇集于预埋在拱腹内的泄水管排出，防水层和泄水管的设置方式与上部结构的形式有关。

实腹式拱桥防水层应沿拱背、护拱、侧墙铺设。如果是单孔可以不设拱腹泄水管，积水沿防水层流至两个桥台后面的盲沟，然后沿盲沟排出路堤。如果是多孔拱桥，可在跨径1/4处设泄水管。对于空腹拱桥，防水层应沿腹拱上方与主拱圈跨中实腹段的拱背设置，泄水管也宜布置在1/4跨径处。对跨线桥、城市桥梁或其他特殊桥梁需设圈封闭式排水系统。

防水层在全桥范围内不宜断开，在通过伸缩缝或变形缝处应妥善处理，使其既能防水又可以适应变形。

防水层有粘贴式与涂抹式两种。前者是由2~3层油毛毡与沥青胶交替贴铺而成，效果较好，但造价高、施工麻烦。后者采用沥青涂抹于砌体表面，施工简便、造价低廉，但效果较差，适用于雨水较少的地区。

（四）拱桥中铰的设置

拱桥中需要设置铰的情况有四种：一是按两铰拱或三铰拱设计的主拱圈；二是按构造要求需要采用两铰拱或三铰拱的腹拱圈；三是需设置铰的矮小腹孔墩，即将铰设置在墩上端与顶梁和下端与底梁连接处；四是在施工过程中，为消除或减小主拱圈的部分附加内力，以及对主拱圈内力做适当调整时，需要在拱脚处设置临时铰。前面三种情况属于永久性拱铰，故对其要求较高，构造较复杂，需经常养护，费用较高。最后一种是临时性拱铰，一般待施工结束时，将其封固，故构造较简单，但必须可靠。常用的拱铰形式有：弧形铰、平铰或其他种类的假铰。

弧形铰一般用钢筋混凝土或石料等做成。由两个具有不同半径弧形表面的块件组成，一个为凹面（半径为R_2），一个为凸面（半径为R_1）。R_2与R_1的比值常在1.2~1.5范围内取用。铰的宽度应等于构件的全宽，沿拱轴线方向的长度，取厚度的1.15~1.20倍。铰的接触面应精确加工，以保证紧密结合。

中小跨径的板拱或肋拱桥，可以在铰缝间设置铅垫板，铅垫铰由15~20mm铅板外包10~20mm厚的铜片构成，横桥向分段设置，总宽度为拱圈宽度的1/4~1/3。铅铰是利用铅板的塑性变形达到铰的功能。

对于中小跨径钢筋混凝土整体式拱桥，由于上部结构自重较小，为简化拱脚铰的构造，常采用将拱脚直接插入拱座、砂浆填缝的平铰构造。

空腹式拱上建筑的腹拱圈，由于跨径较小，可以采用构造简单的平铰。平铰间可铺砌一层强度等级较低的砂浆，也可垫衬油毛毡或直接采用干砌。

小跨径或轻型钢筋混凝土拱圈、预制吊装的腹拱圈，为了便于整体安装，还可以采用不完全铰（或假铰）。这种铰构造连续，在使用时起到拱铰的作用，构造简单，因此使用较广泛。

在钢筋混凝土空腹式拱桥腹孔墩（立柱）上、下端设置的铰，一般可采用构造简单的平铰或不完全铰。由于连接处腹孔墩截面的减小（达全截面的1/3~2/5），因而可以保证支承截面的转动。

在特大跨径或特殊情况下还可采用钢铰，如劲性骨架拱圈或施工临时设铰等。但在一般混凝土拱桥中很少采用。

第三节　拱式组合体系桥的设计与构造

一、概述

拱式组合体系桥是将梁和拱两种基本结构组合起来，共同承受荷载，充分发挥梁受弯、拱受压的结构特性及其组合作用，达到节省材料的目的。根据拱肋和行车道梁的联结方式不同，拱式组合体系桥一般可划分为有推力和无推力两种类型。

无推力拱式组合体系桥（也称系杆拱桥）是外部静定结构，兼有拱桥的较大跨越能力和梁桥对地基适应能力强的两大特点，故使用较多。当桥面高程受到严格限制而桥下又要求保证较大的净空，或当墩台基础地质条件不良易发生沉降，但又要保证较大跨径时，无推力拱式组合体系桥梁是较优越的桥型。

在考虑梁拱组合体系桥梁的总体布置时，除了满足一般的基本原则外，还应注意如下方面：当梁拱组合式桥梁的跨径在100m以下时，材料用量的综合指标一般差别不大，但下部结构因跨径增大，桥墩减少，可以减少墩台的圬工量。因此，在不显著增加施工难度时，应尽可能将跨径放大。同时，分孔时主孔可以采取简支体系，采用多跨时，边跨应尽可能短；当按三跨布置时，对于梁拱组合式桥梁，边跨末端支座尽可能不出现拉力，为此，可通过压重予以解决。同时边跨还要求弯矩图以负弯矩为主，即使出现正弯矩，也只限于在活载作用下发生，而且正弯矩区域限制在较小的范围内，这样有利于配置预应力束，基本上是直索。

拱式组合体系桥的基本形式有以下几种。

（一）简支梁拱组合式桥梁

这类桥梁只用于下承式，均为无推力的组合体系拱。拱肋结构一般为钢管混凝土和钢筋混凝土，桥面上常设置风撑，简支梁拱组合式桥梁，外部为静定结构，内部为高次超静定结构，主要承重构件除拱肋外，还有加劲纵梁，它与横梁组成平面框架，由吊杆上下联系以达到共同受力的目的。

根据拱肋和系杆（梁）相对刚度的大小，无推力拱式组合体系可划分为柔性系杆刚性拱、刚性系杆柔性拱和刚性系杆刚性拱三种基本组合体系。

（二）连续梁拱组合式桥梁

这种体系可以是上承式、中承式及下承式，也可以是多肋拱、双肋拱或单肋拱与加劲梁组合。多肋拱及双肋拱的加劲梁的截面形式可类似于简支梁拱组合式桥梁布置；而单片拱肋必须配置有箱形加劲梁，以加劲梁强大的抗扭刚度抵消偏载影响。这种桥型本身刚度大，跨越能力大，造型美观。

（三）单悬臂组合式桥梁

单悬臂组合式桥梁只适用于上承式，采用转体施工特别方便。单悬臂梁拱组合式桥梁实际上是将实腹梁挖空，用立柱代替梁腹板，原腹板剪力主要由拱肋竖向分力及加劲梁剪力平衡。这样的结构加劲梁受拉弯作用，加劲梁采用预应力混凝土，拱肋为钢筋混凝土。

二、拱式组合体系桥的基本组成和构造

拱式组合体系桥一般由拱肋、系杆、吊杆（或立柱）、行车道梁（板）及桥面系等组成。

（一）拱肋

对于柔性系杆刚性拱，拱肋的构造和截面形式基本上可参考普通的下承式肋拱桥，矢跨比一般在1/5~1/4范围内取值。拱肋截面可根据跨径的大小和荷载等级选用矩形、工字形或箱形。

一般情况下，拱肋间可不设横撑，设计成敞口桥，使视野开阔。拱轴线通常采用二次抛物线。拱肋截面内的钢筋可采用普通钢筋、型钢及钢管，以缩小拱肋面积。为了增强混凝土的承压能力，可采用螺旋箍筋。

在刚性系杆刚性拱中，拱轴线常采用二次抛物线。为了方便支承节点处的构造连接，常将拱肋和系杆设计成相同的截面形式。中小跨径拱桥多采用工字形截面，当跨径较大时，常采用箱形截面。

（二）系杆

系杆的设置在系杆拱的设计中是个关键问题，一方面要考虑系杆与拱肋的连接，保证系杆能很好地与拱肋共同受力；另一方面又要考虑系杆与行车道之间的相互作用，避免桥面行车道因阻碍系杆的受拉而遭到破坏。构造上常见的处理方法如下。

在行车道中设置横向断缝，使行车道不参与系杆的受力，行车道简支在横梁上。这种形式受力明确，应用较多。

系杆采用型钢或扁钢制作，与行车道完全不接触，为了防止行车道参与系杆受力，一般还要在行车道内设置横向断缝，其缺点是外露系杆易锈蚀，在温度变化时，外露金属系杆和钢筋混凝土拱肋的温度有差别，由此而产生附加应力。

采用独立的钢筋混凝土系杆，每个系杆由两部分组成，安放在吊杆两旁，自由地搁置在横梁上，一般尽量把系杆做得矮宽，以增加柔性，故常用于柔性系杆刚性拱中。

采用预应力钢筋混凝土系杆，为了方便连接，系杆截面形式与拱肋截面形式一致，行车道可设横向断缝，亦可不设，考虑行车条件，不设为宜。这种系杆较为合理，由于预加压力可克服混凝土承受的拉力，避免了混凝土的裂缝，维修费用比钢系杆低。

刚性系杆是偏心受拉构件，一般设计成箱形或工字形截面。由于截面正负弯矩的绝对值一般相差不大，故钢筋宜靠上下缘对称或接近对称布置。同时，沿截面高度应布置一定数量的分布钢筋，防止裂缝扩展。

值得注意的是，拱肋与系杆的连接构造是重要而又复杂的一部分，其构造形式随拱肋和系杆截面尺寸的不同而不同，具体连接构造方法可参考相关书目。

（三）吊杆

吊杆一般是长细构件，设计时通常将其作为轴向受力构件予以考虑，故顺桥向尺寸一般设计得较小，使之具有柔性而不承受弯矩，只承受拉力，横桥向尺寸设计得较大，以增强拱肋的稳定性。吊杆以前多采用钢筋混凝土或预应力混凝土构件，由于钢筋混凝土吊杆易产生裂缝，预应力混凝土吊杆施工麻烦，现在吊杆的发展趋势是采用高强钢丝束或粗钢筋。

三、拱式组合体系桥的基本力学特征

（一）简支梁拱组合体系

简支梁拱组合体系相当于在简支梁上设置加强拱，梁拱端节点刚结，其间布置吊杆，通过调整吊杆张拉力，可使纵梁的受力状态处于最有利状态。可先按吊杆刚性无限大的假设进行计算，得到恒载状态下的弯矩、剪力和轴力图。从图中可以看出，体系中拱肋主要承担轴压力，梁内主要承担轴拉力，而弯矩及剪力主要受节间荷载的影响。

了解了上述基本受力规律之后，通过模拟施工和运营过程，调整索力，使拱和梁处于均匀受力状态。

（二）连续梁拱组合式体系

1.上承式连续梁拱组合式桥梁

上承式梁拱组合结构，上弦加劲梁承受拉弯作用，下弦拱肋承受压弯作用。这类桥梁是一种用拱肋来加强的连续梁，由空腹范围内上弦产生的拉力，与拱内水平推力组成力矩来平衡截面内连续梁的弯矩；同时连续梁中墩附近的高度依靠拱来加大，使跨中弯矩减少。中墩位置处的较大负弯矩则靠梁内预应力来平衡。在跨径布置中，应尽可能减少边跨长度，使边跨上基本不出现正弯矩，以避免下弦出现拉应力。为了避免负反力出现，可在端部设置平衡重，或将边跨连续地向外延伸形成五跨连续的梁拱组合体系。预应力索可采用直索，通长布置，不仅可靠，而且可以减少锚头的用量及预应力沿管道损失。拱内剪力一般很小，不控制断面设计；同样加劲梁的剪力也很小，不再是控制腹板厚度的因素。

2.中承式连续梁拱组合体系

中承式连续梁拱组合式桥梁是目前我国在梁拱组合式桥梁的设计与建造中采用得较多的一种桥型，特点是结构布置合理，造型美观，施工方便。这类桥梁一般由三跨组成，包括两个边跨的半拱和中跨全拱以及通长的加劲纵梁，其间设置立柱及吊杆，亦即由两个半拱与中间简支梁拱相组合。一般根据连续梁的弯矩图来布置加劲梁的拱肋，在负弯矩区用桥面以下两组拱腿来加强，在中跨正弯矩区用一组拱肋来加强，连续梁不仅承担弯矩与剪力，还需以轴向拉力来平衡拱的轴向压力。由于连续梁的弯矩图是根据梁的刚度变化而变化的,随着拱的加强,总的结构由梁拱所组合的连续梁刚度已非原来的连续梁,其弯矩零点位置必然有所调整。但是梁与拱的弯矩,剪力与轴力的内部分配仍然服从同类上承式连续梁拱组合式桥梁的基本原则。这类桥型一般用较大的矢跨比,不会给施工带来多大的困难,但既可减小水平推力,也可以减小梁内的水平拉力。

3.下承式连续梁拱组合体系

三跨下承式连续梁拱组合桥梁实际上属三跨变截面连续梁。当中孔用全拱加强后,通过张拉吊杆,显著地减小了中跨主梁的正负弯矩,使得主梁的建筑高度可以大幅度减小。两个边跨由于受到中跨拱的刚度影响,虽减小了负弯矩的负担,但边跨正弯矩比原来的有所增大,因而宜将边跨跨径适当减小。

第七章　公路基础施工技术

第一节　路基施工技术

一、土质路堤施工

（一）施工取土

路基填方取土，应根据设计要求，结合路基排水和当地土地规划、环境保护要求进行，不得任意挖取。施工取土应不占或少占良田，尽量利用荒坡、荒地，取土深度应结合地下水等因素考虑，利于复耕。原地面耕植土应先集中存放，以利再用。自行选定取土方案时，应符合下列技术要求：①地面横向坡度陡于1∶10时，取土坑应设在路堤上侧。②桥头两侧不宜设置取土坑。③取土坑与路基之间的距离，应满足路基边坡稳定的要求。取土坑与路基坡脚之间的护坡道应平整密实，表面设1%~2%向外倾斜的横坡。④取土坑兼作排水沟时，其底面宜高出附近水域的常水位或与永久排水系统及桥涵出水口的标高相适应，纵坡不宜小于0.2%，平坦地段不宜小于0.1%。⑤线外取土坑等与排水沟、鱼塘、水库等蓄水（排洪）设施连接时，应采取防冲刷、防污染的措施。对取土造成的裸露面，应采取整治或防护措施。

（二）施工方法

1.分层填筑法

路堤填筑根据不同的土质，从原地面逐层填起并分层压实，每层填土的厚度可按压实机具的有效压实深度和压实度确定。分层填筑法又可分为水平分层填筑和纵向分层填筑两种：①水平分层填筑：填筑时按照横断面全宽分成水平层次，逐层向上填筑，如原地面不平，应由最低处分层填起，每填一层，经过压实符合规定要求之后，再填上一层，依次循环进行直至达到设计高程。②纵向分层填筑：此方法适用于用推土机从路堑取土填筑距离较短的路堤，依纵坡方向分层，逐层向上填筑，原地面纵坡大于12%的地段常采用此法。

2.竖向填筑法

指从路基一端或两端同时按横断面的全部高度，逐步推进填筑。此方法适用于无法自下而上填筑的深谷、陡坡、断岩、泥沼等运土和机械无法进场的路堤。

竖向填筑因填土过厚不易压实，施工时要选用沉陷量较小、透水性较好及颗粒粒径均匀的砂石材料或附近开挖路堑的废石方，并一次填足路堤全宽度；选用振动式或夯击式压实机械；暂时不修建较高级的路面，容许短期内自然沉落。

3.混合填筑法

在路堤下层竖向填筑，上层水平分层填筑，使上部填土经分层压实获得需要的压实度。此方法适应于因地形限制或填筑堤身较高，不宜采用水平分层法和竖向填筑法自始至终进行填筑的情况。在深谷陡坡地段填筑路堤，尽量采用混合填筑法。施工时可以单机作业，也可多机作业，一般沿线路分段进行，每段距以20~40m为宜，多在地势平坦或两侧有可利用的山地土场的场合采用。

（三）施工要点

1.地基表层处理应符合下列规定

①二级及二级以上公路路堤基底的压实度应不小于90%；三、四级公路应不小于85%路基填土高度，小于路面和路床总厚度时，基底应按设计要求处理。②原地面坑、洞、穴等，应在清除沉积物后，用合格填料分层回填分层压实。③泉眼或露头地下水，应按设计要求，采取有效导排措施后方可填筑路堤。④地基为耕地、松散土、水稻田、湖塘、软土、高液限土等时，应按设计要求进行处理，局部软弱的部分也应采取有效的处理措施。⑤地下水位较高时，应按设计要求进行处理。⑥陡坡地段、土石混合地基、填挖界面、高填方地基等都应按设计要求进行处理。

2.路堤填筑应符合下列规定

①性质不同的填料，应水平分层、分段填筑、分层压实。同一水平层路基的全宽应采用同一种填料，不得混合填筑。每种填料的填筑层压实后的连续厚度不宜小于500mm。填筑路床顶最后一层时，压实后的厚度应不小于100mm。②潮湿或冻融敏感性小的填料应填筑在路基上层，强度较小的填料应填筑在下层。在有地下水的路段或

临水路基范围内，宜填筑透水性好的填料。③在透水性不好的压实层上填筑透水性较好的填料前，应在其表面设2%~4%的双向横坡，并采取相应的防水措施。不得在由透水性较好的填料所填筑的路堤边坡上覆盖透水性不好的填料。④每种填料的松铺厚度应通过试验确定。⑤每一填筑层压实后的宽度不得小于设计宽度。⑥路堤填筑时，应从最低处起分层填筑，逐层压实；当原地面纵坡大于12%或横坡陡于1:5时，应按设计要求挖台阶，或设置坡度向内并大于4%、宽度大于2m的台阶。⑦填方分几个作业段施工时，接头部位如不能交替填筑，则先填路段，按1:1坡度分层留台阶。如能交替填筑，则应分层相互交替搭接，搭接长度不小于2m。

3.选择施工机械

应考虑工程特点、土石种类及数量、地形、填挖高度、运距、气候条件、工期等因素经济合理地确定。填方压实应配备专用碾压机具。

4.压实度检测应符合以下规定

①用灌砂法、灌水（水袋）法检测压实度时，取土样的底面位置为每一压实层底部；用环刀法试验时，环刀中部处于压实层厚的1/2深度；用核子仪试验时，应根据其类型，按说明书要求办理。②施工过程中，每一压实层均应检验压实度，检测频率为每1000m²至少检验2点，不足1000m²时检验2点，必要时可根据需要增加检验点。

二、填石路堤施工

（一）填料要求

路堤填料粒径应不大于500mm，并不宜超过层厚的2/3，不均匀系数宜为15~20。路床底面以下400mm范围内，填料粒径应小于150mm；路床填料粒径应小于100mm。膨胀岩石、易溶性岩石不宜直接用于路堤填筑，强风化石料、崩解性岩石和盐化岩石不得直接用于路堤填筑。

（二）填筑方法

填石路堤的填筑施工方式有倾填（含抛填）和逐层填筑、分层压实两种。倾填又可分为石块从岩面爆破后直接散落在准备填筑的路堤内和用推土机将爆破后堆置在半路堑上的石块以及用自卸汽车从远处运来的爆破石块推入路堤两种情况。高速公路、一级公路和铺设高级路面的其他等级公路的填石路堤不宜采用倾填式施工，而应采用分层填筑、分层压实的方法。二级及二级以下且铺设低级路面的公路在陡峻山坡段施工特别困难或大量爆破以挖作填时，可采用倾填方式将石料填筑于路堤下部，但倾填路堤在路床底面下不小于1.0m范围内仍应分层填筑压实。

采用分层填筑方式施工，又可分为机械作业和人工作业两种方法。机械施工分层填筑时，高速公路及一级公路分层松铺厚度一般为50cm，其他公路为100cm。施工中应安排好石料运行路线，专人指挥，按水平分层，先低后高、先两侧后中央卸料。由于每层填筑厚度较大，故摊铺平整工作必须采用大型推土机进行，个别不平处应配合人工用细石块、石屑找平，如果石块级配较差、粒径较大、填层较厚，石块间的空隙较大时，可于每层表面的空隙里扫入石渣、石屑、中砂、粗砂，再以压力水将砂冲入下部，反复数次，直至将空隙填满。人工摊铺、填筑填石路堤，当铺填粒径25cm以上石料时，应先铺填大块石料，大面向下，小面向上，摆平放稳，再用小石块找平，石屑塞填，最后压实；铺填粒径25cm以下石料时，可直接分层摊铺，分层碾压。

（三）施工要点

1.基层处理时

其承载力应满足设计要求；在非岩石地基上填筑填石路堤前，应按设计要求设过渡层。

2.路堤施工前

应先修筑试验路段，确定满足孔隙率标准的松铺厚度、压实机械型号及组合、压实速度及压实遍数、沉降差等参数。

3.路床施工前

应先修筑试验路段，确定能达到最大压实干密度的松铺厚度、压实机械型号及组合、压实速度及压实遍数、沉降差等参数。

4.岩性相差较大的填料应分层或分段填筑

严禁将软质石料与硬质石料混合使用。

5.中硬、硬质石料填筑路堤时

应进行边坡码砌。码砌边坡的石料强度、尺寸及码砌厚度应符合设计要求。边坡码砌与路基填筑宜基本同步进行。

压实机械宜选用自重不小于18t的振动压路机。在填石路堤顶面与细粒土填土层之间应按设计要求设过渡层。

（四）质量检验

上、下路堤的压实质量标准。填石路堤施工过程中的每一压实层，可用试验路段确定的工艺流程和工艺参数，控制压实过程；用试验路段确定的沉降差指标检测压实质量。填石路堤填筑至设计标高并整修完成后，其施工质量应符合规定。填石路堤成型后的外观质量标准：路堤表面无明显孔洞；大粒径石料不松动，铁锹挖动困难；边坡码砌紧贴、密实，无明显孔洞、松动，砌块间承接面向内倾斜，坡面平顺。

三、土石路堤施工

土石路堤是指石料含量占总质量30%~70%的土石混合材料填筑的路堤。

（一）填料要求

1.膨胀岩石、易溶性岩石等

不宜直接用于路堤填筑，崩解性岩石和盐化岩石等不得直接用于路堤填筑。

2.天然土石混合填料中

中硬、硬质石料的最大粒径不得大于压实层厚的2/3；石料最大粒径不得大于压实层厚。

（二）填筑方法

土石路堤不得采用倾填方法，只能采用分层填筑，分层压实。当土石混合料中石料含量超过70%时，宜采用人工铺填，即先铺填大块石料，且大面向下，放置平衡，再铺小块石料、石渣或石屑嵌缝找平，然后碾压。当土石混合料中石料含量小于70%时，可用推土机将土石混合料铺填，每层铺填厚度应根据压实机械类型和规格确定，不宜超过40cm。用机械铺填时应注意避免硬质石块，特别是集中在一起的尺寸大的硬质石块。

（三）施工要点

在陡、斜坡地段，土石路堤靠山一侧应按设计要求做好排水和防渗处理。压实机械宜选用自重不小于18t的振动压路机。施工前应根据土石混合材料的类别分别进行试验路段施工，确定能达到最大压实干密度的松铺厚度、压实机械型号及组合、压实速度及压实遍数、沉降差等参数。碾压前应使大粒径石料均匀分散在填料中，石料间孔隙应填充小粒径石料、土和石渣。压实后透水性差异大的土石混合材料，应分层或分段填筑，不宜纵向分幅填筑。如确需纵向分幅填筑，应将压实后渗水良好的土石混合材料填筑于路堤两侧。土石混合材料来自不同料场，其岩性或土石比例相差较大时，宜分层或分段填筑。填料由土石混合材料变化为其他填料时，土石混合材料最后一层的压实厚度应小于300mm，该层填料最大粒径宜小于150mm，压实后，该层表面应无孔洞。中硬、硬质石料的土石路堤，应进行边坡码砌，码砌边坡的石料强度、尺寸及码砌厚度应符合设计要求。边坡码砌与路堤填筑宜基本同步进行。软质石料土石路堤的边坡按土质路堤边坡处理。

（四）质量检验

中硬、硬质石料土石路堤在施工过程中的每一次压实层，可用试验路段确定的工艺流程和工艺参数，控制压实过程；用试验路段确定的沉降差指标，检测压实质量。路基成型后质量应符合规定。软质石料填筑的土石路堤应符合地基表层处理的规定。土石路堤的外观质量标准包括路基表面无明显孔洞；大粒径填石无松动，铁锹挖动困难；中硬、硬质石料土石路基边坡码砌紧贴、密实，无明显孔洞、松动，砌块间承接面应向内倾斜，坡面平顺。

四、挖方路基施工

（一）土质路堑开挖

1.土方开挖方法

路堑开挖施工，除需考虑当地的地形条件、采用的机具等因素外，还需考虑土层的分布及利用。在路堑开挖前，应做好现场伐树除根等清理和排水工作。如果移挖作填时，还应将表层土单独掘弃，或按不同的土层分层挖掘，以满足路堤填筑的要求。根据路堑深度、纵向长短及现场施工条件，路堑的开挖可采用横向挖掘法、纵向挖掘法和混合式挖掘法。

（1）纵向全宽掘进开挖（横挖法）

是在路线一端或两端，沿路线纵向向前开挖。单层掘进开挖，其高度即等于路堑设计深度，掘进时逐段成型向前推进，由相反方向运土送出。单层掘进的高度受到人工操作安全及机械操作有效因素的限制，如果施工紧迫，对于较深路堑，可采用双层纵向掘进开挖，上层在前，下层随后，下层施工面上留有上层操作的出土和排水通道。双层或多层开挖，增加了施工工作面，加快了施工进度，层高应视施工方便且能保证安全而定，一般为1.5~2.0m。

（2）横向通道掘进开挖（纵挖法）

是先在路堑纵向挖出通道，然后分段同时由横向掘进。此法工作面多，既可人工施工，亦可机械施工，还可分层纵向开挖，即将路堑分为宽度和深度都合适的纵向层次向前掘进开挖，可采用各式铲运机施工。在短距离及大坡度时，可用推土机施工，如系较长、较宽的路堑，可用铲运机并配以运土机具进行施工。

（3）混合式掘进开挖

是横挖法和纵挖法的混合使用，即先顺路堑开挖通道，然后沿横向坡面挖掘，以增加开挖坡面，每一开挖坡面应能容纳一个施工组或一台开挖机械作业。在较大的挖土地段，还可沿横向再挖沟，配以传动设备或布置运土车辆。当路线纵向长度和深度都很大时，宜采用混合式开挖法。

2.土方开挖施工要点

土方开挖应自上而下进行，不得乱挖超挖，严禁掏底开挖，土方应分类开挖分类使用，非适用材料应按设计要求或作为弃方按规定处理。开挖过程中，应采取措施保证边坡稳定。开挖至边坡线前，应预留一定宽度，预留的宽度应保证刷坡过程中设计边坡线外的土层不受到扰动。路基开挖中，基于实际情况，如需修改设计边坡坡度、截水沟和边沟的位置及尺寸等时，应及时按规定报批。边坡上稳定的孤石应保留。开挖至零填、路堑路床部分后，应尽快进行路床施工；如不能及时进行，宜在设计路床顶标高以上预留至少300mm厚的保护层。采取临时排水措施，确保施工作业面不积水。挖方路基路床顶面终止标高，应考虑因压实而产生的下沉量，其值通过试验确定。边沟与截水沟应从下游向上游开挖，截水沟通过地面坑凹处时，应将凹处填平夯实。边沟及截水沟开挖后，应及时进行防渗处理，不得渗漏、积水和冲刷边坡及路基。挖方路基施工遇到地下水时，应采取排导措施，将水引入路基排水系统，不得随意堵塞泉眼。路床土含水量高或为含水层时，应采取设置渗沟、换填、改良土质、土工织物处理措施，路床填料应具有良好的透水性能。

（二）石质路堑施工

1.石质路堑施工注意事项

采用松土法或破碎法施工应注意的事项与土质路堑开挖基本相同。当采用爆破施工时，应注意以下事项。

（1）爆破影响区内既有建筑物、管线的调查

一旦确定采用爆破法开挖岩石后，应查明爆破区内有无电力、通信、供排水管道等地面、地下管线，既有建筑物的类型、权属、年限等。若有，还应明确其具体的平面位置、埋置深度、迁移可行性。此外，对开挖边线范围外的既有建筑物、各类管线、距离、权属也应充分调查，以便制定爆破方案，确保线外建筑物、管线的安全。

（2）报请当地公安等部门审批爆破方案

对大、中型爆破，确定方案后，应分别报送当地公安局、建筑物及管线的直接单位及主管部门、监理工程师审批。

（3）持证上岗

持证上岗是杜绝爆破伤亡事故的根本保证。凡从事爆破作业的施工人员均必须经过专业培训，取得爆破证书后才能上岗。必须一人一证，严禁一证多人使用。

（4）清渣工作

清渣应自上而下，将松动的、破碎的岩石撬落。不准掏"神仙渣"（在下面往里掏成悬岩状，石渣在自重的作用下坍落），以免坍塌伤人。目前多用大功率推土机集石，装载机装车；或直接用斗容量1.5~2.0m³的正铲挖掘机装车。对特大的孤石，可采用钢钎炮二次爆破解小。

（5）安全

爆破施工安全包括爆破器材安全管理、施工操作安全及警戒线之内的其他人员、物资安全。爆破施工是一项危险作业，要求杜绝各种事故的发生，做到安全生产。对爆破作业的每一道工序，都必须认真执行各有关爆破安全规程，有组织、有计划、有步骤地进行施工。为了避免事故，石方爆破作业以及爆破器材的管理、加工、运输检验和销毁等工程均应按国家现行的《爆破安全规程》执行。

爆破器材安全管理。所有爆破器材、雷管、炸药应在指定地点分开存放，相距不得小于1km，距离施工现场不得小于3km。存放仓库应保持良好的通风，设置避雷设施。库房周围设围墙，无关人员不得入内，严禁烟火。仓库应配备24小时全天候看守的警卫值勤人员，配备良好足够的防火设备。临时性爆破器材仓库禁止安装电灯照明，可用自然采光或安全手电筒。临时性爆破器材仓库的最大库存量：炸药10L，雷管2万发，导火索1万m。库房内设单独的发放间，雷管和炸药分开存放，间距在8m以上。爆破器材应有专人负责入库、发出，健全各种手续。在雷雨黑夜天气不得办理爆炸物品的收发工作。

施工操作安全。爆破施工环节，包括钻孔、导洞开挖、装药、堵塞、起爆，瞎炮

处理等，这些环节都具有危险性。

钻孔和导洞开挖时，所有作业人员必须戴安全帽和必要的劳保用品。洞口和险道设置栏杆，并有足够的照明。洞内采用12~36V的低压安全灯，严禁高压或明火照明。洞口开挖前应处理危石，以确保安全，否则采取支撑。导洞深度越过6m时，应采取通风措施。经常检查洞内风量、气压和有害气体含量。装药、堵塞、起爆阶段，应注意以下几点：①炮孔、洞室完成后及时报验，合格后方可装药。②起爆药包只准在爆破附近的安全地点进行。③在炸药、雷管送达洞口前，将洞内所有电线取出，改用绝缘手电筒或蓄电池灯照明，严禁烟火。④装药、堵塞严格按设计要求操作，不准用块石压盖药包，并注意保护起爆线。⑤装药、堵塞后，由经过专职培训合格的爆破工连线。⑥爆破区边界和通道设岗哨和标志，爆破信号和解除信号要及时、显著。⑦爆破后应对爆破现场进行认真检查，发现瞎炮及时、安全处理。

（6）排水

节理发育的岩石，例如石灰岩地区，地表水会沿裂缝缝隙往下渗入，一般不用设截水天沟，但在开挖区内应在纵、横向形成坡面，确保工作面不积水。其他石质路堑视现场而定。

2.炮型的选择

公路工程爆破炮型种类繁多，分类方法也不尽相同。影响炮型选择的因素很多，包括石方的集中程度、路堑开挖深度、地质、地形条件、公路路基横断面形状及施工机械。其中施工机械往往是影响炮型选择的决定性因素。

按工作动力不同，凿岩机可分为风动凿岩机、液压凿岩机、电动凿岩机和内燃凿岩机。风动凿岩机采用压缩空气为动力，结构简单，质量轻，工作安全可靠，操作维修方便，适用于任何硬度的岩石。液压凿岩机是近年发展起来的一种新型凿岩机，具有单一动力，低消耗，实现一人多机操作，现场调整参数等优点。目前爆破大多采用这类凿岩机械。电动凿岩机、内燃凿岩机或因可靠性差，或因笨重，实际没有前两种使用普遍。

3.公路工程特殊爆破技术

（1）光面爆破

指在开挖界面的周边，适当排列一定间隔的炮孔，在有侧向临空面的情况下，用控制抵抗线和落量的方法使爆破后的坡面保持光滑、顺直、平整而不受明显破坏的爆破方法。光面爆破具有以下特点：①爆破后成型规整，路基断面符合设计轮廓，特别是在松软岩层中更能显示出光面爆破的作用。②爆破后不产生或很少产生爆震裂隙，新岩面保持原有稳定性，岩体承载能力不致下降，因而可有效地保证施工安全，为快速施工创造有利条件。③新岩壁平整，通风阻力小，岩面上应力集中现象减少，在深部岩壁表面可以减少岩爆危害。

光面爆破属于控制爆破，其机理是沿开挖轮廓线布置间距减少的平行炮眼，在这些岩面炮眼中进行药量减少的不耦合装药（采用间隔药包、间隔钻孔装药，通常是使炮孔直径大于药卷直径1~2倍），然后同时起爆，爆破时沿这些炮眼的中心连线破裂成平整的光面。光面爆破时由于采用不耦合装药，药包爆炸后，炮眼壁上的压力显著降低，此时药包的爆破作用为准静压作用，当炮孔压力值低于岩石抗压强度时，在炮眼壁上不至于造成"压碎"破坏，因此爆炸引起的应力和凿岩时在炮眼壁上造成的应力状态相似，只能引起少量的径向细微裂隙。裂隙数目及其长度随不耦合系数（一般为1.1~3.0，其中1.5~2.5用得较多）和装药量不同而不同，一般在药包直径一定时，不耦合系数值越大，药量越小，则细微裂隙数越少而长度也越短。光面炮眼同时起爆时，由于起爆器材的起爆时间误差，不可能在同一时刻爆炸，先起爆的药包的爆炸应力作用在炮眼周围产生细微径向裂隙，由于相邻炮眼的导向作用，结果沿相邻两炮眼中心连线的那条径向裂隙得到优先发育，在爆炸气体作用下，这条裂隙继续延伸和扩展，在相邻两炮眼的炮眼连线与眼壁相交处产生应力集中，此处拉应力值最大，该相邻两炮眼中爆炸气体的气楔作用将这些径向裂隙加以扩展，成为贯通裂隙，最后造成光面。

光面爆破施工的主要技术要点：①选择要求工作空间较小的优良钻机，精确凿岩，控制炮眼底部的偏离，严格保持炮孔在同一平面内。②光面爆破应在主炮起爆之后，间隔时间在25~50ms范围内同一排炮孔必须同时爆破，以免影响起爆质量，最好用传爆线起爆。③采用恰当的药包结构，并控制装药量。一般来说，光面爆破装药量比正常减少1/3~1/2，炮孔直径不大于50mm，且大于药卷直径1~2倍，或采用间隔药包、间隔钻孔装药。④边孔间距可通过计算确定，也可由工地试验决定，曲线边孔应加密到0.2m，采用小孔径，可间隔1~2孔装药。

（2）预裂爆破

是沿岩体设计开挖面与主孔之间布置一排预裂主炮孔，并使预裂炮孔超前主炮孔起爆（一般超前50~150ms起爆），从而沿设计开挖面将岩石拉断，形成贯通预裂，使爆破主体与山体分离形成隔震减震带，为全部爆破完成后岩石开挖面形成要求的轮廓的一种爆破方法。

预裂爆破是在没有侧向空面和最小抵抗线的情况下，按一定间距钻一排小孔距平行炮孔,孔内装入少量炸药,在开挖区主爆起爆之前,这些炮孔首先爆破,预裂出一条裂缝,预裂缝在一定范围减小主炮炮孔的爆破震动效应,使开挖界限以外的山体或建筑物免遭爆破震动的破坏,并且防止额外超爆,有效保护开挖边坡,减小破坏。预裂爆破是在光面爆破基础上发展起来的一项特殊爆破技术。

施工时,为了获得良好的预裂爆破效果,除选择合理的爆破参数、起爆顺序和布孔方式外,更应精确掌握施工方法、操作要点,掌握好"孔深、方向和倾斜角度"三大要素,一般孔底的钻孔偏差不应大于15cm。对钻孔的质量应十分重视,符合设计要求。

（3）定向爆破

就是利用爆破的作用,将大量岩石和土按照指定的方向搬移到一定的地点,并堆积成一定形状的填方。定向爆破的基本原理,就是炸药在岩石或土内部爆炸时,岩石和土是沿着最小抵抗线,即沿着从药包到临空面最短距离的方向而抛出去,因此,合理选择临空面并布置炮孔是定向爆破的一个重要问题。临空面可以利用自然的地形,也可以在爆破地点,用人工方法造成需要的孔穴或空向槽作为临空面,以便能够按照需要的方向,将爆破的岩石抛向指定的位置。

（4）深孔多排微差爆破

指前后或相邻炮孔内的药包以毫秒的时间间隔（一般为15~75ms）依次起爆。微差爆破的特点是在装药量相等的条件下,可减震1/3~2/3;前发药包为后发药包开创了临空面,从而可以扩大自由面,有利于应力的增加,增加岩块间的碰撞挤压作用,加强了岩石的破碎效果;降低各排孔一次爆破的堆积高度,有利于挖掘机作业;由于逐发或逐排依次爆破,减少了岩石挟制力,可节省近20%的炸药量,并可增大孔距,提高每钻孔炸落方量。

使用光面爆破的地质条件:①岩体稳定性好,坡顶上部无倾向路基的堆积覆盖层。②有多向临空面。③岩体的结构面层理、产状与路线平行。④岩体构造无软弱结构面、不整合面、软弱夹层。

施工中应注意的几个问题:①施工前必须准确地测定设计边坡线和预裂孔的位置。②施工中切实控制好"孔深、方向和倾斜角度"三大要素。各预裂孔应相互平行,孔底落在同一水平面上。预裂孔的角度与边坡坡度一致。③严格保持炮孔在同一平面内,炮孔间距和最小抵抗线之比小于0.8。④控制装药量,采用间隔药包,炮孔直径大于药卷直径1~2倍。⑤光面炮在主炮之后起爆,时间间隔25~50ms。⑥同一排孔要同时起爆,应尽量采用传爆起爆,以提高爆破效果。⑦严格执行《爆破安全规程》，确保爆破安全。

（三）挖方路基边坡坡度

土质挖方边坡坡度主要与边坡高度、土的湿度、密实程度、地下水、地面水情况、土的成因、类型及生成时代等因素有关。岩石挖方边坡坡度主要与岩性、地质构造、岩石的风化破碎程度、边坡高度、地下水及地面水等因素有关。挖方路基的边坡坡度要求与施工要点主要有：土的挖方边坡坡度应根据调查路线附近已建工程的人工边坡及自然山坡稳定状况确定。砾石类土的挖方边坡坡度主要与砾石土成因、岩块成分和大小、密实程度及休止角有关，并应结合当地水文条件和边坡高度进行对比分析、论证确定边坡坡度大小。在边坡施工中，由于设计的边坡坡度可能与现场的实际土质等情况不相符合，因此，施工技术人员应注意随着填、挖的进行，对影响边坡坡度稳定的因素进行认真的观察分析，如发现设计的边坡坡度不能满足边坡稳定时，应按相关规定考虑变更设计，以确保边坡稳定。

第二节　路面施工技术

一、路面的概念、结构与分类

（一）路面的概念

路面是指用各种材料铺筑在路基上的供车辆行驶的构造物，其主要任务是保证车辆快速、安全、舒适地行驶，路面应能够承受交通荷载和自然因素的作用，还要与周围环境衬托协调。

（二）路面的结构

道路行车荷载和自然因素的作用一般随深度的增加而减弱，为适应这一特点，路面结构也是多层次的，路面结构一般由面层、基层、垫层组成，有的道路在面层和基层之间还设立了一个联结层。

1.面层

位于整个路面结构的最上层,直接承受行车荷载,并受自然因素的影响,因此要求面层应有足够的强度、刚度和稳定性,另外,面层还应有良好的平整度和抗滑性能,以保证车辆安全平稳地通行。面层通常使用水泥混凝土、沥青混凝土、沥青碎石混合料做铺筑材料,有些道路也用块石、料石或水泥混凝土预制块铺筑道路面层,山区交通量很小的地区也直接用泥灰结碎石或泥结碎石做面层。面层可分层铺筑,称为上面层(表层)、中面层和下面层。

2.基层

指面层以下的结构层,主要起支撑路面面层和承受由面层传递来的车辆荷载作用,因此基层应有足够的强度和刚度,基层也应有平整的表面,以保证面层厚度均匀、平整,基层还可能受到地表水和地下水的浸入,故应有足够的水稳定性,以防湿软变形而影响路面的结构强度。基层可采用水泥稳定类、石灰稳定类、石灰工业废渣稳定类以及级配碎砾石、填隙碎石或贫混凝土铺筑。当基层较厚时,应分为两层或三层铺筑,下层称为底基层,上层称为基层,中层视材料情况,可称为基层也可称为底基层。选择基层材料时,为降低工程成本,应本着因地制宜的原则,尽可能使用当地材料。

3.垫层

设在土基和基层之间,主要用于潮湿土基和北方地区的冻胀土基,用以改善土基的湿度和温度状况,起隔水(地下水和毛细水)、排水(基层下渗的水)、隔温(防冻胀)以及传递荷载和扩散荷载的作用。垫层材料不要求强度高,但要求水稳性能和隔热性能好,常用的垫层材料有砂砾、炉渣或卵圆石组成的透水性垫层和石灰土或石灰炉渣土组成的稳定性垫层。

4.联结层

指为加强面层和基层的共同作用或减少基层裂缝对面层的影响,而设在基层上的结构层,通常被视为面层的组成部分。联结层一般采用颗粒较大的沥青稳定碎石、大粒径透水性沥青稳定碎石或沥青灌入式铺筑。

(三)路面的分类

1.柔性路面

指刚度较小,抗弯拉强度较低,主要靠抗压和抗剪强度来承受车辆荷载作用的路面,其主要特点是刚度小,在车轮荷载的作用下弯沉变形较大,车轮荷载通过时路面各层向下传递到路基的压应力较大。

2.刚性路面

指路面板体刚度大，抗弯拉强度较高的路面，其主要特点是，抗弯拉强度高、刚度大，处于板体工作状态，竖向弯沉较小，传递给下层的压应力较柔性路面要小得多。

3.半刚性路面

我国公路科研工作者经过研究和探索，在20世纪90年代初又提出半刚性路面的概念。我国在公路建设中大量使用了水泥稳定类、石灰稳定类和石灰粉煤灰稳定类材料做基层，这些基层材料随着龄期的增长，其强度和刚度也在缓慢地增长，但最终的强度和刚度仍远小于刚性路面，其受力特点也不同于柔性路面，我国公路路面科研人员，将之称为半刚性路面基层，加铺沥青面层之后，称为半刚性路面。

4.复合式基层路面

《公路沥青路面施工技术规范》中提出了混合式基层的概念，即上部使用柔性基层，下部使用半刚性基层的基层称为复合式基层，它的受力特点是处于半刚性基层和柔性基层中间的一种结构，可以提高柔性路面的承载能力，在加铺沥青面层之后，称为复合式路面。

当前一个时期内国内大量使用了半刚性路面基层，半刚性基层的整体性好，但易形成温度裂缝和干缩裂缝，并经反射造成沥青面层开裂，水渗入后在行车荷载的作用下出现唧浆现象，进而形成公路路面的早期损坏。将半刚性基层用作下基层，上覆以柔性基层，成为复合式结构，这样不仅可以提高基层的承载力，也可以扩散半刚性基层裂缝产生的水平应力，进而截断反射裂缝向上传递的途径。同时，柔性基层多采用级配碎砾石结构，具有一定的排水功能，进一步完善基层边缘排水设计，应能起到预防路面早期破坏的效果。重交通量和多雨潮湿地区目前已开始有关混合基层的研究和实践。

二、路面施工的特点和基本要求

（一）路面施工的特点

1.机械化程度高

随着经济的发展，机械制造业也发展迅速，各种类型、各种功能的路面施工机械相继出现，以前使用人工施工为主的路面施工已经转变为机械化施工为主、人工为辅的局面。如何更好地发挥机械性能，减轻人工的劳动强度，也是路面工程施工组织的重要内容。

2.工程数量均匀，容易进行流水作业

一般情况下，一个工程项目路面工程的结构类型和设计厚度是相同或相近的，除交叉口和收费区范围外，每千米工程数量是均匀的，这使得采取流水作业法安排路面工程施工变得更加容易。

3.路面施工材料相对比较均匀，更容易控制路面质量

采用细粒土的路面基层底基层材料，虽然也采取了因地制宜的原则，用沿线的土进行基层底基层施工，但相对于路基工程——土石混合来讲，土质差别比较小，可以利用塑性指数的差别制定统一的质量控制标准来控制基层质量（如建立相同强度下，塑性指数与灰剂量的关系；或建立相同灰剂量情况下，塑性指数与最大干密度的关系等）。对于采取砂石材料进行施工的路面基层和面层，由于材料的产地相同，材质更加均匀，更容易用同样的质量标准来控制生产。

4.与桥梁工程、台背回填、防护工程施工相互干扰

在施工进度安排上，因桥梁工程、台背回填、防护工程的滞后影响基层施工时，可采取跳跃施工的方法；进行面层施工时，应已完成上述工作，以免影响面层施工的连续性。

5.废弃材料处理

应注意不对绿化工程、防护工程和水资源造成污染，必要时应采取环境保护措施。

6.半刚性基层沥青路面的基层重排与面层的施工安排

宜在同一年内施工，以减少半刚性基层的反射性裂缝和沥青面层的早期损坏。

（二）对路面工程的基本要求

1.具有足够的强度和刚度

路面承受车辆在路面行驶时作用于路面的水平力、垂直力，并伴随着路面的变形（弯沉盆）和车辆的振动，受力模型比较复杂，会引起各种不同应力，如压应力、弯拉应力、剪应力等。路面的整体或结构的某一部分所受的力超出其承载能力，就会出现路面病害，如断裂、沉陷等；在动载的不断作用下，进而出现碎裂和坑槽。因此必须保证路面整体和路面的组成部分具有足够的强度，包括修建路面的原材料，如砂石、水泥等，复合性材料，如水泥混凝土、沥青混凝土和路面结构本身。

刚度是指路面抵抗变形的能力，刚度不足时路面在车辆荷载的作用下也会产生变形、车辙、沉陷、波浪等破坏现象，因此要求路面具有足够的刚度，将路面整体和各组成部分的变形量控制在弹性变形范围内。

2.具有足够的稳定性

路面结构暴露在自然环境中，经受水和温度等影响，使其力学性能和技术品质发生变化，路面稳定性包括以下内容：①高温稳定性：在夏季高温条件下，沥青材料如没有足够的抗高温能力，会发生泛油、面层软化，在车辆荷载的作用下产生车辙、波浪和推挤，水泥路面则可能发生拱胀开裂。②低温抗裂性：冬季低温条件下，路面材料如没有足够的抗低温能力，会出现收缩、脆化或开裂，水泥路面也会出现收缩裂缝，气温骤变时出现翘曲而破坏。③水温稳定性：雨季路面结构应有一定的防水、抗水或排水能力，否则在水的浸泡作用下，强度会下降，甚至出现剥离、松散、坑槽等破坏。

3.具有足够的平整度

路面应有良好的平整度，不平整的路面会使车辆颠簸，行车阻力增大，从而影响行车安全和司乘舒适，加剧路面和车辆的损坏，因此，路面应具有与公路等级相适应的平整度。

4.粗糙度和抗滑性能

路面表层直接接触车轮，路面表层应有一定的粗糙度和抗滑性能，车轮和路面表层间应有足够的附着力和摩擦阻力，保证车在爬坡、转弯、制动时车轮不空转或打滑，路面抗滑性不仅对保证安全行车十分重要，而且对提高车辆的运营效益也有重要意义。

5.耐久性

阳光的曝晒、水分的浸入和空气氧化作用都会对路面结构和材料产生作用，尤其是沥青材料会出现老化，并失去原有的技术品质，导致路面开裂、脱落，甚至大面积松散破坏。因此在路面修筑时，应尽可能选用有足够抗疲劳、抗老化、抗变形能力的路用材料，以提高路面的耐久性，延长路面的使用寿命。

6.尽可能低的扬尘性

汽车在路面上行驶，车身后及轮胎后产生的真空吸力作用将吸引路面表层或其中的细颗粒料而引起尘土飞扬，造成污染并影响行车视距，给沿线居民卫生和农作物造成不良影响，尤以砂石路面为甚。所以除非在交通量特别小或抢修临时便道的情况下，一般不要用砂石路面结构。

7.具有尽可能低的噪声

噪声污染也影响居民的正常生活,穿越居民区的公路路面可采用减噪混凝土,以降低噪声。

三、路面施工用材料

路面工程施工中,材料起着至关重要的作用,有些新建公路路面工程出现早期破坏,材料质量是最重要的影响因素。路面结构层所用材料应满足强度、稳定性和耐久性等要求。路面施工需用材料广泛,物理力学性能各异,有些材料适用于路面基层,有些材料适用于路面面层,也有些材料既可用于基层也可用于面层,但技术要求和力学性能指标略有不同。以下对路面工程所用的主要工程材料的分类和基本要求进行分述。

(一)路面材料的分类

路面材料从工程质量控制角度出发,应对集料、结合料质量进行监控,同时也应对路面混合料及辅助材料进行质量监控,只有这样才能更好地保证路面工程质量。

(二)路面材料的基本要求

路面用材料种类繁多,需求量大。路面各结构层使用的材料均应满足强度、稳定性和耐久性的要求,以保证路面各层次质量。选择路面用材料时也应依照因地制宜的原则,但更重要的是各类路面材料必须符合路面各结构层次的技术要求。

1.基层底基层用材料

(1)水泥

普通硅酸盐水泥、矿渣硅酸盐水泥和火山灰质硅酸盐水泥均可用作基层结合料,但宜选用终凝时间较长的水泥。

(2)石灰

石灰质量应符合《建筑生石灰》和《建筑消石灰》规定的合格以上级的生石灰或消石灰的技术指标。

(3)粉煤灰

粉煤灰中SO_2、Al_2O_3和Fe_2O_3的总含量应大于70%,烧失量不宜大于20%,比表面积宜大于2500cm^2/g。

（4）细粒土

无机结合料稳定的细粒土，其技术要求应符合规定。

（5）中粗粒土

级配碎石、未筛分碎石、砂砾、碎石土、砂砾土均可作为路面基层材料，其颗粒直径不宜大于37.5mm。集料压碎值：高速公路和一级公路按结构层次和结构类型一般应不大于30%，二级公路一般不大于30%~35%，三级及以下公路一般不大于35%~40%。

2.沥青面层用材料

（1）道路石油沥青

①各个沥青等级适用范围应符合的规定：道路石油沥青的质量应符合规范规定的技术要求。经建设单位同意，沥青的PI值、60℃动力黏度，15℃延度可作为选择性指标。②沥青路面采用的沥青标号，宜按照公路等级、气候条件、交通条件、路面类型及在结构层中的层位及受力特点、施工方法等，结合当地的使用经验，经技术论证后确定。

（2）乳化沥青

①乳化沥青适用于沥青表面处治路面、沥青灌入式路面、冷拌沥青混合料路面，修补裂缝，喷洒透层、黏层与封层等。②乳化沥青的质量应符合相关规范的规定。③乳化沥青类型根据集料品种及使用条件选择。阳离子乳化沥青可适用于各种集料品种，阴离子乳化沥青适用于碱性石料。乳化沥青的破乳速度、黏度宜根据用途与施工方法选择。④制备乳化沥青用的基质沥青，对高速公路和一级公路，宜符合《道路石油沥青》中有关A、B级沥青的要求，其他情况可采用C级沥青。贮存期以不离析、不冻结、不破乳为度，宜存放在立式罐中，并保持适当搅拌。

（3）液体石油沥青

①液体石油沥青适用于透层、黏层及拌制冷拌沥青混合料。根据使用目的与场所，可选用快凝、中凝、慢凝的液体石油沥青，其质量应符合相关规范规定。②液体石油沥青宜采用针入度较大的石油沥青，使用前按先加热沥青后加稀释剂的顺序，掺配煤油或轻柴油，经适当的搅拌、稀释制成。掺配比例根据使用要求由试验确定。

（4）煤沥青

①道路用煤沥青的标号根据气候条件、施工温度、使用目的选用，其质量应符合相关规范的规定。②各种等级公路的各种基层上的透层，宜采用T-1或T-2级，其他等级不符合喷洒要求时可适当稀释使用；三级及三级以下的公路铺筑表面处治或灌入式

沥青路面，宜采用T-5、T-6或T-7级；与道路石油沥青、乳化沥青混合使用，以改善渗透性。③道路用煤沥青严禁用于热拌热铺的沥青混合料，做其他用途时的贮存温度宜为70~90℃，且不得长时间贮存。

（5）改性沥青

①改性沥青可单独或复合采用高分子聚合物、天然沥青及其他改性材料制作。②各类聚合物改性沥青的质量应符合相关规范的规定，当使用其他聚合物及复合改性沥青时，可通过试验研究制定相应的技术要求。③改性沥青须在固定式工厂或在现场设厂集中制作，改性沥青的加工温度不宜超过180℃。

（6）粗集料

①沥青层用粗集料包括碎石、破碎砾石、筛选砾石、钢渣、矿渣等，但高速公路和一级公路不得使用筛选砾石和矿渣。粗集料必须由具有生产许可证的采石场生产或施工单位自行加工。②粗集料应该洁净、干燥、表面粗糙，质量应符合规范的规定。当单一规格集料的质量指标达不到要求，而按照集料配合比计算的质量指标符合要求时，工程上允许使用。对受热易变质的集料，宜采用经拌和机烘干后的集料进行检验。③粗集料的粒径规格应按照规范的规定选用。破碎砾石应采用粒径大于50mm、含泥量不大于1%的砾石轧制，经过破碎且存放期超过6个月以上的钢渣可作为粗集料使用。钢渣在使用前应进行活性检验。要求钢渣中的游离氧化钙含量不大于3%，浸水膨胀率不大于2%。

（7）细集料

①沥青路面的细集料包括天然砂、机制砂和石屑，其规格应分别符合相关规范要求。②细集料应洁净、干燥、无风化、无杂质，并有适当的颗粒级配。细集料的洁净程度，天然砂以小于0.075mm含量的百分数表示，石屑和机制砂以砂当量或亚甲蓝值表示。③热拌密级配沥青混合料中天然砂的用量通常不应超过集料总量的20%，并且是在不得已情况下经试验论证后才可采用，SMA和OGFC混合料不得使用天然砂。

（8）填料

①沥青混合料的矿粉必须采用石灰岩或岩浆岩中的强基性岩石等憎水性石料经磨细得到的矿粉，原石料中的泥土杂质应除净。矿粉应干燥、洁净，能自由地从矿粉仓流出，其质量应符合相关规范的规定。②拌和机的粉尘严禁回收使用。③粉煤灰作为填料使用时，用量不得超过填料总量的50%，粉煤灰的烧失量应小于12%，与矿粉混合后的塑性指数应小于4%，其余质量要求与矿粉相同。高速公路、一级公路的沥青面层不宜采用粉煤灰做填料。

3.水泥路面用材料

（1）水泥

①各等级公路均宜优先选用旋窑生产的道路硅酸盐水泥，确有困难时或中轻交通路面可以使用立窑水泥，低温天气施工或有快速通车要求的路段可采用R型早强水泥。各交通等级路面用水泥的抗折强度、抗压强度应符合规范的规定。②水泥进场时每批量应附有化学成分、物理、力学指标合格的检验证明。各交通等级路面所使用水泥的化学成分、物理性能等品质要求应符合规范的规定。③采用机械化铺筑时，宜选用散装水泥。散装水泥的夏季出厂温度：南方不宜高于65℃，北方不宜高于5℃；混凝土搅拌时的水泥温度：南方不宜高于60℃，北方不宜高于50℃，且不宜低于10℃。④当贫混凝土和碾压混凝土用作基层时，可使用各种硅酸盐类水泥。不掺用粉煤灰时，宜使用强度等级32.5级以下的水泥。掺用粉煤灰时，只能使用道路水泥、硅酸盐水泥、普通水泥。水泥的抗压强度、抗折强度、安定性和凝结时间必须检验合格。

（2）粉煤灰及其他掺合料

①混凝土路面在掺用粉煤灰时，应掺用质量指标符合规定的电收尘Ⅰ、Ⅱ级干排或磨细粉煤灰，不得使用Ⅲ级粉煤灰。贫混凝土、碾压混凝土基层或复合式路面下面层应掺用符合规定的Ⅲ级或Ⅲ级以上粉煤灰，不得使用等外粉煤灰。②粉煤灰宜采用散装灰，进货应有等级检验报告，并了解所用水泥中已经加入的掺和料种类和数值。③路面和桥面混凝土中可使用硅灰或磨细矿渣，使用前应经过试配检验，确保路面和桥面混凝土弯拉强度、工作性、抗磨性、抗冻性等技术指标合格。

（3）粗集料

①粗集料应使用质地坚硬、耐久、洁净的碎石、碎卵石和卵石，并应符合规范的规定。高速公路、一级公路、二级公路及有抗（盐）冻要求的三、四级公路混凝土路面使用的粗集料级别应不低于Ⅱ级，无抗（盐）冻要求的三、四级公路混凝土路面、碾压混凝土及贫混凝土基层可使用Ⅲ级粗集料。有抗（盐）冻要求时，Ⅰ级集料吸水率不应大于1.0%；Ⅱ级集料吸水率不应大于2.0%。②用作路面和桥面混凝土的粗集料不得使用不分级的统料，而应按最大公称粒径的不同采用2~4个粒级的集料进行掺配，并应符合合成级配的要求。卵石最大公称粒径不宜大于19.0mm；碎卵石最大公称粒径不宜大于26.5mm；碎石最大公称粒径不应大于31.5mm；贫混凝土基层粗集料最大公称粒径不应大于31.5mm；钢纤维混凝土与碾压混凝土粗集料最大公称粒径不宜大于19.0mm。碎卵石或碎石中粒径小于75μm的石粉含量不宜大于1%。

（4）细集料

①细集料应采用质地坚硬、耐久、洁净的天然砂、机制砂或混合砂，并应符合规定。高速公路、一级公路、二级公路及有抗（盐）冻要求的三、四级公路混凝土路面使用的砂应不低于Ⅱ级，无抗（盐）冻要求的三、四级公路混凝土路面，碾压混凝土及贫混凝土基层可使用Ⅲ级砂。特重、重交通混凝土路面宜使用河砂，砂的硅质含量不应低于25%。②细集料的级配要求应符合规定，路面和桥面用天然砂宜为中砂，也可使用细度模数在2.0~3.5的砂。同一配合比用砂的细度模数变化范围不应超过0.3，否则应分别堆放，并调整配合比中的砂率后使用。③路面和桥面混凝土所使用的机制砂还应检验砂浆磨光值，其值宜大于35，不宜使用抗磨性较差的泥岩、页岩、板岩等水成岩类母岩生产机制砂。配制机制砂混凝土应同时掺入引气高效减水剂。④在河砂资源紧缺的沿海地区，二级及二级以下公路混凝土路面和基层可使用淡化海砂，缩缝设传力杆混凝土路面不宜使用淡化海砂，钢筋混凝土及钢纤维混凝土路面和桥面不得使用淡化海砂。淡化海砂带入每立方米混凝土中的含盐量不应大于1.0kg，碎贝壳等甲壳类动物残留物含量不应大于1.0kg。

（5）水

饮用水可直接用作混凝土搅拌和养护用水。如果有质疑，检验硫酸盐含量小于0.0027mg/mm³，含盐量不得超过0.005mg/mm³，pH值不得小于4，检验合格后方可使用。

（6）外加剂

①外加剂的产品质量应符合各项技术指标。供应商应提供有相应资质外加剂检测机构的品质检测报告，检验报告应说明外加剂的主要化学成分，认定对人员无毒副作用。②引气剂应选用表面张力降低值大、水泥稀浆中起泡容量多而细密、泡沫稳定时间长、不溶残渣少的产品。有抗冰（盐）冻要求地区，各交通等级路面、桥面、路缘石、路肩及贫混凝土基层必须使用引气剂；无抗冰（盐）冻要求地区，二级及二级以上公路路面混凝土中应使用引气剂。③各交通等级路面、桥面混凝土宜选用减水率大、坍落度损失小、可调控凝结时间的复合型减水剂。高温施工宜使用引气缓凝（保塑）（高效）减水剂；低温施工宜使用引气早强（高效）减水剂。选定减水剂品种前，必须与所用的水泥进行适应性检验。④处在海水、海风、氯离子、硫酸根离子环境的或冬期撒除冰盐的路面或桥面钢筋混凝土、钢纤维混凝土中宜掺阻锈剂。

（7）钢筋

各交通等级混凝土路面、桥面和搭板所用钢筋网、传力杆、拉杆等钢筋应符合国家有关标准的技术要求。所用钢筋应顺直，不得有裂纹、断伤、刻痕、表面油污和锈蚀。传力杆钢筋加工应锯断，不得挤压切断；断口应垂直、光圆，用砂轮打磨掉毛刺，并加工成2~3mm圆倒角。

（8）钢纤维

用于公路混凝土路面和桥面的钢纤维应满足《混凝土用钢纤维》的规定，单丝钢纤维抗拉强度不宜小于600MPa。钢纤维长度应与混凝土粗集料最大公称粒径相匹配，最短长度宜大于粗集料最大公称粒径的1/3；最大长度不宜大于粗集料最大公称粒径的2倍；钢纤维长度与标称值的偏差不应超过±10%。

路面和桥面混凝土中，宜使用防锈蚀处理的钢纤维和有锚固端的钢纤维，不得使用表面磨损前后裸露尖端导致行车不安全的钢纤维和搅拌易成团的钢纤维。

（9）接缝材料

①胀缝板：宜选用适应混凝土面板膨胀和收缩，施工时不变形、弹性复原率高、耐久性好的产品。高速公路、一级公路宜采用塑胶、橡胶泡沫板或沥青纤维板，其他公路可采用各种胀缝板。②填缝材料：填缝材料应具有与混凝土板壁黏结牢固、回弹性好、不溶于水、不渗水，高温时不挤出、不流淌、抗嵌入能力强、耐老化龟裂，负温拉伸量大，低温时不脆裂、耐久性好等性能。

四、路面施工的基本方法

（一）人工路拌法

20世纪80年代以前，路面工程施工主要采取这种方法。人工摊土（石料）、人工拌和、简易机械压实，基层施工主要有人工翻拌法、人工筛拌法等，沥青面层施工主要有沥青灌入式和人工冷拌沥青混合料、使用炒盘人工拌和沥青混合料等。其主要的特点是：用工数量大，劳动强度大，工作效率低，工程质量受人为因素影响大，且质量不稳定，安全生产和防护措施比较严格，安全生产难度大。

（二）机械路拌法

20世纪80年代以后，我国开始引进德国生产的宝马牌路拌机，路面基层施工开始以机械路拌法为主，其操作是以人工或机械分层摊铺各种路用材料，然后用路拌机械拌和，整形后碾压成形，也是目前路面底基层和二级以下公路路面基层常用的施工方法。其主要特点是：用人工数量大大减少，混合料拌和质量较好，但如不严控拌和深度，易出现素土夹层。对于高速公路和一级公路除直接和土基相邻的路面底基层外，不宜采用机械路拌法施工，而应采取厂拌机铺法施工。

（三）厂拌机铺法

随着高速公路的快速发展，无机结合料稳定粒料路面基层得到广泛的应用，这种结构多使用厂拌机铺法，此外，沥青碎石和沥青混凝土路面的施工，水泥混凝土路面的施工，也采用厂拌机铺法，即用专门的厂拌机械拌制混合料，用专门的摊铺机械摊铺路面的施工方法。其主要特点是：机械化程度高，混合料配比准确，厚度控制、高程控制比较直观，但需要大量的自卸运输车辆。

五、无机结合料稳定类路面基层施工技术

（一）概述

在粉碎的或原状松散的土中掺入一定数量的无机结合料（包括水泥、石灰和工业废渣）和水，经拌和得到的混合料在压实与养生后，其抗压强度指标符合规定要求的路面结构层称为无机结合料稳定类基层。无机结合料稳定类基层具有稳定性好、抗渗性能强、结构层自身成板体等特点，但其抗裂性能差。无机结合料稳定细料土广泛用于修筑高等级公路路面底基层和其他等级公路的路面基层，无机结合料稳定粒料被用于高等级路面的基层结构。无机结合料稳定类材料的刚度介于柔性路面材料和刚性路面材料之间，常被称为半刚性材料，以该种材料修筑的基层称为半刚性路面基层。

无机结合料一般采用水泥、石灰和工业废渣（如粉煤灰）等，采用水泥稳定的称为水泥稳定土，采用石灰稳定的称为石灰稳定土，采用石灰和工业废渣综合稳定的称为石灰工业废渣稳定土。各种不同的稳定材料有不同的强度要求，各稳定混合料的配合比应通过组成设计及相关试验确定。

无机结合料稳定类基层可以采取路拌法施工，也可以采取厂拌法施工，一般规定：对于二级以下的公路，无机结合稳定类基层和底基层可以采用路拌法施工；对于二级公路应采用专门的稳定土拌和机或使用集中厂拌法制备混合料；对于高速公路和一级公路直接铺筑在土基上的底基层下层，可以使用稳定土拌和机进行路拌法施工，当土基上层已用石灰或固化剂处理时，底基层的下层也宜用集中厂拌法拌制混合料，其上的各稳定土层都应采取集中厂拌法拌制混合料，并用摊铺机摊铺基层混合料。

（二）半刚性路面基层混合料组成设计

1.无机结合料稳定类基层混合料组成设计的一般原则

混合料组成设计所要达到的目标是：碎石级配合理，胶结料含量合适，混合料的强度符合设计要求，有良好的抗裂、抗水害、抗疲劳、耐冻性能，同时能够进行准确的生产控制，易于铺筑和压实，而且比较经济。结合料的剂量较低，不能达到设计强度时，规范称为改善土。集料应有较好的级配，传统习惯认为，集料数量以达到靠拢而不紧密为原则，其空隙由无机结合料填充，形成各自发挥优势的稳定结构。最近的一些省市研究和试验，将骨架密实型结构引入半刚性基层混合料，取得了减少裂缝、提高强度的良好效果。半刚性路面基层材料结合料和集料种类繁多，应以就地取材、节约工程成本为前提，并根据混合料组成设计，求得组成合理、经济实用的效果。

2.无机结合料稳定类混合料规定的抗压强度

现行混合料组成设计的主要内容是：通过试验选取适宜于半刚性基层的材料，确定满足强度要求的集料和其他材料的配比，确定混合料的最大干密度和最佳含水量。

3.无机结合料稳定类混合料组成设计方法步骤

从沿线料场或计划使用的远运料场选取有代表性的试样，并进行原材料的试验，以判定这样的材料可否用于该工程。试验项目包括：颗粒分析；液限和塑性指数；相对密度；击实试验；碎石或砾石的压碎值；石灰的有效钙和氧化镁含量；水泥的标号和初、终凝时间；粉煤灰的化学成分、细度和烧失量；必要时要对土样的有机质含量和硫酸盐含量进行检测。

根据强度标准和以往的工程经验选择无机结合料的剂量范围：通过上述原材料的试验，级配差的碎石、碎石土、砂砾、砂砾土等宜首先考虑改善其级配。

各种无机结合料稳定类颗粒组成范围：《公路路面基层施工技术规范》对各种无机结合料稳定类的颗粒组成范围有细致的规定，在进行混合料组成设计和施工中应遵守这一规定。

（三）路拌法施工工艺

1.准备下承层

下承层的表面应平整、坚实，具有规定的路拱，下承层的平整度、压实度、标高、横坡、弯沉（如为路基顶面）等应符合《公路工程质量检验评定标准》和招标文件相应条款的规定。下承层如出现表层过干现象，应适当洒水，如土过湿，应采取挖开晾晒、换土、掺石灰或水泥等措施进行处理。下承层出现表层松散和局部松散，如下承层为土基，可直接洒水压实；如下承层为底基层，应开挖掺拌新结合料后夯实或压实。下承层出现的低洼和坑洞，应仔细填压并压实，下承层出现的搓板和辙槽应刮除。槽式断面的路段应在两侧路肩上每隔一定距离（5~10m）交错开挖泄水沟，以便及时排除雨季降水。

2.施工放样

在下承层上恢复中线、直线段每15~20m设一桩，曲线段每10~15m设一桩，并在两侧路肩边缘外设指示桩。在中桩和两侧指示桩标记出运输摊铺路用材料的松铺标高。

3.备素土、集料

采用老路面或土基上部材料做铺筑材料时，应首先清除垃圾、石块等杂物，翻松老路面或土基上部，至路基顶面标高，并使土块破碎到要求的粒径，初步按设计路拱和预计的松铺厚度整形。

采用料场的土（含细粒土和中、粗粒土）时，应首先将料场的草皮、树木和杂土清理干净，筛除超粒径的颗粒，使之满足最大颗粒的要求，塑性指数大于15的黏性土，可视土质和机械性能确定是否需要过筛。在料场预定的深度挖土的，不应分层开挖，应尽可能一次开挖土层全厚，如果夹有不合格材料，应将不合格材料弃用。

计算土或集料用量，根据稳定土的设计厚度、宽度及预定的干密度计算干燥土或集料用量，以及料场的含水量和运料车辆的吨位，计算每车料对应的卸料距离或卸料面积，在同一料场供料的路段内，由远到近将料按上述计算距离或面积卸置于下承层表面的中间或两侧。

当集料采用多种不同规格的碎石需按比例掺配时，上述备料方法不易控制级配，可计算出不同规格的碎石在每延米的体积，备料时各规格碎石分别运铺，运到后首先码成一个三角形断面或梯形断面的料带，断面尺寸根据该规格材料用量，该材料之松方干重及材料料堆自然休止角（决定三角形断面的坡度）计算求得，然后机械或人工摊铺在道路的全断面上，铺完一种规格，用小型压路机或链轨车稳定1~2遍，再运另一种规格的碎石，直至全部材料运铺完成。上述方式称为层铺法。二灰稳定类路拌法施工时，除集料外还有粉煤灰和石灰，也采取这种方法运铺各种路用材料。

摊铺土或集料的注意事项：①应事先通过试验确定土和集料的松铺系数，可用人工或摊土机配合平地机进行摊铺，不论采用人工或机械摊铺，都应将土或集料均匀地摊铺在预定的宽度上，表面力求平整，并有规定的路拱。②摊铺过程中，应将大的土块、石块和超尺寸颗粒的杂物拣除，检验松铺层的厚度，应符合预计要求，除洒水车辆外应禁止其他车辆在土层上通行，且洒水车亦尽可能在便道上通行，使用侧喷法洒水。

4.洒水闷料

如已整平的土含水量过小，应在土层上洒水闷料，洒水应均匀，防止出现局部水分过多的现象，细粒土应经一夜闷料，中、粗粒土视其中细料含量的多少，可缩短闷料时间，综合稳定土和二灰稳定土也可在拌和后再行闷料，水泥稳定土应预先闷料。

5.整平和轻压

土层经整形后，使用轻型压路机或链轨车稳压1～2遍，使其表面平整，并有一定的压实度。

6.消解石灰

石灰应在临时料场集中堆放，临时料场应选择在公路两侧，临近水源且地势较高的地方。生石灰应在使用前7～10天充分消解，对于氧化镁含量比较高的镁质石灰，应在使用前10～15天消解。每吨石灰消解用水一般在500～800kg，消解后的石灰应保持一定湿度，以免过湿成团，更应避免过干飞扬，消解时应注意加水的均匀性，消解石灰应注意以下两个问题：①料堆不宜太高，宜在0.8～1.2m，太高的料堆底部进水困难，消解不完全，消解湿胀后，料堆太高，影响使用安全。②消解时为消解充分，在加水的同时使用机械翻倒，消解后的石灰应过10mm筛，并尽快使用，减少消石灰的有效钙镁含量损失。

7.运输和摊铺石灰

根据稳定土的设计厚度和混合料组成设计确定的石灰剂量以及击实试验确定的最大干密度，计算出该稳定土基层所需的石灰用量，进而计算出每车石灰对应的摊铺面积，使用袋装生石灰粉时则可计算出每袋石灰的摊铺面积，计算出每车或每袋石灰对应的纵横间距，并确定卸放位置。在规定卸放位置做卸放石灰的标记，并画出摊铺每车或每袋石灰的边线。按规定位置卸放石灰，用刮板将石灰均匀摊开，并量测石灰的松铺厚度，根据石灰的松方密度，校核石灰用量是否合适。

在具体操作中，将每车石灰的装载质量控制得完全一致十分困难，小型机动农用三轮自卸车在某些地区因方便灵活、价格便宜，在运铺石灰环节得到了大量应用，石灰的用量采取体积法来控制。根据稳定土基层的厚度、宽度、石灰剂量计算每延米石灰质量，并根据试验的松方干密度计算出每延米的石灰体积，根据路面宽度采取三角形断面沿中线或两侧，卸成1～3条不间断的石灰料带，然后人工或使用平地机摊铺。

石灰也可使用粉料撒布机直接撒布。

8.拌和（第一次）

对于二级及以上公路应使用专用的稳定土拌和机进行拌和，并设专人跟机检查拌和深度及拌和质量，并配合拌和操作手调整拌和深度，宜开挖检查拌和深度，每5~10m应挖一检查坑，有些单位使用钢杆插检查拌和深度，不能发现素土夹层，是不可取的。拌和深度应达到稳定层底并宜超拌下承层5~10mm，以利于上下层的黏结，严禁在拌和层底部留有素土夹层。通常拌和应在2遍以上，对发现素土夹层的部位，可使用多铧犁紧贴下承层表面翻拌一遍，然后使用专用拌和机复拌。直接铺在土基上的拌和层也应避免素土夹层。

对于三级及以下公路，也应尽量使用专用拌和机械拌和，在没有专用拌和机械的前提下，可使用农用旋耕机或平地机相配合拌和，但应特别注意拌和质量，包括拌和的均匀程度、土颗粒的最大粒径等。拌和过程中，应及时检查混合料的含水量，含水量应当均匀，并宜控制在略大于最佳含水量，拌和时，还应安排人工配合拣出超尺寸的颗粒，消除粗细颗粒"窝"及局部过分潮湿或过分干燥之处。拌和完成后，混合料应色泽一致，没有灰条、灰团和花面，没有明显粗细集料离析现象。

9.稳压、洒水、整形

混合料拌和均匀后，应立即用平地机初步整形，在直线段和不设超高的平曲线段，平地机由道路两侧向路中心进行刮平；在设有超高的平曲线段，由内侧向外刮平，然后使用链轨拖拉机或轮胎压路机在初平的路段上快速地碾压一遍，以暴露出潜在的不平整，再次用平地机按上述方法进行整形，整形前使用齿耙将轮迹低洼处表层5cm以上耙松、整形后，再使用前述方法再次碾压，对于局部低洼处，应先耙松表层5cm以上，再用新混合料找平，之后再次稳压找平。每次整形都应达到规定的坡度和路拱，也可采取人工挂线的方法整形，再使用路拱板来回拖拉几趟。整形并稳压后，如含水量低于最佳含水量范围，可再次洒水。

10.运铺水泥

路拌法施工时，宜使用袋装水泥。首先根据路面基层的设计厚度及通过试验求得的最大干密度和水泥剂量，计算出每平方米需要的水泥剂量，然后计算出每袋水泥对应的摊铺面积，确定水泥摆放的纵横间距，并用石灰粉画格，每格内摆放一袋水泥，方格应呈矩形，长宽比应接近于1：1，以利于摊铺。水泥宜当日直接运送到摊铺路段，当天摆放，摆放完成破袋摊铺，摊铺时应使用刮板将水泥均匀摊开，每袋水泥正好铺满各自对应的方格，做到厚度均匀，没有空白位置，也没有过分集中的部位。也可使用粉料撒布机撒布摊铺水泥，使用粉料撒布机撒布时应使用散装水泥，并应注意在大风季节采取措施防止污染周边植被。

11.拌和（第二次）

与上述工序8拌和要求相同，注意与上次拌和基本等厚，以将水泥均匀地掺拌到混合料中。

12.整形

与上述工序9要求相同，此时含水量应已经过两次调整，已基本在最佳含水量范围，故一般不需再次洒水。

13.碾压

整形后，即可组织碾压机械进行碾压，碾压时混合料的含水量应略大于最佳含水量1%~2%。应遵循先轻后重，先慢后快，先两边后中间（直线段和不设超高的曲线段，设超高的曲线段，曲线内侧向曲线外侧），先静压后振压的原则进行碾压。碾压时，每次重轮应重叠1/2轮宽，重轮压完路面全宽即为一遍，一般需碾压6~8遍，压路机的碾压速度，头两遍宜采用1.5~1.7km/h，以后可加快至2.0~2.5km/h，应禁止压路机在正在碾压或已完成的路段掉头或急刹车。

碾压过程中，应保持表面湿润，如水分蒸发过快时，可及时补洒少量的水，使表面潮湿，但禁止出现水流。碾压过程中，如遇有"弹簧"、起皮、松散等现象，应及时翻松并重新添加适当的稳定材料，重新拌和，然后一起压实。碾压完成前，应迅速检测标高和横坡，对于高出设计标高的部位，可用平地机刮除，并扫出路外，对于局部低洼处，不再进行找补，留待铺筑其上层次时处理。

水泥稳定类混合料从掺拌水泥到碾压完成的时间，称为延迟时间，虽然在配合比设计和施工时选用了终凝时间较长的水泥，但水泥是一种速凝性材料，施工时应在试验确定的延迟时间内完成碾压。碾压完成后，混合料基层应达到要求的压实度，且在表面没有明显的轮迹。

14.接缝和掉头处的处理

（1）横向接缝

同日施工的两个工作段的衔接处应采用搭接，即前一段拌和整形后，留5~8m不进行碾压，后一段施工时，前段留下的未碾压部分再加部分水泥重新拌和，并与后一段一起碾压。

第二天摊铺并完成拌和作业之后，移去方木，用人工补充拌和靠近方木未能拌和的一小段，并用混合料回填不足的部分，和正常施工段一起整形，新整形的接缝处应高出已完成断面3~5cm，以利于形成一个平顺的接缝，碾压时应将接缝修整平顺。

（2）纵向接缝

稳定土基层施工时，应该避免纵向施工，确因无法封闭交通等，必须分两幅施工时，纵缝必须垂直相接，禁止斜接。纵向接缝可按下述方法处理：在前一幅施工时，在靠近中央一侧用方木和钢模板支撑，方木或钢模板的高度与稳定土层的压实厚度相同。然后进行摊铺拌和等作业，拌和结合后，靠近支撑模板（木）的部位，人工补充拌和，然后整形碾压。养生结束后，拆除支撑模板（木），在后一幅施工时，拌和结束后，靠近第一幅的部分，应人工进行补充拌和，然后整形碾压。

15.养生

稳定土养生应保持一定的湿度，不得忽干忽湿，养生期不得少于7天，养生宜采取覆盖措施。可使用草帘、麦草或湿砂进行覆盖，并经常性洒水，使之保持湿润，不得采用湿黏土覆盖，避免形成素土夹层。上下两层采用相同的稳定材料时，也可在下层完成后的第二天即着手进行其上层次的摊铺，利用上层对下层养生，但应注意在运铺材料过程中对下层进行保护，防止运输机械破坏下层。

养生结束后，必须将覆盖物清除干净，虽然养生已达到7天，但如果不能及时进行其上层次的施工，仍应保持基层的湿润状态，以减少干裂，并进一步促使基层强度的增长。

第八章　城市道路工程施工概述

第一节　城市道路工程施工内容和基本要求

一、概况

我国城市整体规划和基础设施建设逐步提升为政府行政管理工作的重要内容之一。伴随着城市经济的快速发展、居住人口的逐年增多、车辆的逐年增加，人们对出行质量的要求不断提高，城市道路工程建设项目也在不断地增加，投资额持续保持较高水平，而城市道路施工技术方面的研究却相对滞后。本章系统地梳理了城市道路建设的施工流程、施工技术、质量控制、新工艺、新方法，为今后的施工建设提供借鉴。

二、城市道路施工分类

城市道路根据项目建设的性质分为新建和改建两类。

（一）新建道路

新建道路是城市规划或交通规划中明确的新建道路或决策机构筛选出的新建项目，新区、高新技术区城市拓展区的道路建设属于这一类型，这一类型的道路施工相对简单，施工对周边道路交通影响也相对有限，只是在相交道路部分需要考虑交通阻隔及施工运输车辆造成的交通拥堵。

（二）改建道路

大规模城市改造中原有道路不能适应发展要求需要改造升级拓建、绿化美化。改建道路所在路网往往是交通量较大区域，改建道路的实施，不但影响自身路段的交通，还将自身部分或全部交通负荷转移到周边的路网上，使已经饱和的路网交通压力陡然增大，往往造成整个区域的交通拥挤。改建道路根据建设项目的等级、规模和影响，按其对城市道路的施工占道情况分为完全占道、部分占道和不占道施工三类。

1.完全占道施工

完全占道施工是集中施工，完全封闭施工道路上的交通。这种情况对道路交通的影响表现为：道路完全断流，车辆须绕道行驶，增加其他道路的交通压力，并可能导致相接道路成为断头路；影响周边建筑物的对外交通，包括车辆出行和行人出行；影响两侧人行道行人的正常通行；需要调整途经的公交线路，给市民的出行带来不便；改变现有的交通设施，对周边的环境产生影响，此种情况对城市的交通影响最大，道路交通组织需要慎重考虑。

2.部分占用道路施工

占用部分道路的施工是施工时分段或分方向地进行。这种情况对道路的影响表现为：道路被部分占用，容易形成交通瓶颈，道路通行能力减小；影响周围建筑物的对外交通，包括车辆和行人的出行；影响两侧人行道行人的正常出行；公交停靠设施可能需要迁移，增加市民的出行距离。这种情况同样会对周边的交通环境产生较大影响，对地区的交通非常敏感，稍有不慎也会导致地区交通瘫痪。

3.基本不占用道路施工

不占用道路的施工是项目本身的道路红线很宽，断面形式便于改造，越线违章建筑较少，改建以断面改造为主，改造影响范围较小，基本不占用现有道路。此种情况对道路的交通影响相对较小，但出入施工场地的车辆可能会对相邻道路的交通产生一定影响，也会给周边建筑物的对外交通带来不便，应根据实际情况合理处理。

三、施工特点

城市道路的施工不同于普通公路、高速公路的施工，普通公路、高速公路的施工几乎不涉及地下管线且不考虑人流、车流对施工的影响，而城市道路的施工却涉及道路、电力、通信、燃气、热力、给排水的管道线网的布设，涉及人流、车流的交通组织，因而在施工中涉及上述多家单位参与建设或协调，因此城市道路的施工相对于公路工程要复杂得多。城市道路施工有以下特点。

（一）施工工期紧，任务重

交通是城市的命脉，这就决定了城市道路的建设必须在最短的时间内完成，以尽可能减少施工对社会的影响，并且尽快发挥其预定作用。因此城市道路工程对施工工期的要求十分严格，工期只能提前，不能推后，施工单位往往根据总工期倒排进度计划。另外，城市道路施工一般都要进行交通封闭，而交通封闭都有明确的期限，到期必须开放交通，所以一旦交通封闭完成就必须立即开工，按期通车，按期开放交通。

（二）动迁量大，施工条件差

城市是居民生活的聚集区，各种建筑物占地面积广，导致部分建筑物处在道路红线范围内，需要进行拆迁。城市道路施工常常影响施工路段的环境和周围的交通，给市民的生活和生产带来不便，同时由于市民出行的干扰，导致施工场地受限，需要频繁进行交通转换，增加了对道路工程进行进度控制、质量控制、安全管理的难度。

（三）地下管线复杂

城市道路工程建设实施中，经常遇到电力、通信、燃气、热力、给排水的管道线网位置不明，产权单位提供的管位图与实际埋设位置出入较大的情况，若盲目施工极有可能挖断管线，造成重大的经济损失和严重的社会影响，增加额外的投资费用。

（四）管线迁改程序复杂，管线类型多，施工单位多，施工协调难度大

城市道路施工中往往涉及大量正在运营的既有线路的迁改和新建，由于这些管线分属不同的产权单位、不同的专业施工门类，需要不同施工资质的施工单位，根据施工进展情况安排进出场，由此给施工协调带来很大困难，需要建设单位组织定期召开协调会。

（五）质量控制难度大

在城市道路的施工中，由于工期紧，往往出现片面追求进度、忽视质量管理的情况。另外，城市道路路基施工中由于施工断面短小，给大型设备的使用带来困难，井周、管线回填、构造物回填等质量薄弱点多，路面施工中人、车流的干扰，客观上都会对质量控制造成影响。

（六）车辆行人的干扰大，交通组织压力大

在城市道路施工期间，施工区域会占据部分行车线路，为了尽量减小城市道路施工对交通的影响，城市道路施工往往采取分段施工、分车道和分时段施工等诸多方法，但是由于上下班高峰期车流量特别大，施工路段的道路不能满足顺畅通车要求，容易造成拥堵现象。施工车辆与社会车辆、行人的交织也给交通及施工安全带来极大不便。组织好交通，在城市道路建设中尤为重要。

（七）环保要求高

城市道路施工期间，原材料的运输和装卸、施工机械作业等环节会造成周围道路的污染，会产生扬尘、噪声、污水、垃圾等对环境有不利影响的因素。随着人们环境保护意识的提高，这些不利因素都必须在施工中尽量消除和避免，尽量为人们维持一个安静祥和的生活环境是城市道路施工的新任务。

（八）景观绿化生态要求高

城市道路是城市景观的视觉走廊，同时也是城市文化、品质和风貌的展示窗口，也应该是人们了解、感受和体验城市绝佳的界面，随着打造"宜居城市""环境友好城市"理念的提出，城市道路不再是传统意义上的人车出行通道，还被赋予美化城市、净化城市、亮化城市的职能。

四、主要施工内容

城市道路的主要施工内容有管线施工、软基或特殊路段地基处理、路基施工、路面施工、路缘石施工、人行道板施工、绿化。

管线施工是将各类管线预埋至地下，以充分利用城市道路的地下空间。管线的位置一般处在车道分隔带下方、非机动车道下方和道路两侧绿化带下方，这样既方便施工，又方便管线的维修。管线的种类不同，使得各类管线的施工工艺、工序不尽相同。

软基或特殊路段地基处理是指如果地基不够坚固，为防止地基下沉拉裂造成路面破坏、沉降等事故，需要对软地基进行处理，使其沉降变得足够坚固，提高软地基的固结度和稳定性。目前主要的处理方法有：换填抛石填筑、盲沟、排水砂垫层、石灰浅坑法等。

路基施工主要是通过土石方作业，修筑满足性能设计要求的路基结构物，并为路面结构层施工提供平台。路基的施工工艺较简单，但工程量较大，涉及面广，比如土方调配、管线配合施工等。

路面施工包括底基层施工、基层施工、面层施工。路面施工要求严格，必须使路面具有足够的强度，以抵抗车辆对路面的破坏或产生过大的形变；具有较高的稳定性，使路面强度在使用期内不致因水分、温度等自然因素的影响而产生幅度过大的变化；具有一定的平整度，以减小车轮对路面的冲击力，保证车辆安全舒适地行驶；具有适当的抗滑能力，避免车辆在路面上行驶、启动和制动时发生滑溜危险；行车时不致产生过大的扬尘现象，以减少路面和车辆机件的损坏，减少环境污染。

路缘石是设置在路面与其他构造物之间的标石，起到分割机动车道、非机动车道与人行道并引导行车视线的作用。

人行道是城市道路中供行人行走的通道，人行道一般高于机动车、非机动车车道，人行道中必须按要求设置盲道，并与相邻构造物接顺。

城市道路绿化是指在道路两旁及分隔带内栽植树木、花草以及护路林等以达到隔绝噪声、净化空气、美化环境的目的。道路绿化起到改善城市生态环境和丰富城市景观的作用，但需避免影响交通安全。

另外，城市道路施工还包括公交站台、交通信号指挥系统、交通工程（指示牌、交通标线）、照明及亮化工程的施工。

五、施工基本要求

路基施工要求有足够的强度，变形不超过允许值，整体稳定性好，具有足够的水稳定性。路面施工必须满足设计要求的承载力，平整度良好，具有较高的温度稳定性，抗滑指标、透水指标符合规范要求，尽量降低行车噪声。

桥头施工及管线铺设完成后需进行回填压实，压实过程需严格按照规范要求进行，确保桥头不跳车、管线部位路基无沉降。位于行车道内的管井口，需进行井周加固，防止井口下沉，施工中要严格控制井口高程，使得管井口与路面平顺无跳车。

管线管廊在施工完成后应清理干净。雨水管出口应明确，并应与既有水系沟通。

道路景观要充分利用道路沿线原有的地形地貌，因地制宜地进行绿化布局，在满足交通需要的前提下，突出自然与人文结合、景观与生态结合，形成城市独有的绿化景观文化。

路缘石施工要求缘石的质量符合设计要求，安砌稳固，顶面平整，缝宽密实，线条直顺，曲线圆滑美观；槽底基础和后背填料必须夯打密实；无杂物污染，排水口整齐、通畅，无阻水现象。

人行道施工要求铺砌稳固，表面平整，缝线直顺，灌浆饱满，无翘动、翘角、反坡积水、空鼓等现象。盲道铺砌中砂浆应饱满，且表面平整、稳定缝隙均匀。与检查井等构筑物相接时，应平整、美观，不得反坡。不得用在料石下填塞砂浆或支垫方法找平。在铺装完成并检查合格后，应及时灌缝。铺砌完成后，必须封闭交通，并应湿润养护，当水泥砂浆达到设计强度后，方可开放交通。行进盲道砌块与提示盲道砌块不得混用。盲道必须避开树池、检查井、杆线等障碍物。路口处盲道应铺设为无障碍形式。

第二节　城市道路施工开工准备

一、建设单位为施工所做的准备工作

由于城市道路施工涉及多种管线的施工以及诸多配套工程需要实施，城市道路项目的复杂性和综合性是毋庸置疑的。很多问题单凭道路施工单位出面协调就会显得力不从心，也有勉为其难之嫌，而城市道路的建设单位（包括市、区级的建设项目）往往是政府的职能部门，其组织、协调的地位和作用是不可替代的。建设单位除完成项目的立项审批、设计施工招标、前期的征地拆迁工作外，在项目开工前还应做好以下几项工作。

（一）委托规划部门进行规划和设计

在完成道路项目的初步设计后，应及时委托规划部门进行管线的综合规划和设计，具体包括：

（1）根据城市建设的总体规划确定需要预埋的管线。

（2）与各管线单位沟通，结合工程所在区域的现状确定与道路匹配的管线走向。

（3）结合施工图设计的要求明确与道路性质相符的管线位置及高程等。

（二）组织召开各管线单位参加的专题协调会

在管线综合规划完成后，建设单位的工程负责部门要做细致的准备工作，并及时组织召开有各管线单位分管负责人及相关人员、管线设计代表参加的专题协调会，其目的是通报项目情况、提供相关资料、明确任务，具体工作包括：

（1）介绍项目规划、投资、设计、征拆情况，重点介绍项目计划开工时间、工程施工计划、竣工通车时间。

（2）提供立项的纸质文件、管线综合设计的电子版文件给各管线单位。

（3）对于已实施管廊同沟同井的单位，会议应确定牵头单位，以便统一高效管理。

（4）根据道路施工的开工竣工时间及项目施工总体计划，确定各管线单位完成管线设计、施工招投标及施工单位初步的进场时间。

（5）明确沟通机制，及时汇总参会人员的通信方式并及时分发。

（6）会后应尽快形成会议纪要，并将会议纪要及时传发各参会单位，同时报送各管线单位主管部门，寻求各主管部门的大力支持。

（三）及时进行交通组织方案的审查

根据施工单位的申报，凡是涉及影响既有道路通车的施工，必须编制交通组织方案并经公安交通主管部门审查通过，方可根据交通组织方案实施封闭分流、限流的措施。

（1）帮助施工单位完成交通组织方案的编制，并进行初步审查。

（2）敦促施工单位及时将交通组织方案上报公安交通主管部门。

（3）组织由公安交通主管部门设计、监理、施工单位参加的方案审查会。

（4）根据会议要求，施工单位修改完善方案并根据方案要求及时完成指路标志、标识等的施工。

（5）组织公安交通主管部门根据方案要求对各项交通组织设施进行验收，通过后办理相关手续（登报通告等），正式开工。

（6）提醒施工单位，将通告的组织方案归档。

（四）适时召开交警、照明、公交部门的专题协调会

协调好城市道路配套设施的管线预埋考虑到节省政府投资以及公交站台的亮化和

信号指挥系统的同步实施,使得它们的通信管及供电管实现同沟,召开这样的协调会是必要的。会议将根据交警、公交部门各自的要求和规范,将预埋管的数量、种类和线路走向等放进照明系统的设计中,并由负责照明的施工单位统一负责预埋。

（五）其他工作内容

（1）定期组织有各管线产权单位及其施工单位、道路设计单位、道路监理单位、道路施工单位参加的管线施工协调会。各参建单位应在道路施工单位的统一组织安排下按序展开施工,但建设单位不能因此而不参与协调。事实上,在施工过程中还是会有许多矛盾,有些问题必须有建设方参与才能解决。

（2）加强与道桥施工项目经理的沟通。一个合格的参与城市道路建设的项目经理必须有更强的大局意识,更加细致、踏实的工作作风和顽强的意志品质。一条城市道路能保质保量、完美地按时通车将意味着工完料清,没有返工现象发生,而要达到这个境界,建设方需做的工作将贯穿工程的全过程。

二、施工单位为施工所做的准备工作

（一）道路沿线障碍物排查

施工单位进场以后首先要组织人员对照施工图纸,对施工区内的地下管线、地上杆线和影响施工的未拆迁建筑物进行排查。

地下既有管线包括雨水管、污水管、自来水管、燃气管、热力管、光缆、地埋电缆等。施工单位要及时和管线所属产权单位沟通,咨询管线有关单位,查看原有管线竣工图纸。由于竣工图纸与现场实际埋设的管线位置会有较大出入,所以应结合原有图纸和露出地面管井位置,在现场根据实际情况进一步沿垂直线路方向挖探测坑,沿线路方向挖探测沟,并在管线图纸上进行详细标注,特别是原有管线横穿施工路线的位置必须认真查明。

地上杆线包括电力、通信等种类,施工单位应查明线路的性质,如电力线的电压等级及杆路编号、通信线的光缆芯数等,并在图上标注清楚,通知相关单位开协调会,确定迁移废除方案。随着城市道路建设标准的不断提高,为使建成道路景观协调、美观,现在一般都会要求电力通信杆线由架空改为地埋,对于在施工期间要保持运营的电力、通信线路改地埋,要通过杆线的二次迁移（先完成一次外迁,待电力管、通信管做通后再二次回迁）或调整施工顺序的方法来解决。

道路红线范围内须拆迁障碍物的排查，应查明影响施工的障碍物类型、影响范围，比如障碍物是影响主车道、辅道、绿化带，还是管线施工。对于排查结果，施工单位应及时上报建设单位，配合设计单位对设计图纸进行调整，应因地制宜予以处理，以尽量减小拆迁量，节约建设成本。

（二）障碍物处理措施

所有障碍物调查清楚后，在业主的统一安排下及时和产权单位沟通，分成两类处理：一类是废弃迁建、重建的；另一类是不废弃照常使用的。

对于废弃迁建的障碍物应通知产权单位按照施工工期的要求排定停用计划，产权单位停用后通知业主，再由业主通知施工单位处理。

对不废弃的管线应在每次开挖前组织施工人员进行施工交底，明确管位及开挖注意事项。开挖时应通知管线所属单位进行监护，防止误挖。对于燃气、热力、自来水等有安全风险的管线开挖，应编制抢修应急预案，制定安全应急预案。对管线薄弱位置或开挖比较频繁的部位，要根据现场情况对原有管线进行防护、加固。应在项目部设置值班抢修电话，明确联系人，以便在发生管线损坏时及时抢修。

（三）交通组织方案编制

城市道路的施工都会对原有车辆及行人的出行产生影响。新建道路仅在与原有道路的交叉口产生影响。改建道路因为施工类型的不同产生的影响程度有大有小，但科学合理的交通组织方案对减少施工对车辆、行人出行的影响，保障施工车辆的出入安全尤为重要。施工单位应根据现场道路施工情况及通行道路交叉情况编制临时交通组织方案，报交警部门审批。

编制原则如下。

1.社会车辆通行

尽量安排绕行，提前一个月在市政主要媒体发公告告知市民，在主要路口提前设置绕行告示，设置绕行标志。

2.公交线路

尽量调整公交线路和站点设置，确实无法避让的要在施工现场设置临时社会便道，或安排半幅通车、半幅施工。

3.沿线居民聚集区（居民小区）

提前通告，并在小区附近设置施工告示牌，设置必要通道（人车混行）沟通小区与主要道路，并在沿线位置设置减速标志。

4.沿线厂矿企业

因出入货车或超长车辆多，根据具体需要设置社会便道，应考虑车辆转弯、超限需要。

（四）施工围挡及防护设施

施工区及道路交叉口应设置施工围挡，隔断施工区和人车联系，保障行人和社会车辆安全。临近人车通行道路的基坑开挖应设置防护围栏，深基坑要采取牢固的基坑防护措施，防止可能的基坑塌陷，影响人车安全。

（五）防止环境污染的措施

除建立环境保护管理制度及考评制度外，应在施工车辆的出入口设置临时洗车点防止车胎带泥污染路面；运土车辆不应装载太满或应加装围挡板以防止抛洒滴漏；施工便道、施工现场每天安排不定期的洒水，尽量减少扬尘；高噪声的工作避免安排在夜间施工；施工产生的建筑垃圾应运到政府指定的弃土场，严禁乱堆、乱倒；废水及生活污水应引流到污水管道。

（六）项目部建设

1.新建项目的设置原则

新建道路施工组织及施工管理相对简单，项目部建设可以按照文明施工的要求临时征地搭建项目部。为方便管理，一般选择将项目部设置在标段中点，最好是临近既有道路以方便出行。沿道路两侧红线外临时征地搭设施工队临时营地，用于现场施工工人生活及施工、机械停放，一般来说，临近水源地或既有道路属于较理想的设置。

2.改建项目的设置原则

旧城区的规划道路及老路改造项目，施工组织和施工管理相对复杂，在老城区一般很难找到现成的空地用于搭建项目部，一般在道路沿线寻找租用废弃的村镇办公地、工厂办公区，停业的小酒店，空置的门面房等，但不到万不得已尽量不在居民聚集区内设置项目办公区，以减少对居民生活的干扰。现场施工工人生活及施工机械停放，可因地制宜采用租用民房或在征地红线内绿化带位置搭建或设置。

（七）项目临建设置

城市道路工程的临时设施建设大部分不需要设置在现场，混凝土可以采用商品混凝土，水泥稳定碎石、二灰碎石、沥青料均应采取厂拌方式运抵现场施工。不建议将旧城区的规划道路及老路改造项目的石灰消解场放在现场，以免对城市环境造成危害。建议将石灰消解场设置在取土场附近，消解好的石灰按照掺灰量的70%~80%先行掺好，运抵现场后翻拌时补掺到设计用量。建议加快施工进度以降低对城市环境的影响。

第九章　公路路面机械化施工准备

第一节　公路路面结构组成

行车荷载和自然因素对路面的影响，随深度的增加而逐渐减弱。因此，对路面材料的强度、抗变形能力和稳定性的要求，也随深度的增加而逐渐降低。为了适应这一特点，路面结构通常是分层铺筑，即按照使用的要求、受力状况、土基支撑条件和自然因素影响程度的不同，分成若干层次。

路面结构图中的分层排列顺序是一定的，但按照不同的公路等级及通行交通量，沿线分段典型断面的路基（含地基）的土质、水温状况等条件，综合考虑对各个层次功能的具体要求及层次间的配合，组合而成设计的路面结构。

各结构分层的作用介绍如下。

面层：面层是直接承受车轮荷载反复作用和自然因素影响的结构层。它承受较大行车荷载的垂直力、水平力和冲击振动力的作用，同时还受到降水的侵蚀、气温变化及风化的影响。因此，面层应具备较高的结构强度和抗变形能力，较好的水稳定性和温度稳定性，而且应当耐磨、不透水（目前，我国高等级公路所采用的结构特点），其表面还应有良好的抗滑性和平整度。

联结层：一、二级公路有时从经济角度考虑，在满足力学指标的前提下，设法减薄沥青路面的面层厚度（因为面层的造价相对其他层次比较昂贵），尽管车轮荷载通过面层应力扩散，但传递到下面基层的垂直应力仍然很大，有时往往超过基层的极限应力。同时由于面层较薄，行车过程中启动制动引起的较大水平力，直接作用在面层上，尽管通过面层有一定的扩散传递，但此时对基层仍有影响作用。另外，目前常用在沥青混凝土面层下的是由无机结合料稳定材料制作的（如水泥稳定粒料等）基层，上下两层层面的接触形式对水平力的传递不是很好。因此，此时可以在面层与基层之间加设一个联结过渡的层次，这就称为联结层。

基层：基层主要承受由面层或联结层传来的车轮荷载的垂直力，并将其扩散到下面的垫层或路基中。对于沥青类路面结构而言，基层是路面结构中的承重层，它应有足够的强度和刚度，并有良好的扩散应力的能力。基层遭受自然因素的影响虽然比面层小，但仍然有可能经受地下水和通过面层渗入的雨水浸湿，所以基层结构应具有足够的水稳定性。尤其是水泥混凝土面层下的基层，由于水泥混凝土面板板块缝隙中渗入的水，对其下的基层浸湿危害极大，因此，基层的水稳定性尤为重要。基层表面虽不直接与车轮接触，但为了保证面层的平整性和面层铺筑厚度的均匀性，其表面应有较好的平整度。

底基层：高等级公路的基层厚度根据力学计算往往需要设计得比较厚（约40cm），而目前使用的碾压机具的压实厚度以不超过20cm为宜，所以需要分层；同时从不同层位功能要求的差异，以及技术和经济角度考虑，即当基层设计和施工中需要分为两层时，其上层仍称为基层，下层称为底基层。基层与底基层可以采用不同的结构形式，如目前常用的水泥稳定粒料基层和石灰稳定土底基层等；也可以用不同质量的材料填筑，相对而言，底基层对材料质量的要求较低。

第二节　公路路面机械化施工准备

一、施工技术准备

路面施工前的技术准备工作包括设计文件熟悉和核对、补充资料调查、实施性施工组织设计和施工预算编制、路面施工测量放样、原材料试验与混合料配合比设计、路面施工技术交底等。对于高速公路和一级公路或采用新技术、新工艺及新材料的其他等级公路的路面施工，除做好上述准备工作外，还应在路面大规模施工前铺筑试验路段，为路面正式施工提供技术指导。

二、施工现场准备

路面施工现场准备包括驻地建设，拌和场及料场选址，施工便道修建，施工用水、电、通信等各种生产及生活设施准备。在路面工程正式开工前充分建造好相应的临时设施，如工棚、仓库、供水、供电、通信设施等。

拌和场、料场的选址，根据合同段的实际地形情况，结合工程特点，本着实用、方便的原则，并应充分考虑工期、材料需要量、拌和设备的生产能力等诸多因素进行布置。根据工程规模可设置一个或多个预制场、搅拌站、材料库房等。大型沥青混凝土或水泥混凝土搅拌设备的场地面积，根据设备说明书的要求确定。

三、施工机械和机具准备

不同类型的路面结构层，所用的施工机械设备也不尽相同。在施工时，应根据项目具体情况对施工机械设备进行选择。按照施工合同规定，配备足够的施工机械、设备及器具，并保证均处于良好的技术状态及满足施工的需要，并应有相匹配的维修措施。机械、机具的添置，根据路面实施性施工组织计划，一次或分批配齐足够的施工机械和相关的工具。常使用的机械设备可以采用租赁方式，施工单位只要向租赁者按合同规定定期交付一定的租赁费，便可取得设备的使用权，从而可以减少或根本就不需要购买那些不常使用的设备。在租赁设备调查中，首先要了解出租设备的型号、功能、数量等能否满足施工时的要求，同时要将租赁与自购作比较，以便择优选用。如选择租赁设备，要签订租赁合同。机械设备的放置，应考虑到施工的要求。

（一）稳定土材料拌和机械

（1）路拌机械：稳定土拌和机可以按施工配合比在路上直接拌和土、无机结合料、细集料、粗集料等材料。根据不同的分类方法，可以对其进行如下分类。

按照行走方式，稳定土拌和机可分为履带式和轮胎式两种。履带式的特点是附着力大，整机稳定性好，但其机动性差，不便于运输。轮胎式在应用了低压宽基轮胎后，整机稳定性和附着力有很大的提高，因其机动性好，在施工中应用较为广泛。

按照工作装置，根据稳定土拌和装置在拌和机上的位置可分为前置式、后置式和中置式三种。前置式因在作业面上产生轮迹，目前已逐渐被淘汰。后置式的特点是不产生轮迹，维修、保养方便，转弯半径小，在目前应用较为广泛。中置式的特点是稳定性好，但维修、保养不方便，转弯半径较大。

按转子的旋转方向，稳定土拌和机可分为正转和反转两种。前者的切削方向是转子由上向下切削（顺切），拌和阻力小，拌和宽度和深度较大，但只适用于拌和松散的稳定材料。后者的切削方向是转子由下向上切削（逆切），其拌和质量较好，但由于拌和阻力大，消耗的功率也大。

国产稳定土拌和机功率为200～300kW，拌和宽度为2.0～2.4m，拌和深度为200～400mm，工作速度为0～35m/h。国外生产的稳定土拌和机最大功率达550kW，最大工作宽度为4.2m，最大拌和深度达400mm。

（2）厂拌设备：稳定土厂拌设备是将土、碎石、砾石小水泥、石灰、粉煤灰、水等材料按施工配合比在固定地点拌和均匀的专用生产设备。稳定土厂拌设备的优点是级配精度高，拌和质量好；缺点是由于作业地点固定，现场转运量大，成本较高，占地面积大。在高等级公路施工中，为保证工程质量，多采用厂拌设备施工。

（二）水泥混凝土设备

在高等级公路施工中，常用的水泥混凝土设备有混凝土搅拌机、混凝土浇筑成型机械等。

（1）混凝土搅拌机：混凝土搅拌机按搅拌原理分为自落式和强制式两类。

①自落式搅拌机：排、自落式搅拌机按搅拌筒的形状和出料方式的不同，可分为鼓筒式、锥形反转出料式和双锥形倾翻出料式。a.鼓筒式搅拌机：鼓筒式搅拌机的搅拌筒呈鼓形。由于它只靠物料的自落作用进行拌和，搅拌作用不甚强烈，对于坍落度小于3cm的混凝土不易搅拌均匀，且易产生黏罐和出料困难现象，故一般只适用于搅拌流动性较大的混凝土。鼓筒式搅拌机不能做成大型的，也不宜用来搅拌含有大粒径集料（粒径大于80mm）的混凝土。此外，它还存在卸料时间长、搅拌筒利用系数低（一般仅为0.22～0.25）等缺点。但由于它结构简单，耐用可靠，制造与维修容易，在我国公路施工现场仍得到广泛应用。b.锥形反转出料式搅拌机：其搅拌筒为双锥形，搅拌叶片按一定的角度呈交叉配置。搅拌时，物料一方面被叶片提升自落做垂直位移，另一方面又被叶片迫使沿轴向做左右窜动，故搅拌作用比较强。它不但能搅拌流动性大的混凝土，还能搅拌流动性低的混凝土。搅拌筒正转时进行搅拌，反转时靠搅拌筒、出料筒出料端的螺旋出料叶片将混凝土推出进行卸料。由于搅拌筒正、反转交替进行，叶片正反面都能受到物料的撞击，因而不易产生黏罐现象。这种搅拌机构造简单，质量轻，搅拌效率较高，出料干净、方便。但搅拌筒利用系数低，反转出料时，是在负载的情况下启动，功率消耗大，故这种机型一般只适用于中、小容量的搅拌机。c.双锥形倾翻出料式搅拌机：搅拌筒由两个截头圆锥组成，两圆锥筒内装有向内倾斜的叶片。搅拌筒转动时，由于叶片向内倾斜，故物料被左右两圆锥筒上的叶片提升不甚高时便沿叶片滑下。从左右叶片上滑下的物料相向运动，左搅拌筒中部形

成交叉料流。搅拌筒每转一周，物料的搅拌可循环多次。因此，这种搅拌机搅拌效率高，可以搅拌高流动性和低流动性混凝土。由于物料在搅拌筒内提升的高度不大，所以叶片不易撞坏，可以制成大容量的搅拌机，搅拌含有大粒径集料的混凝土。卸料时它是依靠搅拌筒倾翻的装置，使搅拌筒倾斜，将料卸出。

②强制式搅拌机：强制式搅拌机按其构造特征可分为立轴式和卧轴式两类。a.立轴式强制搅拌机：立轴式强制搅拌机搅拌筒是一个水平放置的圆盘，搅拌叶片绕立轴旋转，强迫拌盘内物料颗粒做多方向运动，形成复杂的交叉料流，将物料搅拌均匀。这类搅拌机按搅拌盘和叶片的旋转方式不同，可分为涡桨式和行星式。涡桨式是搅拌盘固定，叶片绕盘中心的立轴旋转。行星式又分为定盘式和转盘式。定盘式是搅拌盘固定，搅拌叶片除绕位于盘中心的主立轴旋转外，还绕它本身的立轴旋转。转盘式则是搅拌盘绕中心旋转，而搅拌叶片立轴的位置固定，叶片的旋转方向与搅拌盘的旋转方向或者相反，或者相同。b.卧轴式强制搅拌机：卧轴式强制搅拌机可分为单卧轴式和双卧轴式。单卧轴式的水平搅拌轴通过机壳中心，轴上装有螺旋搅拌叶片和铲刮叶片。工作时两种叶片迫使物料做强烈的对流运动，使物料在短时间内便搅拌均匀。双卧轴式有两个相连的圆槽形搅拌筒，两根水平搅拌轴相互做反向旋转。两轴上的叶片搅拌作用半径是相互交叉的，叶片与轴中心线成一定的角度。故当叶片转动时，不仅使物料在两个搅拌筒内轮番地做圆周运动，而且使它们沿轴向做往返窜动，因而有很好的搅拌效果。各种类型的强制式搅拌机与自落式相比，其搅拌作用强烈，搅拌时间短、生产效率高，适宜于搅拌坍落度在3cm以下的普通混凝土与轻集料混凝土。所以，在大面积的路面施工中应用较为广泛。

（2）混凝土捣实机械：路面混凝土捣实机械类型，按其工作方式的不同可分为：插入式振动器、附着式振动器、台式振捣器。

①插入式振动器：又称内部振动器，由电动机、软轴和振动棒三部分组成。振动棒是工作部分，它是一个棒状空心圆柱体，内部安装着偏心振子，在动力源驱动下，由于偏心振子的振动，使整个棒体产生高频微幅的机械振动。工作时，将它插入混凝土中，通过棒体将振动能量直接传给混凝土。因此，振动密实，效率高。

按振动棒激振原理的不同，插入式振动器可分为偏心轴式和行星滚锥式（简称行星式）两种。由于行星式振动器是在不提高转轴转速的情况下，利用振子的行星运动，即可使振动棒获得较高的振动率，与偏心式振动器比较，具有振动效果好、机械磨损少等优点，因而得到普遍应用。

②附着式振动器及平板式振动器：附着式振动器又称外部振动器。它在电动机两

侧伸出的悬臂轴上安装有偏心块，故当电动机回转时，偏心块便产生振动力，并通过轴承基座传给模板，通过模板将振动能量传递给混凝土，达到使混凝土密实的目的。

将附着式振动器固定在一块底板上则成为平板振动器，又称表面振动器。它的振动力是通过底板传递给混凝土的。故在使用时，振动器的底部应与混凝土面保持接触。在一个位置振动、捣实到混凝土不再下沉、表面出浆时，即可移至下一位置继续进行振动、捣实。

③台式振捣器：也是外部振捣器，它的激振是由两行频率相等、转向相反的偏心锤装置产生的，因此，只有上下的单向振动而无前后左右的振动。振动台主要由支承架、消振弹簧、工作台、偏心装置以及传动轴等组成，并由电动机驱动，通过偏心销不同数量的配置，可得到大小不同的振幅，以适应各种不同的振捣需要。它的最大优点是产生的振动与混凝土的重力方向正好一致，振波正好通过颗粒的直接接触由下向上传递，能量损失很少。而插入式的内部振捣器只能产生水平振波，与混凝土重力方向不一致，振波只能通过颗粒间的摩擦来传递。

（3）混凝土浇筑及配套机械。

①真空泵：按性能分为混凝土专用真空泵和可调式混凝土专用真空泵两类。

混凝土专用真空泵所有部件均安装在轻便的小车上。混凝土专用真空泵具有结构简单、可抽吸含有灰尘的气体、体积小、质量轻、使用灵活、功率消耗小等优点。缺点是不能根据工艺要求调节真空度。

可调式混凝土专用真空泵的结构和工作原理与混凝土专用真空泵基本相同，其特点是备有真空度调节装置，能够任意调节真空度以满足工艺要求，目前已得到广泛应用。

②真空吸垫：它是直接与混凝土表面相接触的装置。其作用是在混凝土表面制造一个真空空间（称为真空腔），使混凝土中的水分和空气在负压作用下进入这个空间，然后再被真空泵吸走。真空吸垫分柔性和刚性两种。路面工程常用的是前者，称为柔性真空吸垫。

③抹光机：真空处理后的混凝土表面硬度大，人工抹光十分困难，必须采用抹光机。目前采用的抹光机有叶片式（细抹）和圆盘式（提浆、抹平）两种。

④振动梁：振动梁是振实、刮平大面积混凝土的理想工具，为混凝土真空吸水工艺配套机具之一。按材质可分为铝质和钢质两种。铝质振动梁质量轻、刚度好、梁身拱度可调，适用于4m以内的混凝土构件。

⑤压纹机：压纹机是为提高混凝土路面的摩擦力而设计的。压纹深度一般为

0.6~0.8cm。压纹机压出的凹痕均匀，不破坏表面的水泥浆层，具有节省人力、效率高等优点。

⑥锯缝机：混凝土凝结（强度达到10.0MPa）后，要在尽早的时间内用金刚石或碳化硅锯片切缝。

（4）水泥混凝土路面摊铺机械：水泥混凝土路面摊铺设备按其施工方法可分为轨道式和滑模式两种。

①轨道式路面摊铺机：轨道式路面摊铺机支撑在平底型轨道上，它既可以固定在宽基钢边架上，也可以安放在预制的混凝土板上或补强处理后的路面基层上，摊铺机的水平调整由轨道的平整度控制，而垂直调整根据摊铺机类型，采用不同的调整控制方式。

轨道式路面摊铺设备的主要组成有进料器、摊铺机（包括刮板式、箱式和螺旋式）、振实机和修整机等部分。

②滑模式路面摊铺机：滑模式路面摊铺设备是安装在履带底盘上，行走装置在模板外侧移动，支撑侧边的滑动模板沿机器长度方向安装。在机器的宽度以内，机器的方向和水平位置靠固定在路面两侧桩上拉紧的导向钢丝和高强尼龙绳来控制。机器底盘的水平位置靠与导向钢丝相接触的传感装置来自动控制。附设的传感器也同时促动摊铺机的转向装置，以使导向钢丝和滑模之间保持一定的距离。滑模式摊铺机作业时，不需要另架设轨道和模板，就能按照要求使路面板挤压成型。这种摊铺机可实现多种功能的摊铺，如路肩、路缘石等。

第三节　路面主要施工机械的合理选择与配置

一、选择施工机械的原则

（一）施工机械与工程的具体实际相适应

公路施工的范围非常广，施工的环境和条件千变万化，施工使用机械种类繁多。因此，要综合考虑各方面的因素来选用施工机械，使所选的施工机械满足施工的要求，从而达到预期的效果。

选择施工机械时，应考虑以下因素。

（1）施工机械的类型应适应工地的环境。如气候条件：高原、平原、寒冷、热带（保温、散热问题）、干旱、湿润（风冷、水冷）；地形条件：山地、丘陵、平原、泥地、湿地；土质条件：砂、土、岩、淤泥。

（2）施工机械的类型应满足工程要求。如工程量大小、工期要求、施工场地大小、施工断面尺寸、施工质量等。

（3）尽量避免因机械动力不足或剩余，而造成延缓工期或资源浪费；避免机械超性能范围使用，而满足不了施工质量要求以及降低机械的使用价值。

在条件允许的情况下，尽量选择最能满足施工要求的机种和机型。

（二）应有较好的经济性

选择施工机械要考虑机械的购置成本和运行成本。选择施工机械的基础是施工单价，即完成一定量工程的资金投入多少。施工单价主要与机械固定资产消耗、运行费用有关。

固定资产消耗包括：折旧费、大修费、投资利息等。固定资产与施工机械的投资成正比。

机械运行费用包括：劳动工资、直接材料费、燃油费、劳保设施费等。它与完成施工量成正比。

在选择施工机械时，不仅要考虑机械的购置成本和运行成本，还应权衡工程量与机械费用的关系。如果工程量大，采用大型机械进行施工，作业效率高。虽然一次性投资大，但它可以分摊到较大的工程量中，对工程成本影响较小。同时，还应考虑机械的先进性和可靠性。采用先进的设备，其技术性能优良，结构简单，易于操纵，故障率低，可靠程度高，施工质量和施工效率高。虽然一次性投资大，但机械的运行费用会大大降低，最终可得到较好的经济效果。

实践表明，对于中小型工程，选用通用性较好的机械较为经济合理。而对于大型工程，应当根据作业内容和作业量进行选择，从而获得最佳的技术经济指标。

（三）应能保证工程质量要求和施工安全

根据工程的技术要求，选择合适的施工机械是保证工程质量的重要因素之一。

（1）对技术要求高的作业项目，应选用性能优良的施工机械或专用机械，使施工质量和效率都高。

（2）机械应具有可靠的安全性能（行驶稳定、落体保护、防尘隔声）。

（3）在满足工程质量要求的前提下，与机械的通用性相结合。

（四）机械的合理组合

合理地进行机械组合是充分发挥机械设备效能的重要因素，同时也是机械化施工的一个基本要求。只有合理地组合，才能保证施工质量，加快施工进度，降低施工成本。

组合包括：技术性能和机械类型及其数量方面的配置。

1. 主要机械和配套机械的组合

主要（主导）机械配套的机械，其工作容量、数量及生产率应该有储备，机械的配合能力应适宜。一般配套机械的工作能力应略大于主导机械的工作能力，以充分发挥主导机械的生产率。

2. 牵引车与配套机具的组合

在路基施工中，经常会有一些辅助机具或拖式机械没有独立的行走装置，需要配以牵引车进行施工。这时两者的组合要协调平衡，以避免动力剩余过大造成浪费，或动力不足不能完成要求的作业或降低作业效率。

3. 配合作业机械组合数

配合作业机械组合数应尽量少，尽可能组织多个系列的组合，并列施工。

组合数越多，则总效率就越低。系统的总效率是各子系统效率的乘积。应尽可能组织多个系列的组合，并列进行施工，从而减少因组合中一台机械停工而造成组合中其他机械全面停工的现象，减少配合机械工作能力的损失。同时，还要注意保证配套中各类机械作业能力的平衡。

就整个机械化施工而言，应减少同一功能机械的品种类型，尽可能使用标准化、系列化产品。这样有利于设备的保养、维修管理，有利于配件的组织采购和配件管理。选用系列产品后同种配件所需储备数量少，配件占用资金量少。批量采购配件不仅价格更合理，质量也易得到保证。

施工单位应根据自身机械装备情况及技术状况水平，包括新购机械可能性以及施工量、施工工期、施工质量要求等具体实际情况选择和组合机械，因地制宜，将机械化与半机械化相结合，切实做到技术上合理、经济上有利，实现两者的有机统一。

二、选择施工机械的方法

（一）根据作业内容选择

路基施工的基本作业：开挖、装载、运输、填筑、碾压、修整等。

辅助作业：伐树、除根、松土、爆破、表层清理等。因此，在路基施工作业时，应结合机械的性能、作业条件和作业效率等情况综合进行选择。

首先选定作业的主要机械或主导机械，再根据其生产能力、工作参数及施工条件选择配套或辅助机械。

（二）根据土质条件选择

土石是机械作业的重要对象，其性质和状态直接影响施工机械作业的质量、工效及成本等。

1.根据机械通行性选择

通行性是指车辆在土质等条件限制下，在工地行驶的可能程度，与土质的承载能力有很大关系。

在土质粒细、含水率高的工地上，当车辆反复行驶于同车辙上时，将产生所谓"土的揉搓"现象。土的强度将逐步降低，承载车辆的能力也将随之降低，最终将不能行驶。在干燥的沙土上，行驶初期虽然比较困难，但一旦稳定，便能很容易地反复行驶。

2.根据土的工程特性选择

土质条件也决定了进行各种作业机械施工的可能性和难易程度。土体的工程性质不同，施工时应选择的机械也不同。

为了便于选择施工机械，把土分为硬土和软土。大于主导机热的硬土：包括干燥的黏土、沙土、沙砾石、软岩、块石和岩石。软土：包括淤泥、流沙、沼泽土、湿陷性大的黄土、黑土及软弱黏土（含水率较大）。

在开挖、运输、压实时，机械适应性有所不同。在土方挖掘时，挖掘能力由弱到强的机械依次为：装载机、铲运机、推土机、挖掘机。

（三）根据气象条件选择

气象条件也是影响机械施工的因素之一。雨和积雪融水会直接影响土的状态，从而导致机械通过性下降，工程性质变坏。在雨季，如要施工，就必须考虑使用效率低的履带式机械,替代干燥条件下机动灵活、效率较高的轮式机械。在冬季,进行冻土开挖、填筑、碾压等作业时,应选用与破冻土等特殊作业相适应的机械,如松土器、冻土犁,并注意发动机启动性能。

在上述两种季节下,要注意机械施工能否达到规定的技术要求。在高原区,因空气稀薄,动力装置应配备高原型柴油机。

(四)根据与工程间接有关的条件选择

承担几项不同的施工任务,应考虑机械设备相互之间的协调配合,同时还应考虑到如电力、燃油料供应、机械维修与管理、机械的调迁等。通过综合分析,抓住主要矛盾,选择经济适用的机械。

(五)根据作业效率选择

在特定的施工条件下,机械的工作能力(生产率)是根据作业效率确定的。作业效率的高低直接影响工程进度的快慢。选择施工要满足施工进度的要求。

影响施工机械作业效率的因素是多方面的,如机械技术状况、作业条件、施工组织、操作人员的技术水平和业务素质等。因此,要准确地求出作业效率值是很困难的。

第四节　公路路基机械化施工

一、路基施工的特点

路基是支撑路面的土工构筑物,在挖方地段,路基是开挖天然地层形成的路堑;在填方地段,则是用压实的土石填筑而成的路堤。由于路基在使用过程中要承受由路面传递而来的行车荷载作用并抵御各种环境因素的影响,因此要求路基必须具有足够的强度、良好的水温稳定性和耐久性。

路基施工还在于工程质量受到多种因素的不利影响。虽然路基施工主要是开挖、运输、填筑、压实等比较简单的工序,但由于路基施工存在条件变化大、工程数量大、施工难度大、施工方法多样等特点,对于保证路基工程质量有相当的难度。

二、路基的施工方法

路基一般为土石方工程。施工方法有人工施工、简易机械施工、机械化施工及爆破等,施工时应根据工程性质、岩土类别、工程量、施工期限、施工条件等选择一种或几种。

人工施工是传统的施工方法,施工时主要是工人用手工工具进行作业。这种方法劳动强度大、工效低、进度慢且工程质量难以得到保证,已不适应现代公路工程施工的要求,只能作为其他施工方法的辅助和补充。

简易机械施工是在人工施工的基础上,对施工过程中劳动强度大和技术要求相对较高的工序用机具或简易机械完成,以利于加快工程进度、提高施工效率和工程质量。但这种施工方法工效有限,只能用于工程量较小、工期要求不严的路基或构造物施工,不适宜高速公路和一级公路路基的大规模施工。

机械化施工是通过合理选用施工机械,将各种机械科学地组织为有机的整体,优质、高效地进行路基施工的方法。若选用专业机械按路基施工要求对施工的各工序进行既分工又联合的作业,则为综合机械化施工。实现机械化施工是我国路基施工的发展方向,特别是对于工程量大、技术要求高、工期紧的高速公路和一级公路路基工程,必须采用机械化施工。组织机械化施工时,应使机械合理配套、科学组织,最大限度地发挥各种机械的效能。

爆破法施工是利用炸药爆破的巨大能量炸松土石或将其移到预定位置。这种施工方法主要用于石质路堑的开挖,特殊情况下也用于土质路堑开挖或清除淤泥。在施工时若采用机械钻孔、机械清运,也属于机械化施工之列。

三、路堤填筑

路堤填方取土,应根据设计要求,结合路基排水和当地土地规划、环境保护要求进行,不得任意挖取。考虑土质路堤、填石路堤和土石路堤等的填料要求,从原地面逐层填起,并水平分层压实。

(一)土质路堤的填筑

性质不同的填料,应水平分层、分段填筑,分层压实。同一水平路基的全宽应采用同一种填料,不得混合填筑。每种填料的填筑层压实后的连续厚度不宜小于

500mm。填筑路床顶最后一层时，压实后的厚度应不小于100mm。路堤填筑时，应从最低处起分层填筑，逐层压实；当原地面纵坡大于12%或横坡陡于1：5时，应按设计要求挖台阶，或设置坡度向内并大于4%、宽度大于2m的台阶。

（二）填石路堤的填筑

填石路堤是指用粒径大于37.5mm且含量超过总质量70%的石料填筑的路堤。二级及二级以上公路的填石路堤应分层填筑压实。岩性相差较大的填料路堤应分层或分段填筑。严禁将软质石料与硬质石料混合使用。压实机械选用自重不小于18t的振动压路机。

（三）土石路堤的填筑

土石路堤是指用石料含量占总质量30%～70%的土石混合材料修筑的路堤。压实机械选用自重不小于18t的振动压路机。碾压前应使大粒径石料均匀分散在填料中，石料间空隙填充小粒径填料、土和石渣。压实后透水性差异大的土石混合材料，应分层或分段填筑，不宜纵向分幅填筑；如确需纵向分幅填筑，应将压实后渗水良好的土石混合材料填筑于路堤两侧。

四、路基填筑施工的主要工序

路基填筑施工的主要工序有料场选择、基底处理、填筑和碾压。

（一）料场选择

填筑路堤的材料（以下简称填料）以采用强度高，水稳定性好，压缩变形小，便于施工压实以及运距短的土、石为宜。在选择填料时，一方面要考虑料源和经济性，另一方面要顾及填料的性质是否合适。

因此为了节约投资和少占耕地良田，一般应利用附近路堑或附属工程（如排水沟等）的弃方作为填料，或者将取土坑布置在荒地、空地或劣地上。

（二）基底处理

路堤基底的处理是保证路堤稳定与坚固极为重要的措施。在路堤填筑前进行基底处理，能使填土与原来的表土密切结合；能使初期填土作业顺利进行；能使地基保持稳定，增加承载能力；能防止由于草皮、树根腐烂引起的路堤沉陷。

（三）填筑

高速公路及一级公路的路床顶面以下30~50cm范围内应填筑符合路床要求的土并分层压实，填料最大粒径不大于10cm。其他公路填筑沙类土厚度应为30cm，最大粒径不大于15cm。

（四）碾压

碾压是路基填筑工程的一道关键工序，有效地压实路基填筑土，才能保证路基工程的施工质量。

五、路基压实

（一）路基压实的目的

路堤填筑所用的土或者路堑开挖形成路基表面的土，由于开挖扰动破坏了土体原来紧密的状态，致使结构松散，颗粒间需要重新密实组合。为了使路基具有足够的强度与稳定性，必须予以压实，以提高其密实程度。因此路基的压实工作，是路基施工过程中一项重要的工序。土是三相体，土粒为骨架，颗粒之间的孔隙为水分和气体所占据。压实的目的在于使土粒重新组合，彼此挤紧，孔隙缩小，单位重量提高，形成密实整体，最终导致强度增加，稳定性提高。大量的试验和工程实践已经证明：土基压实后，路基的塑性变形、渗透系数、毛细水上升及隔温性能等，均有明显改善。

（二）影响压实效果的因素

对于细粒土的路基，影响压实效果的因素有内因和外因两个方面。内因是指土质和湿度，外因是指压实功能（如机械性能、压实时间与速度、土层厚度）及压实时外界自然和人为的其他因素等。

1.含水率对压实的影响

压实时若能控制土的最佳含水率，则压实效果最好，压实土基的强度和稳定性最好。

2.土质对压实效果的影响

在同样压实条件下，不同的土质其压实效果是不一样的。一般规律是不同的土质，有着不同的最佳含水率及最大干重度。砂性土的压实效果优于黏性土。

3.压实功能对压实的影响

压实功能（指压实工具的质量、碾压遍数、作用时间等）对压实效果的影响，是上述功能之外的又一重要因素。

同一种土的最佳含水率随压实功能的增大而减小，最大干重度则随压实功能的增大而提高；在相同含水率条件下，压实功能越高，土基密实度越高。据此规律，工程实践中可以增加压实功能（如选用重碾，增加碾压遍数或延长作用时间等），以提高路基土的干重度或降低最佳含水率。但压实功能超过限度过大时，一是超过土的极限强度，造成土基结构的破坏；二是相对应压实时的含水率减少，获得的密实度经不起水的影响，即水稳定性变差。相比之下，严格控制最佳含水率，要比增加压实功能收效大得多。当含水率不足，洒水有困难时，适当增加压实功能可以收效；但如果土的含水率过大，此时再增大压实功能，必将出现"弹簧"现象，即压实效果很差，造成返工浪费。

4.压实厚度对压实效果的影响

相同压实条件下（土质、含水率与压实功能不变），实测土层不同深度的密实度（或压实度）可得知，密实度随深度递减，表层5cm为最高。不同压实工具的有效压实深度有所差异，根据压实工具类型、土质及压实的基本要求，路基分层压实的厚度有具体的规定数值。一般情况下，夯实不宜超过20cm；12～15t静力式光轮压路机，不宜超过25cm；振动压路机或夯击机，宜以50cm为限。确定了实际施工时的压实厚度之后，还应通过现场试验确定合适的摊铺厚度。

（三）压实机具的选择

不同压实机具，适用于不同土质及不同土层厚度等条件，这些都是选用压实机具的主要依据。正常条件下，对于砂性土的压实效果，振动式较好，夯击式次之，碾压式较差。对于黏性土，则宜选用碾压式或夯击式，振动式较差甚至无效。不同的压实机具采用通常的压实遍数，在最佳含水率条件下，适应于一定的最佳压实厚度。

经验证明，土基压实时，在机具类型、土层厚度及行程遍数已经选定的条件下，压实操作时宜先轻后重、先慢后快、先边缘后中间（匝道及弯道的超高路段需要时，则从内侧至外侧宜先低后高）。压实时，相邻两次的轮迹应重叠轮宽的1/3，保持压实均匀，不漏压，对于压不到的边角，应辅以人力或小型机具夯实。在压实全过程中，经常检查含水率和密实度，以达到符合规定压实度的要求。

第五节　公路路面基层机械化施工

一、石灰稳定土基层施工

（一）石灰稳定土的适用范围

1.石灰稳定土的定义

在粉碎的土和原来松散的土（包括各种粗、中、细粒土）中，掺入足量的石灰和水，经拌和、压实及养生后得到的混合料，当其强度符合规定要求时，称为石灰稳定土。①石灰稳定细粒土混合料时，简称石灰土；②石灰稳定中粒土混合料时，简称石灰砂粒土；③石灰稳定粗粒土混合料时，简称石灰砂粒土或石灰碎石土。

2.石灰稳定土的特点

（1）整体性好，承载力大；较好的强度，较好的水稳性。它的初期强度低，后期强度较高。

（2）易干缩和冷缩，从而产生裂缝。

3.适用范围

（1）可适用各类路面的基层和底基层，但不适用高等级路面的基层，而宜用作底基层。

（2）在冰冻地区的潮湿路段以及其他地区过分潮湿路段，不宜使用。

（3）硫酸盐含量超过0.8%的土和腐殖质含量超过10%的土，不宜用石灰稳定。

（二）石灰稳定土基层施工

（1）路拌法施工。①准备工作：准备下承层。按规范规定对拟施工的路段进行验收。石灰稳定土做基层，准备底基层；石灰稳定土做底基层，准备土基。凡验收不合格的路段，必须采取措施，使其达到标准后，方能在上铺筑石灰稳定土层。

②运输及摊铺：a.运料。对预定堆料的下层在堆料前应先洒水，使其湿润，但不应过分潮湿而造成泥泞。集料装车时，应控制每车料的数量基本相等。在同一料场供

料的路段，由远到近将料按计算的距离（间距）卸置于下承层中间或一侧。代卸料距离应严格掌握，避免料不够或过多；料堆每隔一定距离应留一缺口；集料在下承层上的堆置时间不应过长。运送集料较摊铺集料工序宜提前1~2d。b.摊铺集料。通过试验确定集料的松铺系数。在摊铺集料前，应先在下承层上洒水使其湿润，但不应过分潮湿而造成泥泞。摊铺集料应在摊铺石灰的前一天进行。摊料长度应与施工日进度相同，以够次日摊铺石灰、拌和、碾压成型为准。用平地机将集料均匀摊铺在预定的宽度上，表面应力求平整，并有规定的路拱。在摊铺过程中，应注意将土块、超尺寸颗粒及其他杂物去除。c.摊铺石灰。摊铺石灰时，如黏性土过干，应事先洒水闷料，使土的含水率略小于最佳值。细粒土宜闷料一夜，中粒土和粗粒土，视细土含量的多少，可闷料1~2h。在人工摊铺的集料层上，用6~8t两轮压路机碾压1~2遍，使其表面平整，并有一定密实度。然后，按计算的每车石灰的纵横间距，将卸置的石灰均匀摊开。混合料松铺厚度应符合预计要求。

③拌和与洒水：a.集料应采用稳定土拌和机拌和，通常应拌和两遍以上。拌和深度应达到稳定层底，并适当破坏（约1cm，不应过多）下承层的表面，以利于上下层黏结。应设专人跟随拌和机，随时检查拌和深度并配合拌和机操作员调整拌和深度。b.在拌和过程中，及时检查含水率。用喷管式洒水车补充洒水，使混合料的含水率大于或等于最佳值1%左右，洒水段应长些。拌和机械应紧跟在洒水车后面进行拌和，尤其在纵坡大的路段上更应配合紧密，减少水分流失。在洒水过程中，要人工配合拣出超过尺寸颗粒，清除粗细石料"窝"。c.拌和石灰加黏土的稳定碎石或沙砾时，应先将石灰土拌和均匀，然后均匀地摊铺在碎石或砂砾层上，再一起进行拌和。用石灰稳定塑性指数大的黏土时，由于黏土难以粉碎，宜采用两次拌和法，即第一次加70%~100%预定剂量的石灰进行拌和，闷放一夜，然后补足石灰用量，再进行第二次拌和。

拌和完成的标志是：混合料色泽一致，没有灰条、灰团和花面，没有粗细石料窝，且水分合适均匀。

④整形与碾压：a.整形。平地机整形，混合料拌和均匀后，先用平地机初步整平和整形。平地机整形：直线段由两侧向路中心进行刮平，平曲线段由内侧向外侧进行刮平。

需要时，再返回刮一遍。用平地机或轮胎压路机快速碾压1~2遍，用轮胎压路机碾压时，因轮胎表面没有花纹，压后表面比较光滑。在用平地机整平前，应先用齿耙把低洼处表层5cm以上耙松，避免在较光滑的表面产生薄层找补的情况，用平地机进行整形后再碾压一遍。对于局部低洼处，应用齿耙将其表面层5cm以上耙松，并用新拌的石灰混合料进行找补平整。最后用平地机进行精平。每次整形都要按照规定的坡度和路拱进行。特别要注意接缝处的整平，接缝必须顺适平整。b.碾压。当混合料处于最佳含水率±1%时（表面水分不足应适当洒水），立即用12t以上三轮压路机、重型轮胎压路机或振动压路机在全宽内进行碾压。

碾压：直线段由两侧向路中心碾压；平曲线段由内侧向外侧路肩碾压。

碾压时，后轮应重叠1/2倍轮宽。后轮必须超过两段的接缝处，后轮压完路面全宽时即为一遍。碾压过程中石灰稳定土表面应始终保持湿润。碾压一直进行到要求的密实度为止，一般需6~8遍。

如有"弹簧"、松散、起皮等现象，应及时翻开重新拌和；碾压结束之前用平地机再终平一次，使其纵向顺适，路拱和超高符合设计要求。

终平应仔细进行，必须将局部高出部分刮除，并扫出路外。对局部低洼之处，不再进行找补，留待修筑面层时处理。

⑤养生：a.石灰稳定土在养生期间应保持一定的湿度，不应过湿。养生期一般不少于7d，养生方法可视具体情况采用洒水、覆盖沙、低塑性土或沥青膜等。在养生期间石灰土表层不宜忽干忽湿。每次洒水后，应用两轮压路机将表层压实。石灰稳定土层碾压结束1~2d后，其表层较干燥（如石灰土的含水率不大于10%，石灰粒料土的含水率在5%~6%）时，可以立即喷洒透层，做下封层或铺筑面层，但初期应禁止重型车辆通行。b.在养生期间未采用覆盖措施的石灰稳定土层上，除洒水车外，应封闭交通。在采用覆盖措施的石灰稳定土层上不能封闭交通时，应限制车速，不得超过30km/h。如石灰稳定土分层施工时，下层石灰稳定土碾压完后，可以立即铺筑另一层石灰稳定土，不需专门的养生期。c.养生期结束后，应立即喷洒透层沥青或做下封层，并在5~10d内铺筑沥青面层。在喷洒透层沥青后，应撒布3~8mm或5~10mm的小碎（砾）石，小碎石均匀覆盖约60%的面积，露黑。

⑥施工中应注意的问题：a.横向接缝和"调头"处的处理。两工作段的搭接部分，应采用对接形式。接缝垂直于路中线，便于整形和碾压。前一段拌和后，留5~8m不进行碾压。后一段施工时，将前段留下未压部分，土起再进行拌和，以提高接缝质量。拌和机械及其他机械不宜在已压成的石灰稳定土层上掉头，以防转向轮水平推移力推移表层。如必须进行掉头，应采取措施（如覆盖10cm厚的沙或沙砾）保护掉头部分，使石灰稳定土表层不受破坏。b.纵向接缝的处理。石灰稳定土层的施工应尽可能避免纵向接缝。对于不能中断交通的路段，可采用半幅施工方法。必须分两

幅施工时，纵缝必须垂直相接，不应斜接。一般情况下，纵缝可按下述方法处理。在前一幅施工时，在靠中央一侧用方木或钢模板做支撑，方木或钢模板的高度与稳定土层的压实厚度相同。混合料拌和结束后，靠近支撑木（或板）的条带区域，应人工进行补充拌和，然后进行整形和碾压。在铺筑另一幅或在养生结束时，拆除支撑木（或板）。混合料拌和结束后，靠近第一幅的纵缝条带区，也应做如此处理。c.路缘处理。如石灰稳定土层上为薄沥青面层，基层每边应较面层宽20m以上。在基层全宽上喷洒透层沥青或设下封层，沥青面层边缘以三角形向路肩抛出6~10cm。如设路缘块时，必须注意防止路缘块阻滞路面表面水和结构层中的水。d.用石灰稳定低塑限指数的沙、粉性土的处理。用石灰稳定低塑限指数的沙性土和粉性土时，碾压过程中容易起皮，成形困难。施工时要大量洒水，分两阶段碾压。

第一阶段，洒水后用履带拖拉机先压2~3遍，达到初步稳定。

第二阶段，待水分接近最佳含水率时，再继续用12t以上压路机压实。当缺少履带拖拉机时，洒水后先用轻型压路机碾压两遍，然后覆盖一层素土，继续用12t以上压路机压实。养生后，将素土层清除干净。

（2）中心站集中拌和（厂拌）法施工：对石灰稳定土可以在中心站用多种机械集中拌制，如强制式拌和机、双转轴桨叶式拌和机等。集中拌和有利于保证配料的准确性和拌和的均匀性。①备料。集料的最大粒径和级配都应符合要求。在潮湿多雨地区施工时，还应采取措施保护集料和石灰。②拌制。在正式拌和之前，必须先调试所用厂拌设备，使混合料的颗粒组成和含水率都达到规定要求。当集料颗粒组成发生变化时，应重新调试设备。根据集料和混合料的含水率及时调整拌和水量，拌和要均匀。③运输。已拌成的混合料应尽快运送到铺筑现场。料斗卸料时，距车厢不宜太高，防离析。运输车辆不宜过分颠簸，防混合料离析。距离远、温度高时要加覆盖，以防水分过多蒸发。④摊铺及碾压。摊铺机械：沥青混凝土摊铺机、水泥混凝土摊铺机、稳定土摊铺机。在没有摊铺机时，可用摊铺箱或自动平地机摊铺。摊铺机应与拌和设备的生产能力相适应。若拌和能力低，则应降低摊铺机的摊铺速度，以减少停机待料的时间。下承层为石灰稳定土时，摊铺前应先将下承层顶面拉毛，使之与下承层良好结合成为整体。同时，在摊铺机后面应设专人消除粗、细集料离析现象，局部粗集料"窝"应铲除，并用新混合料填补。用平地机摊铺时，要计算每车混合料的铺筑面积和卸料间距，尽量减少平地机不必要的整平工作量，缩短时间，减少水分蒸发，并按松铺厚度摊铺均匀。摊铺后，应及时用振动压路机、三轮压路机和轮胎压路机进行碾压。⑤横向接缝处理。每天的工作缝应做成横向接缝。末端混合料处理整齐，紧靠混合料放两根方木，方木高度与混合料压实厚度相同，方木另一侧回填约长3m的沙石或碎石。重新摊铺前，清除沙石、碎石和方木、清扫、拉毛，也可末端碾压成一斜坡，第二天将末端斜坡挖除，成垂直向下的断面。挖出的混合料加水拌和仍可使用。⑥纵向接缝，同路拌。⑦养生，同路拌。

二、水泥稳定土基层施工

水泥稳定土基层的施工方法主要有路拌法和中心站集中拌和（厂拌）法两种。

（一）水泥稳定土的适用范围

（1）水泥稳定土的特点：在粉碎的和原来松散的土（包括各种粗粒土、中粒土、细粒土）中，掺入足量水泥和水，经拌和得到的混合料在压实及养生后，其抗压强度符合规定要求时，称为水泥稳定土。

在水泥稳定土中，由于水泥和水的数量均比其在水泥混凝土中的数量要少得多，再加上土又是一种分散度极高的材料（与沙石料相比），它能强烈地与水泥水化的产物发生各种反应，从而破坏水泥正常水化与硬化的条件，致使水泥不能充分发挥自身应有的作用。为了改善水泥在土中的硬化条件，提高水泥稳定效果，常常在掺加水泥的同时掺加少量其他添加剂。

石灰是水泥稳定土中最常用的添加剂。在水泥稳定之前，先往土中掺入少量的石灰使之与土粒之间进行离子交换和化学反应，为水泥在土中的水解和硬化创造良好条件，从而加速水泥的硬化过程并可减少水泥用量。掺加石灰还可扩大水泥稳定土的适用范围。对于一些不适于单独用水泥稳定的土（如酸性黏土、重亚黏土等），若先用石灰处理，可加速水泥土结构的形成。此外，由于石灰可吸收部分水分并改变土的塑性性质，故用水泥稳定过湿土（比最佳含水率高4%～6%）时，先用石灰处理，能获得良好的稳定效果。

生产实践证明：水泥稳定级配良好的碎（砾）石和沙砾效果最好，不但强度高，而且水泥用量少。其次是沙性土，再次是粉性土和黏性土。

水泥稳定土具有以下特点：①良好的力学性能和板块性；②其水稳性和抗冻性都较石灰稳定土好；③初期强度高且随龄期增长，强度增大。

（2）适用范围：适用一般道路的基层和底基层，不适宜作为高级沥青路面及高速兴级公路的基层，而用作底基层。车辆不宜过分颠簸，防混合料离析的距离远。

（二）水泥稳定土路拌法施工

（1）拌和：在人工摊铺的集料上，用6～8t两轮压路机碾压一遍，使其表面平整，然后按计算的每袋水泥的纵横间距，用石灰或水泥在集料层上做安放每袋水泥的标记，同时画出摊铺水泥的边线。水泥应当日用汽车直接送到摊铺路段。每袋水泥从汽车上直接卸在做标记的地点，检查有无遗漏和多余。运水泥的车应有防雨设备。打开水泥袋，将水泥倒在集料层上，用刮板将水泥均匀摊开，应注意使每袋水泥的摊铺面积相等。水泥摊铺完后，表面应没有空白，但也不过分集中。用稳定土拌和机拌和。拌和深度应达稳定层底。应设专人跟随拌和机，随时检查拌和深度并配合拌和机操作员调整拌和深度。严禁在拌和层底部留有"素土"夹层，应略破坏（约1cm）下承层的表面，以利于上下层黏结。通常应拌和两遍以上。在最后一遍拌和之前，必要时可先用多铧犁紧贴底面翻拌一遍。直接铺在土基上的拌和层也应避免"素土"夹层。干拌过程结束时，特别是在用平地机进行拌和的情况，如果混合料含水率不足，应用洒水车洒水补充水分。洒水车洒水时不应使洒水中断，洒水距离应长些。洒水车起洒处和另一端调头处都应超出拌和段2m以上。洒水车不应在正进行拌和的以及当天计划拌和的路段上掉头和停留，以防推移混合料和局部水量过大。洒水后，应再次进行拌和，使水分在混合料中分布均匀。拌和机械应紧跟在洒水车后面进行拌和，尤其是在纵坡大的路段上应配合紧密，以减少水分流出。在洒水及拌和过程中，应及时检查混合料的含水率，可采用含水率快速测定仪测定混合料的含水率。混合料的最佳含水率也可以在现场人工控制。最佳含水率时的混合料，在手中能紧捏成团，落在地上能散开，并应参考室内实试验最佳含水率的混合料的状态。水分宜略大于最佳值，稳定粗粒土和中粒土，应较最佳含水率大5%～10%，稳定细粒土，较最佳含水率大1%～2%，不应小于最佳值，以补偿施工过程中水分的蒸发，并有利于减轻延迟时间的影响。在洒水拌和过程中，还要人工配合拣出超尺寸颗粒，消除粗细颗粒"窝"以及局部过分潮湿或过分干燥之处。拌和完成的标志是，混合料没有灰条、灰团和花面，没有粗细颗粒"窝"，且水分合适和均匀。

（2）整形与碾压：同石灰稳定土。

（3）接缝和掉头处的处理：当天两工作段的衔接处，应搭接拌和。第一段拌和后，留5～8m不进行碾压。第二段施工时，前段留下的未压部分，要再加部分水泥重新拌和，并与第二段一起碾压，当天其他接缝都可这样处理。

(三)中心站集中拌和(厂拌)法施工

水泥稳定土可以在中心站用强制式拌和机。双转轴桨叶式拌和机(卧式叶片拌和机)等厂拌设备进行集中拌和,塑性指数小。含土率少的沙砾土、级配碎石、砂、石屑等集料也可以用自落式拌和机拌和。其施工方法与石灰稳定土厂拌法施工基本相同。但应该注意的是:在摊铺过程中,如中断时间已超过2~3h,又未按横向接缝方法处理,则应将摊铺机附近及其下面未经压实的混合料铲除,并将已碾压密实且高程和平整度符合要求的末端挖成一横向(与路线垂直)垂直向下的断面,然后再摊铺新的混合料。

(四)养生及路缘处理

水泥稳定土基层每一段碾压完成并经压实度检查合格后应立即开始养生,不应延误。但如水泥稳定土分层施工时,下层水泥稳定土碾压完后,过一天就可以铺筑上层水泥稳定土,不需经过7d养生期。但在铺筑上层稳定土之前,应始终保持下层表面湿润。为增加上、下层之间的黏结性,在铺筑上层稳定土时,宜在下层表面撒少量水泥或水泥浆。此外,如水泥稳定土用作水泥混凝土路面的基层,且面层是用小型机械施工的,则基层完成后无须养生就可铺筑混凝土面层。

第十章　路基附属工程施工

第一节　路基排水设施的施工

一、城市道路管线施工内容

城市道路管线施工包括：雨污水管施工、电力管施工、给水管施工、燃（煤）气管施工、热力管施工、通信管施工、综合管廊施工。

二、分类

根据各个地区特点或习惯分成以下三类。

（一）城市道路管线常规管线施工

雨污水管、电力管廊的施工属于常规管廊，对施工队伍的资质没有特殊要求，一般由路基施工单位负责实施。

（二）非常规管线施工

给水管施工、燃（煤）气管施工、热力管施工、通信管施工、属于有特殊要求的管线施工，一般各产权单位会安排专业的施工队伍组织施工，路基施工单位仅需要做好配合工作。

（三）综合管廊施工

近些年来在国内新建城市道路的施工中，有部分城市尝试采用综合管廊，将所有管线放在一条管廊内，方便通车运营后管线的增加维修、更换。

三、管线施工原则

管线埋置于城市道路地下，管线的施工质量直接影响到道路的使用寿命，必须引起高度重视。

（一）管线施工控制要点

1.做好规划设计工作

管线施工应做好前期规划，预留好接口井，避免道路施工完成后的重复开挖。

2.把好管材进场关

管线施工使用的管材必须是经检验合格的材料，并按照相关规范要求做好防腐、防漏处理。

3.保证管线基础稳固

为了确保管线在运营阶段不出现下沉，或不因地基不均匀沉降导致接头破裂，必须做好管线基础的施工质量控制，当管线通过地基承载力较低的软土地段时，应按照设计要求做好地基的加固。

4.做好管线接头施工的质量控制

管线的各类接头必须按照有关规范的要求认真施工，并做好相应的检查、检验、探伤，保证接头质量。

5.做好管井的施工控制

由于管井的井口露出地面，管线设计时应尽量避免管井设置在机动车道、非机动车道上，不得不设置于机动车道、非机动车道上的管井其地基必须满足承载力要求，应严格控制管井的砌筑质量，在井口部位还应设置卸荷板，防止车辆集中荷载导致管井下沉，影响行车。

6.做好管线回填

管线回填应对称填筑，并达到规范要求的压实度，防止因回填土沉降导致路面破坏。

（二）管线施工顺序

管线施工应按照以下原则。

（1）先深后浅、先主管后支管、自下而上依次施工。

（2）先建后拆，不间断使用。

（3）采取有力措施，保护既有管线，做好新旧管线衔接工作。

四、管线施工

(一) 雨污水管主要施工方法的类型

城市道路雨污水管施工的主要方法有明挖施工和顶管施工两种,一般出于施工成本考虑尽量采用明挖施工,但在遇到如下情况时采用顶管施工。

(1) 街道狭窄,两侧建筑物多。

(2) 在交通量大的市区街道施工,管道既不能改线,又不能断绝交通。

(3) 现场条件复杂,与地面工程交叉作业,相互干扰易发生危险。

(4) 管道覆土较深,开槽土方量大,并需要支撑。

(5) 管道穿越原有道路、河流。

(二) 雨污水管明挖法施工

1.沟槽开挖

(1) 沟槽开挖前工作:开槽前要认真调查了解地上地下障碍物,以便开槽时采取妥善加固保护措施,根据业主方提供的现况地下管线图和项目部的现场调查,统计现况地下管线情况,采取有效措施加以保护。

(2) 沟槽开挖形式:根据设计图中设计管道的规格及埋置深度以及规范要求确定沟槽开挖的形式。槽帮坡度的确定:槽深 $h<3.0m$ 时,槽帮坡度 i 为 $1:0.33$;槽深 $h\geqslant 3.0m$ 时,槽帮坡度 i 为 $1:0.5$。

(3) 开挖方法:①土方开挖采用机械开挖,槽底预留20cm由人工清底。开挖过程中严禁超挖,以防扰动地基。对于有地下障碍物(现况管缆)的地段由人工开挖,严禁破坏。②沟槽开挖尽量按先深后浅顺序进行,以利于排水。③挖槽土方处置,按现场暂存、场外暂存、外弃相结合的原则进行。开槽土方凡适宜回填的土均暂存于现场用于沟槽回填,但不得覆盖测量等标注。回填土施工前制订合理土方调配计划,做好土方平衡少土方外运及现场土方调运。④开槽后要对基地做钎探,按地勘要求执行,遇局部地基问题,如墓穴、枯井、废弃构筑物等应及时通知设计并会同有关人员现场协商处理意见,不得擅自处理。⑤开槽后及时约请各有关人员验槽,槽底合格后方可进行下道工序。如遇槽底土基不符合设计要求,及时与设计、监理单位及地勘部门联系,共同研究基底处理措施,方可进行下道工序。

2.沟槽支撑

当土质不好,开挖深度较深时,为确保施工安全必须进行沟槽支撑。

（1）支撑的作用及应用范围

支撑的作用是在沟槽挖土期间挡土、挡水，保证沟槽开挖和基础机构施工能安全顺利进行，并在基础施工期间不对邻近的建筑物、道路地下管线产生危害。设置支撑的直沟槽，可以减少土方开挖量，缩小施工面积，减少拆迁量；在有地下水的沟槽里设置板桩支撑可以起到一定的阻水作用。

（2）支撑的分类

按结构形式分，支撑主要有：横撑竖撑、板桩、横板柱桩撑、坡脚挡土墙支撑、地下连续墙。按使用的材料分，支撑主要有：木板支撑、工字钢柱木撑板、钢板桩。

（3）支撑的施工质量

①支撑后，沟槽中心线到两侧的净宽不小于施工设计的规定，并留够施工空间。②横向支撑不得妨碍下管作业。③支撑的设计必须经过受力验算，设置应牢固可靠；钢板桩支撑的水平位移不得大于5cm，垂直度不大于0.5%。

（4）支撑安装和拆除的注意事项

①撑板支撑应随挖随撑，雨期施工不得空槽过夜。②沟壁铲除平整，撑板均匀地紧贴沟壁，当有空隙时，应用土填实，横排撑板应水平，立排撑板应顺直，密排撑板的对接应严密。③撑板支撑的横梁、纵梁和横撑的布置、安装，应符合相关规定。④采用横排撑板支撑，当遇到地下钢管或铸铁管道横穿沟槽时，管道下面的撑板上缘应紧贴管道安装；管道上面的撑板下缘距离管道顶面小于10cm。⑤支撑应派专人定期检查，当发现支撑构件有弯曲、松动、移位或劈裂的迹象时，应及时处理。⑥上下沟槽应设置安全梯，不得攀登支撑。⑦撑托翻土板的横撑必须坚固，翻土板铺设应平整，其与横撑的连接必须牢固。⑧在软土和其他不稳定土层中采用撑板支撑时，开始支撑的沟槽开挖深度不得超过1m。⑨拆除支撑线，应对沟槽两侧的建筑物、构造物和槽壁进行安全检查，并制定拆除支撑的实施细则和安全措施。⑩拆除撑板支撑时应符合下列规定：支撑的拆除应与回填土的填筑高度配合进行，且拆除后应及时回填；采用排水沟的沟槽，应以相邻排水井的分水岭向两端延伸拆除；多层支撑的沟槽，应待下层回填完成后拆除上层槽的支撑；拆除单层密排撑板支撑时，应先回填至下层横撑底面，再拆除下层横撑，待回填至半槽以上，再拆除上层横撑，当一次拆除有危险时，宜采取替换拆撑法拆除支撑。

3.沟槽排水及降水

（1）沟槽排水

在地下水位较高的地区，应做好沟槽的排水工作，防止槽壁长期浸泡在水中导致坍方，威胁施工人员的安全。沟槽开挖到位后，应人工修筑排水明沟，每隔30~50m设置个集水井，用水泵清除集水，特别是在雨天应及时清除沟槽内积水。

（2）井点降水

在地下水位高、土质不好（如粉土、粉质黏土、砂性土）的地区，直接开挖沟槽壁无法成型，极易发生塌陷，在沟槽开挖前必须进行深井井点降水。

①深井井点降水设计：在道路沿线布设抽水深井，位置在红线外1m，采用DN300无砂混凝土管井降水，井深20m，纵向间距25m，路基两侧交错布置。

②主要材料：井管由DN300无砂混凝土管、尼龙滤网、粗砂三部分组成，无砂混凝土管内径大于潜水泵外径50mm。

③主要机具设备：高压喷射水枪钻头、高压水泵两台、手动钻杆钻架架空电缆线。

④降水施工：

a.施工准备：沿预设井点位置附近架设电缆线，电缆线用木质电杆架空，并与附近供电线路接通，每隔25m设一电杆，电缆线离地高度不小3m，每隔一定距离设配电箱，配电箱必须带防雨措施，无砂管壁外均用尼龙滤网包扎牢固，井点附近准备好回填所需的黄砂。

b.钻孔：采用高压喷射水枪钻（适用于砂性土质），通过钻头上多个高压水枪对土质的喷射，喷射出的水流带走土体，冲刷成孔，沿孔位外侧距5~10m设排泥沟、泥浆坑。

c.成孔：孔径较井管直径每边大30~50mm，孔深需比设计深度深0.3~0.5m，可提钻下管。

d.下井管：成孔后应立即安管，以防塌方，下入井点管后，立即向孔内加黄砂封井底，黄砂为粗砂。

e.井壁外回填：井壁外与土层之间用黄砂回填至顶作为滤水层。

f.抽水清孔：回填好黄砂后的井点管要及时抽水清孔，下入深井潜水泵，潜水泵要求功率3~4kW，扬程大于20m，抽至持续冒出清水即可。

g.正式抽水：一般情况下，应在管道工程开挖前10天抽水，测定水位，工程开挖施工过程中井点降水要连续进行，井内水位每天观测两次。

h.降水完毕封井：降水完毕不再使用，井点需回填，回填料用砂砾材料，沿线电力设施撤除。

⑤施工要点：

a.水冲法成孔，电力供应必须充足，在钻孔过程中不得停电。

b.井管安放应垂直，井管内底部填灌黄砂滤水层填至高0.8~1.2m。

c.井口应盖盖板，防止物件掉入井孔内。

d.深井内安放水泵前清洗滤井，冲除沉渣，安装潜水泵，用绳吊入滤水层部位并安放平稳。

e.潜水泵电缆应有可靠的绝缘。水泵安装完毕，电缆接好后，点动试抽，一切正常后，方可正常运转。

f.潜水泵通电运行后，应经常检查机械部分、电动机、传动轴、电流、电压等，并观测和记录管井内水位下降和流量。

g.井管系统运行应保持连续抽水，并准备50kW发电机一台、同规格潜水泵两台以备应急用。正常出水规律为先小后大、先浑后清，如不上水，或水一直较浑，或出现清后有浑等情况，应立即检查纠正。

h.井点使用时，基坑周围井点应同时抽水，将水位差控制在要求的限度内。

i.降水监测：降水工程中设专人观测水位、出水量，做好机械台班等记录。

j.井点拆除后所留孔洞用砂砾填充捣实。

4.雨污水管管道主要施工方法

雨污水管一般采用混凝土管或钢筋混凝土管，混凝土管的规格为DN100~600mm，L为1m；钢筋混凝土管的规格为DN300~2400mm，L为2m。管口形式有承插口、平口、圆弧口、企口几种。

第二节　路基防护工程的施工

一、概述

全公路路基在水流、波浪、雨水、风力及冰冻等自然因素影响下，可能导致边坡坍塌、路基损坏等病害。为保证路基稳定，除做好排水设施外，还必须根据当地条件，因地制宜地采用经济合理的防护、支挡措施。路基的防护与支挡工程不仅可以稳定路基，还可以美化路容，提高公路使用质量。

（一）防护与加固工程的分类

路基防护与支挡工程按其作用不同，分为坡面防护、冲刷防护和支挡构造物防护三大类。一般把防止冲刷和风化，主要起隔离作用的措施称为防护工程；把防止路基或山体因重力作用而坍滑，主要起支撑作用的支挡结构物称为支挡工程。

1.坡面防护

主要用以防护易受自然因素影响而破坏的土质与岩石边坡。常用类型有植物防护和工程防护。

2.冲刷防护

用于防护水流对路基的冲刷与淘刷，分为直接防护和间接防护两类。直接防护类型有植物防护、砌石防护与加固两种。间接防护主要指设置导流结构物，如丁坝、顺坝、防洪堤、拦水坝等，必要时进行疏浚河床、改变河道，改变水流方向，避免或减缓水流对路基的直接破坏作用。

3.支挡建筑物

用以防止路基变形或支挡路基本体或山体的位移，保证其稳定性，常用的类型有挡土墙、土垛及浸水挡土墙等。

（二）施工原则及要求

（1）路基防护，回填土必须严格按照设计图纸和要求施工。为确保路基防护稳定安全，施工前应进行现场核对，发现与实地不符的，应及时做补充调查，通过改变设计并得到有关部门批准后方可施工。

（2）路基防护所用各种材料，均应符合有关规范、规定要求。

（3）路基土石方施工时或完毕后，应及时进行路基防护施工和养护，使之起到防护作用。各类防护与加固应在稳定的基础或坡体上施工。

（4）各类坡面防护铺砌之前，必须整平，坑洼处应填平夯实。

（5）对于沿河路堤坡脚受冲刷或掏空地段的防护与加固施工，须注意防止坍塌伤人，特别是在河流流速较大、岸边不稳定的情况下应严格安全操作。

二、坡面防护

坡面防护主要是保护路基边坡表面，以免受到降水、日照、气温、风力等作用的破坏，提高边坡的稳固性，在一定程度上还可美化路容。坡面防护设施一般不承受外力作用，要求坡体本身稳定。常用的坡面防护设施有植物防护和工程防护。

（一）植物防护

植物防护的方法主要是在适于植物生长的路基土质边坡上种草、铺草皮和植树，利用植被覆盖坡面，其根系固结表土，防止水土流失，调节坡体湿度和温度，确保边坡稳定，并且具有绿化道路和保护环境的作用。植物防护是一种常用的坡面防护方法，主要有种草、铺草皮、植树等形式。

1.种草

种草防护法是直接在边坡上撒播草籽，经浇水、保湿，使之成活。

（1）适合范围

适合坡面不陡于1∶1，坡面径流流速缓慢、坡面冲刷轻微且适宜于草类生长的土质边坡。经常或长期浸水的路堤边坡种草不易生长，故不宜采用此法。

（2）方法和要求

草种选择应考虑到当地的气候、土质和施工条件，并尽量与周边环境协调。应在温度、湿度较大的季节播种。播种的坡面应平整、密实、湿润。播种方法有撒播法、喷播法和行播法等。采用撒播法时，草籽应均匀撒布在已清理好的土质边坡上，同时做好保护措施。当边坡土质不利于草类生长时，可在边坡上面覆盖10~15cm厚的种植土层，并挖成小台阶，防止土层滑动，然后再种草。路堑边坡较陡或较高时，可通过试验将草籽与含肥料的有机质泥浆混合，用喷播法将混合物喷射于坡面。采用行播法时，草籽埋入深度应不小于5cm且行距应均匀。

播种后应适时进行洒水施肥，清除杂草等养护管理，直到植物覆盖坡面。

2.铺草皮

（1）适合范围

铺草皮适用于需要快速绿化且坡率缓于1∶1的土质边坡和严重风化的软质岩石边坡。

（2）方法和要求

铺草皮需预先备料。草皮可就近培育，并将其切成整齐块状，然后移铺在坡面上。铺时应自下而上，并用竹木尖桩将草皮钉在坡面上，使之稳固。草皮根部土应随草切割，坡面要预先整平。必要时还应加铺种植土，草皮应随挖随铺，注意相互贴紧。

第十章　路基附属工程施工

应根据具体条件分别采用平铺、水平叠置、垂直坡面或与坡面成一半坡角的倾斜叠置草皮，还可采用片石铺砌成方格或拱式边框，再铺草皮。

平铺草皮应由坡脚向上铺设，并用竹木尖桩或带皮柳梢固定草皮。路堑边坡平铺草皮时，应铺过坡顶1m或铺至截水沟边。路堤边坡平铺草皮时，应铺过路肩外缘0.2m，叠铺草皮适用于坡度不小于1∶1的坡面上，每块草皮的尺寸以20cm×40cm为宜。为施工方便，多采用水平叠置形式。

方格式铺是先将草皮平铺成与路线斜交成45°的方格状，坡顶和坡脚部分则铺设几条水平的带状，然后在方格内栽草或撒草籽。方格式铺最为经济，但其坚固程度不及平铺和叠铺，常用于草皮供应不足的路段。

铺草皮一般应在春秋季或雨季进行，并应随挖随铺。

（二）工程防护

工程防护适用于不宜于草木生长的陡坡面，采用砂石、水泥、石灰等矿质材料进行护面，一般采用抹面、捶面、喷浆、喷射混凝土、锚杆、勾缝灌缝砌石护坡及护面墙防护等。

1.抹（捶）面防护

（1）适用条件

适用于石质挖方坡面，岩石表面易风化，但还比较完整，尚无剥落。如页岩、泥岩、泥灰岩或千枚岩等。

（2）施工要点

①坡面岩体表面要冲洗干净，土体的表面要平整、密实、湿润。②抹面分两次进行，底层抹全厚的2/3，面层抹全厚的1/3，捶面应经拍（捶）打与坡面紧贴。厚度均匀，表面应光滑。③在较大面积上抹（捶）面时，应每隔15~20m长设置一道伸缩缝。

2.喷浆、喷射混凝土锚杆

（1）适用条件

喷浆施工简便，效果较好。适用于易风化而坡面不平整的岩石挖方边坡，厚度一般为2cm。喷浆的水泥用量较大，重点工程可选用；比较经济的可用混合砂浆，如水泥、石灰、砂、水按质量比1∶1∶6∶3配合。喷浆前后的处理与抹面相同。

（2）施工要点

①一般要求：施工前，坡面如有较大裂缝、凹坑时，应先嵌补，使坡面平顺整

齐，岩体表面要冲洗干净，土体表面要平整、密实、湿润。锚杆孔应冲洗干净，然后插入锚杆，用水泥砂浆固定。铁丝网应与锚杆连接牢固，均不得外露并与坡面保持设计规定的间隙。喷层厚度应均匀，喷层后应养护7~10天，喷层周边与未防护坡面的衔接处应做好封闭处理，并按有关规定留够试件。②喷射水泥砂浆的要求：边坡喷浆防护时，水泥砂浆的配合比应按照图纸规定。如图纸未做规定，砂浆强度应不低于M10。喷浆前应先试喷，以确定合适的配比及施工方法，然后方可大面积施工。大面积喷浆应沿线路方向每隔20~25m设置一道伸缩缝，缝宽20mm。喷射水泥砂浆的施工工艺可参照喷射混凝土的工艺要求。③喷射混凝土的要求：施工前应先确定喷射混凝土的施工工艺（干式、湿式），混凝土的配合比及选择使用的喷射机具。喷射混凝土前应先进行试喷、调整回弹量、确定混凝土配合比及施工操作程序，方可大面积施工。

喷射混凝土的混合料配合比应符合下列规定：水泥与集料的重量比宜为1∶4~1∶4.5；砂率45%~55%；水灰比宜为0.40~0.45；速凝剂掺量应经过试验后确定。混合料宜随拌随用。不掺速凝剂时，存放时间不应超过2小时。掺速凝剂时，存放时间不应超过混凝土的初凝时间，可根据各种速凝剂的性能而定。

三、冲刷防护

堤岸防护主要针对水流对路基的破坏作用而设，有防水治害和加固边坡堤岸的双重功效。堤岸防护设施，有直接防护和间接防护两类。

（一）直接防护

直接防护设施主要有植物防护、砌体护坡、抛石防护、石笼防护四种。

1.植物防护

植物防护即采用种草、铺草皮、植树等措施减缓水流对路基边坡的作用，具体内容已在前面介绍。

2.砌体护坡

砌体护坡通常采用砌石，砌体可以采用单层式或双层式，上层厚度为0.25~0.35m，下层厚度为0.10~0.25m。单层厚度不小于0.30m。

砌体护坡采用干砌或浆砌片石，干砌适于水流较平顺，受冲刷较小，允许流速在2~4m/s的基础防护。浆砌适于容许流速为4~6m/s，或堤岸受主流冲刷、波浪作用强烈的基础防护，一般有流冰或漂浮物撞击时采用。当缺乏石料时，可采用混凝土预制块。预制块的平面尺寸一般为1~4m，厚度为8~20cm。

堤岸砌体护坡的基础容易产生破坏，要引起足够的重视。砌体护坡的基础应采用浆砌片石或混凝土，基础应埋置在冲刷线以下0.5~1m处。为防止冲刷，可以采用砌石护脚。当冲刷较为严重时，应结合抛石、石笼等进行护脚，必要时可采用打桩等手段，以稳定基础。

（二）间接防护

为防护与加固路基，除各种直接防护措施外，根据堤岸水流情况和实际需要还可在必要的条件下，采取丁坝、顺坝等调治结构物的间接措施，改变水流，用以消除和减缓水流对堤岸的直接破坏，促使堤岸近旁缓速淤积，起到安全保护作用。

修建导治结构物主要是设坝，按其与河道的相对位置，一般可分为丁坝、顺坝或格坝。

1.丁坝

丁坝适用于宽浅变迁性河段，用以挑流或降低流速，减轻水流对河岸或路基的冲刷。丁坝长度应根据防护长度、丁坝与水流方向的交角、河段地形，水文条件及河床地质情况等确定垂直于水流方向上的投影长度。投影长度不宜超过稳定河床宽度的1/4。

用于路基防护的丁坝宜采用漫水坝或潜坝，丁坝与水流方向的交角以≤90°为宜。当设置群坝时，坝间距离不应大于前坝的防护长度。丁坝间的河岸或路基边坡所能承受的容许流速小于水流靠岸回流流速时，应缩短坝距或对河岸及路基边坡采取防护措施。

2.顺坝

顺坝适用于河床断面较窄，基础地质条件较差的河岸或沿河路基防护，用于调整水流曲度和改善流态。顺坝与上、下游河岸的衔接应使水流顺畅，起点应选择在水流匀顺的过渡段，坝根位置宜设在主流转向点的上方。

四、支挡建筑物防护

当路基边坡不稳定时，需将边坡放缓，但可能造成占地面积过大，过分增大路基填方数量，这时可采用一定的支挡构造物来支撑路基，保持路基的稳定性。

（一）重力式挡土墙

1.重力式挡土墙的构造

重力式挡土墙一般由墙身、基础、排水设施和沉降伸缩缝等几部分组成。

（1）墙身

①墙背。根据墙背倾斜方向的不同，墙身断面形式分为仰斜、垂直、俯斜、凸形折线式和衡重式等。

②墙面。一般为平面，其坡度取决于墙背坡度和墙趾处地面的横坡度。

③墙顶。重力式挡土墙可采用浆砌或干砌。墙顶最小宽度，浆砌时应不小于50cm，干砌时应不小于60cm。干砌挡土墙的高度一般不宜大于6m。浆砌挡土墙顶应用砂浆抹平，或用较大石块砌筑并勾缝。干砌挡土墙顶部50cm厚度内宜用砂浆砌筑，以求稳定。

④护栏。在地形险峻地段的路肩墙或墙顶高出地面6m以上，且连续长度大于20m的路肩墙，或弯道处路肩墙的墙顶应设置护栏等防护设施。

（2）基础

①基础类型。挡土墙大多数是直接砌筑在天然地基上的浅基础。当地基承载力不足且墙趾处地形平坦时，为减少基底应力和增加抗倾覆稳定性，常将墙趾部分加宽成台阶，或墙趾墙踵同时加宽，形成扩大的基础。

②基础埋置深度。挡土墙基础应视地形、地质条件埋置足够的深度，以保证挡土墙的稳定性。设置在土质地基上的挡土墙，基底埋置深度应符合下列要求：一般应在天然地基下不小于1.0m；受冲刷时，应在冲刷线下不小于1.0m；冻胀土层中的基础应设在冰冻线以下不小于0.25m处，挡土墙基础设置在岩石上时，应清除表面风化层；基础嵌入基岩深度不应小于0.15~0.6m。墙前地面倾斜时，墙趾前应留有足够的襟边宽度，以防地基剪切破坏，襟边宽度可取嵌入深度的2~3倍。

（3）排水设施

浆砌挡土墙应根据渗水量在墙身的适当高度处布置泄水孔，泄水孔尺寸和间距应符合设计要求。最下排泄水孔的底部应高出地面0.3m；当为路堑墙时，出水口应高出边沟水位0.3m。为防止水分渗入地基，在最下一排泄水孔的底部应设置30cm厚的黏土防水层，在泄水孔进口处应设置粗粒料反滤层，以免堵塞孔道。挡土墙因墙身透水可不设泄水孔。

第十章 路基附属工程施工

（4）沉降伸缩缝

在挡土墙中通常把沉降缝与伸缩缝合并在一起，统称为沉降伸缩缝。挡土墙应每隔10~15m设置一道沉降伸缩缝，缝宽一般为2~3cm。浆砌挡土墙的沉降伸缩缝内可用沥青麻筋或沥青木板等材料，沿墙内、外、顶三边填塞，填深不宜小于15cm。当墙背为填石且冻害不严重时，可仅留空隙，不嵌填料。对于干砌挡土墙，沉降伸缩缝两侧应选平整石块砌筑，使其形成垂直通缝。

2.施工技术要求

由于挡土墙的种类不同，其施工方法主要有浆砌片石和干砌片石。

（1）准备工作

浆砌前应做好一切准备工作，包括工具配备、按设计图纸检查和处理基底、放线、安放脚手架与跳板等施工设施、清除砌石上的尘土与泥垢等。

（2）材料要求

①石片应经过挑选，选取质地均匀、无裂缝、不易风化的片石。抗压强度不低于25MPa，地震及严寒地区不应低于30MPa。石片应具有两个大致平行的面，厚度不宜小于15cm，其中一条边长不小于30cm，体积不小于0.01m³。砌筑时，如用小石片垫平、垫稳，可不受此限制。②砂浆一般用水泥、砂和水拌和而成，也可用水泥、石灰、砂和水拌和，或石灰、砂和水拌和而成。它们分别称为水泥砂浆、混合砂浆和石灰砂浆。砂浆强度必须符合设计要求，一般不低于M5。勾缝用砂浆比砌筑砂浆高一等级。一般情况下，砂浆稠度应保证手捏成团，松手后不松散。水泥砂浆的水灰比应控制在0.60~0.70范围内。

（3）砌筑顺序

以分层进行为原则。底层极为重要，它是以上各层的基础，若底层质量不符合要求，则会影响以上各层。较长的砌体除分层砌筑外，还应分段砌筑，两相邻段的砌筑高差不应超过1.2m，分段处宜设在沉降伸缩缝的位置。分层砌筑时，应先砌角石，后砌边石或面石，最后才填腹石。

（4）砌筑工艺

浆砌原理是利用砂浆胶结片石，使之成为整体而组成人工构筑物，常用坐浆法和挤浆法等。

①坐浆法又叫铺浆法。砌筑时先在下层砌体面上铺一层厚薄均匀的砂浆，压下砌石，借石料自重将砂浆压紧，并在灰缝上加以必要的插捣和用力敲击，使砌石完全稳定在砂浆层上，直至灰缝表面出现水膜。

②挤浆法除基底为土质的第一层砌体外，每砌一块石料，均应先铺底浆，再放石块，经左右轻轻揉动几下后，再轻击石块，使灰缝砂浆被压实。在已砌筑好的石块侧面安砌时，应在相邻侧面先抹砂浆，后砌石，并向下及侧面用力挤压砂浆，使灰缝挤实，砌体被贴紧。

（5）砌筑要求

砌体外圈定位行列与转角石应选择表面较平、尺寸较大的石块，浆砌时，长短相间并与里层石块咬紧，上下层竖缝错开，缝宽不大于4cm，分层砌筑应将大块石料用于下层，每处石块形状及尺寸应合适。竖缝较宽者可塞小石子，但不能在块下用高于砂浆层的小石块支垫。排列时应将石块交错，坐实挤紧，尖锐凸出部分应敲除。

（6）砌缝要求

①错缝是砌体在段间、层间的垂直灰缝应互相交错，压叠成不规则的灰缝，它们相互间距离和每段上、下层及段间的垂直距离不小于8cm。②通缝是指砌体的水平灰缝。这是砌体受力的薄弱环节，受剪、抗拉、受扭的能力极差，砌体最容易在此被损坏。砌体对通缝要求较高，不仅要求砂浆饱满密实，成缝时不允许有干缝、瞎缝和大缝。③勾缝分平缝、凹缝和凸缝等。勾缝具有防止有害气体和风、雨、雪等侵蚀砌体内部，延长构筑物使用年限及装饰外形等作用。在设计无特殊要求时，勾缝宜采用凸缝或平缝。勾缝宜用1:1.5~1:2的水泥砂浆，并应嵌入砌缝内约2cm。勾缝前应先清理缝槽，用水冲洗湿润，勾缝应保持砌后的自然缝，不应有瞎缝、丢缝、裂纹和黏结不牢等现象。

（二）加筋土挡土墙

加筋土由拉筋带、墙面和填料三部分组成。土与拉筋之间的摩擦改善了土的物理力学性质，使土与拉筋结合成一个整体。在垂直于墙面的方向，按一定间隔和高度水平地放置拉筋材料，然后填土压实，通过填土与拉筋间的摩擦作用，把土的侧压力传给拉筋，稳定土体。

1.适用范围

用于一般地区的路肩式挡土墙、路堤式挡土墙。但不应修建在滑坡、水流冲刷、崩塌等不良地质地段。高速公路、一级公路墙高不宜大于12m，二级及二级以下公路不宜大于20m。当采用多级墙时，每级墙高不宜大于10m，上、下级墙体之间应设置宽度不小于2m的平台。

2.加筋土挡土墙的施工

（1）施工主要内容

加筋土挡土墙工程施工一般包括基槽开挖、地基处理及基础施工，面板预制和面板安砌，加筋材料铺设，填料采集、摊铺及压实，倒滤排水设施、帽石（胸墙）浇筑，基础护脚和附属设施的施工等。每个环节都应按设计要求进行，及时做好工程质量检查和隐蔽工程验收等工作。

（2）施工操作及质量控制

①基础施工。施工前要挖除地表种植土和高液限黏土及持力层为风化砂岩的地层。基础开挖深度大于50cm。如果施工时发现地质情况变化较大，应及时与设计单位联系，以便做出相应的处理措施。基坑开挖后应进行整理和夯实，不满足设计承载力时应进行处理。

②面板预制。面板预制必须采用钢模板，对钢模板及底板要经常检查及维修，清除模板上的混凝土残留物，每次都要刷脱模剂后再预制，以保证预制面板光洁平整，达到设计精度要求。面板预留的穿筋孔要保证圆滑。为保证混凝土的质量应采用机械振捣，如表面粗糙无浆，可用相同灰砂比的水泥砂浆对表面进行收光处理，使之平整美观。面板的检查标准为：强度合格；边长误差不大于±5mm或边长的0.5%；两对角线误差不大于10mm或最大对角线长的0.7%；厚度误差在+5～−3mm；表面平整度误差不大于4mm或长（宽）的0.3%；穿筋孔无明显偏差，且易于穿筋。不符合上述标准的面板严禁使用。

③面板的安砌。安装第一层面板前，应在干净的条形基础顶面，准确画出面板外缘线，曲线段应适当加密控制点，然后在确定的外缘线上定点并进行水平测量，按板长画线分割整平板基座。安装面板可从墙端和沉降缝两侧开始，采用适当的吊装设备或人工抬运，吊线安装时单块面板倾斜度一般可内倾1%左右，作为填料压实时面板在侧向压力作用下的变形值。任何情况下严禁面板外倾。

面板安砌时用M10水泥砂浆砌筑调平，除排水缝外，水平及竖缝内侧均全部勾缝处理，板外侧应简单勾缝，保持整洁。排水缝一般每3m设置一道，用干砌的竖缝代替。同层相邻面板水平误差不大于10mm，当缝宽较大时，宜用沥青软木进行填塞。安装缝应均匀、平顺、美观。不得在未完成填土作业的面板上安装上一层面板。严禁采用在板下支垫碎石或铁片的方法调整水平误差，以免造成应力集中，损坏面板。

每层面板的填料碾压稳定后，应用垂球或挂线对面板的水平和垂直方向进行检查，以便及时校正，防止偏差积累。每安装2～3层面板应全面检查一次安砌质量，超

过规定者须及时纠正。检查项目包括轴线偏差、垂度或坡度、平整度、面板破损情况、相邻面板高差、板缝宽和最大宽度等

④拉筋带铺设。拉筋带成选用钢塑复合拉筋带，筋带表面应有粗糙花纹，单根破断拉力不小于9kN，破断延伸率不大于2%，每吨长度约12000m。产品应附有厂家的送检报告，其破断拉力和延伸率应符合设计要求，同时该产品应有良好的抗老化性能，其抗老化性能应经过国家法定的检测单位检测并有检测报告。拉筋带应按规定进行检查，检查结果必须符合设计标准。拉筋带下料应根据包装规格及整个工点的各断面拉筋设计长度提前统筹安排，合理下料，避免边铺边下料，以免造成加筋材料的浪费或人为随意性造成的尺寸误差。

筋带的铺设采用一根筋带穿过穿筋孔分成等长两股的形式，因此每根筋带的下料长度应为该结点处筋带的设计长度乘2再加上300～500mm富余（作为拉筋穿过孔时所占长度）。拉筋带铺设应按设计的长度和根数铺设在有3%横向侧坡的平整压实填土上（使筋带端比前端高5～10cm）。筋带应拉直、拉紧，不得有卷曲、扭结。筋带应尽量垂直于墙面并呈扇形、辐射状均匀敞开，并尽量分布均匀，应有至少2/3的长度不重叠。

加筋带铺设时，边铺边用填料固定其铺设位置。先用填料在筋带的中后部成若干纵列压住加筋材料，填料的多少和疏密以足以固定住筋带的位置为宜，并逐根检查，确保拉直、拉紧，然后按设计摊铺填料。

每层筋带铺设后都要进行检查验收，检查内容包括筋带铺设的长度、根数、均匀程度、平整度、连接方式与面板连接处的松紧情况等。

⑤填料摊铺。加筋体填料应在各项性能技术指标方面满足设计要求，无论何种情况都要对准备采集的填料进行土工试验，以保证其内摩擦角、比重等各项指标符合设计要求。填料应级配均匀，最大粒径不得大于15cm，且最大粒径块体的总含量不得大于15%。

填料的摊铺可采用机械、人工相结合的方式进行。当采用机械摊铺筋料时，必须辅以人工作业，人工作业就是用人工就近将填料搬运和摊铺在拉筋带上，当用推土机摊铺填料时，拉筋带上的填料覆盖厚度不小于20cm。未压实的加筋体一般不允许运输车辆在上面行驶。若需临时行驶，则填料厚度不得小于30cm，同时其车速不得大于5km/h，不准急刹车，以免造成拉筋带错位。填料的每层摊铺厚度可根据填料种类、压实机具等确定，并不得大于30cm。

⑥碾压。压路机应选用振动式压路机或光轮压路机，严禁用单足碾，距面板1.0m

范围内及拐角处严禁用重型机械碾压，宜用5t以下压路机或振动夯等轻型机械压实。

填料碾压时应先从筋带长度的1/2处开始，向筋带尾部碾压，然后再从1/2处向墙边碾压。碾压时压路机运行方向宜垂直于筋带，且下一次碾压的轮迹与上一次碾压轮迹重叠的宽度应不小于轮宽的1/3。第一遍宜慢慢轻压，以免拥土将筋带推起或错位，第二遍以后可稍快并重压。每次应碾压整个横向碾压范围，再进行下一遍碾压，碾压的遍数以达到规定的压实度为准。压路机不得在未经压实的填料上急剧改变运行方向和急刹车。

每层加筋体碾压完成后进行压实度检查。检测点数按每500m²或每50m长，程段不少于3个点为宜。检测点应相互错开，随机选定，面板后1m范围内至少有1个检测点（每500m²或每50m长）。压实度要求为：距面板1.0m范围内的压实度不小于90%，其余范围内的压实度不小于95%。

（3）应注意的几个问题

①拉筋带在运输、保管、加工中应尽量避免阳光照射，筋带铺设时尽量缩短暴露时间，及时用填料覆盖，施工时暴露总时间不得超过8小时。②基础和墙体及压顶应按10m左右分段，分段处缝宽20mm，用沥青木丝板嵌满缝。每一分段基础顶面应位于同一水平面上。③面板排水缝处应挂贴滤水土工布（规格为300g/m²），在条形基础上应向墙内平铺至少50mm并随面板升高而逐渐向上挂贴，挂贴时一定要紧贴面板。④加筋体后的回填料与加筋体同步进行，压实度不低于95%。⑤做好施工现场的排水工作，遇到降雨天气应采取适当措施迅速将水排走或对施工现场进行遮盖。⑥各道工序须经有关部门验收合格后方可进行下道工序施工，并做好施工的验收记录。

第三节　路基附属设施的施工

一、路缘石的施工

城市道路路缘石施工分成现浇路缘石和预制路缘石，预制路缘石根据采用材料的不同又分为石质路缘石和混凝土预制路缘石。

（一）现浇路缘石施工工艺

1.材料要求

（1）水泥

水泥应符合下列规定：采用42.5级以上的道路硅酸盐水泥或硅酸盐水泥、普通硅酸盐水泥、矿渣水泥。不同等级、厂牌、品种、出厂日期的水泥不得混存、混用。出厂期超过3个月或受潮的水泥，必须经过试验，合格后方可使用。

（2）粗集料

粗集料应符合下列规定：粗集料应采用质地坚硬耐久、洁净的碎石、砾石、破碎砾石，并应符合规定。

（3）细集料

细集料应符合下列规定：宜采用质地坚硬，细度模数在2.5以上，符合级配规定的洁净粗砂、中砂。砂的技术要求应符合规定。

使用机制砂时，除应满足上述砂的技术要求的规定外，还应检验砂的磨光值，其值大于35，不宜使用耐磨性较差的水成岩类机制砂。

（4）施工用水

施工用水应符合《混凝土用水标准》（JGJ 63—2006）规定，宜使用饮用水及不含油类等杂质的清洁中性水，pH值为6~8。

（5）外加剂

外加剂应符合下列规定：外加剂宜使用无氯盐类的防冻剂、引气剂、减水剂等。

外加剂应符合《混凝土外加剂》（GB 8076—2008）的有关规定，并应有合格证。

使用外加剂应经掺配试验，并应符合《混凝土外加剂应用技术规范》（GB 50119—2013）的有关规定。

2.机械、工具

（1）机械

机械包括：强制式搅拌机、切割机、自行式自动化缘石机（或带路缘成形附件的摊铺机）、混凝土罐车、洒水车、装载机。

（2）仪器设备

仪器设备包括：经纬仪、水准仪。

第十章 路基附属工程施工

（3）工具

工具包括：模板手推车、铁锹水平尺、钢卷尺、3m直尺、放线绳等。

3.作业条件

（1）基层质量已验收合格。

（2）原材料经见证取样检验合格。

（3）混凝土施工配合比已获监理工程师批准。

（4）施工现场无积水。

（5）施工用水、用电已经接通。

（6）已对作业层队伍进行全面技术、安全、质量、环保内容的交底。

（7）无雨雪天气，环境温度高于5℃。

4.工艺流程

现场浇筑成型路缘石施工工艺流程：基层验收→测量放样→路面切边→挖槽→拌制混凝土→混凝土运输→浇筑混凝土→缝设置→养护。

5.操作要点

（1）测量放样。路缘石的控制桩，直线段桩距宜为10~15m；曲线段桩距宜为5~10m；路口处桩距宜为1~5m。保证现浇路缘石的安装与路面工程整体的良好外观效果。

（2）路面切边要拉线校核，切割时杜绝发电机、切边机漏油而污染路面。切边时的浮浆应及时清理干净。

（3）挖槽应达到设计要求的深度以确保路缘石的埋置深度。铺设路缘石的基层应按照路基响应层次的压实要求压实成平整的基面。

（4）模板施工。

①模板采用全深立模，模板在使用前必须进行试组拼，保证接缝平整、密合，模板必须落在有足够承载力的地基上并支设牢固。模板安装允许偏差应符合规定。

②模板拆除应待混凝土强度达到2.5MPa以上，拆模要采取措施，防止缘石表面划伤、掉角。

（5）混凝土施工。

①混凝土原材料、配合比与施工应符合下列规定：

a.拌制混凝土最大水灰比与最小水泥用量应符合规定。

b.混凝土采用商品混凝土，配合比应经试配确定，其强度、抗冻性应符合设计规定，其和易性、流动性应满足施工要求，坍落度控制在（16±2）cm。

②混凝土浇筑：

a.混凝土浇筑前，模板内的污物杂物应清理干净、积水排干、缝隙堵严。在浇筑过程中，应有专人负责巡视检查，遇有漏浆漏水情况应及时补救。

b.混凝土的浇筑应尽量减少对模板的冲击。

c.混凝土应振捣密实，振捣至混凝土不再下沉无显著气泡上升、表面平坦一致，开始浮现水泥浆为宜。

③水泥混凝土面层成活后，应及时养护。可选用保湿法和塑料膜覆盖等方法进行养护。

（6）温度缝设置。缩缝按3~5m等长设置，并与施工缝重合，缩缝宽度宜控制在5mm，深度应大于40mm。可用切割机切成5mm明缝。切缝应在混凝土达到强度后立即进行。胀缝应使用40mm厚的伸缩缝填料，以100m的间距进行设置。

（7）回填土。路缘石混凝土达到设计规定强度后方可回填土。回填土的压实度应符合路基压实度要求。最后应清理工作现场，以确保路面的整洁。

（8）季节性施工。

①雨季应对预制场地做好排水工作，确保道路通畅。

②冬季施工时，应做好保温防冻工作。

③当气温超过30℃时，混凝土中宜掺加缓凝剂等外掺剂。

6.质量标准

路缘石安砌质量检验应符合下列规定。

（1）主控项目：路缘石混凝土强度应符合设计要求。

检查数量：每种每检验批1组（3块）。

检验方法：检查出厂检验报告并复验。

（2）一般项目：路缘石应稳固、缝宽均匀、外露面清洁线条顺畅，平缘石不阻水。

检查数量：全数检查。

检验方法：观察。

立缘石、平缘石允许偏差应符合规定。

7.安全环保措施

（1）施工场地必须保证施工的正常进行，施工期间进行必要的维护。

（2）施工现场的机械设备操作人员必须持证上岗。

（3）所有参与施工的人员必须接受现场专职安全员的安全知识培训，遵守施工现场的安全管理规定。

（4）施工现场必须有专职安全员和兼职安全员，施工负责人是现场安全管理的第一责任人。

（5）施工现场禁止非施工人员进入。

（6）施工现场必须经常洒水，防止起尘，消除粉尘对环境的污染。

（7）施工现场的各种生活垃圾和废水必须按有关规定处理。

（8）施工完成后应及时清理现场，施工垃圾必须集中回收处理，严禁随意抛弃。

（二）预制路缘石安装施工工艺

1.材料要求

预制路缘石采用石材或预制混凝土制作。一般在城市主城区的主要干道或石料资源丰富地区采用实质路缘石，其余采用预制混凝土路缘石。路缘石生产厂应提供产品强度、规格尺寸等技术资料及产品合格证。路缘石采用标准块生产供应，路口、隔离带端部等曲线段路缘石，宜按设计弧形加工预制，也可采用小标准块。

（1）石质路缘石

应采用质地坚硬的石料加工，强度应符合设计要求，宜选用花岗石。剁斧加工石质路缘石允许偏差应符合规定。

（2）预制混凝土路缘石应符合下列规定

①混凝土强度等级应符合设计要求。设计未规定时，不应小于C30。路缘石弯拉与抗压强度应符合规定。

②路缘石吸水率不得大于8%。有抗冻要求的路缘石经50次冻融试验（D50）后，质量损失率应小于3%；抗盐冻性路缘石经ND25次试验后，质量损失应小于0.5kg/m。

③预制混凝土路缘石加工尺寸允许偏差应符合规定。

④预制混凝土路缘石外观质量允许偏差应符合规定。

⑤水泥：强度等级不宜低于32.5级。水泥应有出厂合格证（含化学成分物理标准），并经复验合格，方可使用。不同等级、厂牌、品种、出厂日期的水泥不能混存、混用。出厂期超过3个月或受潮的水泥，必须经过试验，合格后方可使用。

⑥粗集料：采用粒径0.5～2.2cm的卵石或碎石。

⑦细集料：采用中砂，通过0.315mm的筛孔的砂，不应少于15%。

⑧施工用水：应符合《混凝土用水标准》（JGJ 63—2006）的规定。宜使用饮用水及不含油类等杂质的清洁中性水，pH值为6～8。

2.机械、工具

（1）机械：强制式搅拌机。

（2）仪器设备：经纬仪、水准仪。

（3）工具：手推车、铁锹、水平尺、钢卷尺3m直尺、放线绳等。

3.工艺流程

预制路缘石安装工艺流程：基层验收→测量放样→安放路缘石→浇筑混凝土→灌缝→养护。

4.操作要点

（1）由于路缘石容易损坏，路缘石运输途中车速不要过快，应防止颠簸，轻装轻卸。

（2）路缘石基础宜与相应的基层同步施工。

（3）安装路缘石的控制桩，直线段桩距宜为10～15m；曲线段桩距宜为5～10m；路口处桩距宜为1～5m。以保证路缘石的安装质量和路面工程整体的良好外观效果。

（4）对下承层进行清扫、洒水，将搅和好的干硬性砂浆摊铺在路缘石的底部基础层，摆放路缘石并进行线条和高程的调整。砂浆应饱满、厚度均匀。路缘石砌筑应稳固、直线段顺直、曲线段圆顺缝隙均匀，平缘石表面应平顺不阻水。

（5）路缘石背后宜浇筑水泥混凝土支撑，并还土夯实。还土夯实宽度不宜小于50cm，高度不宜小于15cm，压实度不得小于90%。

（6）采用M10水泥砂浆对路缘石进行灌缝。灌缝应密实均匀，且无杂物污染，全线无明显色差。灌缝后，常温养护不应少于3天。

（7）清理工作现场，以保证路面的整洁。

5.质量标准

路缘石安砌质量检验应符合下列规定。

（1）主控项目

混凝土路缘石强度应符合设计要求。

检查数量：每种、每检验批1组（3块）。

检查方法：检查出厂检验报告并复验。

（2）一般项目

路缘石应砌筑稳固、砂浆饱满、勾缝密实，外露面清洁线条顺畅，平缘石不阻水。

检查数量：全数检查。

检查方法：观察。

立缘石、平缘石安砌允许偏差应符合表10-1的规定。

表10-1 立缘石、平缘石安砌允许偏差

项目	允许偏差（mm）	检验频率 范围（m）	检验频率 点数	检验方法
直顺度	≤10	100	1	用20m线和钢卷尺测量
相邻块高差	≤3	20	1	用钢板尺和塞尺测量
缝宽	±3	20	1	用钢卷尺测量
顶面高程	±10	20	1	用水准仪测量

二、人行道（盲道）铺设

人行道一般采用料石面砖、预制混凝土砌块面砖铺砌而成，也有采用沥青混凝土、水泥混凝土铺筑人行道面层的，但不常见，本文不再赘述。

（一）材料要求

1.料石面砖

应表面平整、粗糙，色泽、规格、尺寸应符合设计要求，其抗压强度不宜小于80MPa，且应符合要求、料石面砖加工尺寸允许偏差应符合规定。

料石宜由预制场生产，并应提供强度、耐磨性能试验报告及产品合格证。

2.水泥混凝土预制砌块

抗压强度应符合设计规定，设计未规定时，不宜低于30MPa。砌块应表面平整、粗糙、纹路清晰、棱角整齐，不得有蜂窝、露石、脱皮等现象；彩色砌块应色彩均匀。预制人行道砌块加工尺寸与外观质量允许偏差应符合规定。

预制砌块宜由预制场生产，并应提供强度、耐磨性能试验报告及产品合格证。

（二）机械、工具

1.机械

机械包括：强制式搅拌机碾压机、板材切割机平板振动器。

2.仪器设备

仪器设备包括全站仪、经纬仪、水准仪等。

3.工具

工具包括手推车、铁锹、靠尺、水桶、铁袜子、木抹子、墨斗、钢卷尺、尼龙绳、橡胶锤、铁水平尺、砂轮锯、笤帚、钢錾子、弯角方尺。

(三) 工艺流程

铺砌式面层施工工艺流程：准备工作→测量放线→铺垫层→试排→铺砌块层，嵌缝压实。

(四) 操作要点

1.测量放线

按设计图样进行实地放线，标定高程，一般10m为一桩，曲线段适当加密。若人行道外侧已按高程埋设侧石，则以侧石顶高为标准设计横坡放线。

2.基层施工

料石、预制混凝土砌块铺砌人行道基层采用石灰土。

3.面层施工

测量放样→垫层施工→铺筑路面砖→灌缝和碾压→清理。

(五) 特殊部位处理

1.树穴、绿化带

各种路面人行道均应按设计间隔和尺寸留出树穴或绿化带。树穴与侧石要方正衔接，绿化带要与侧石平行，其边缘应砌筑水泥混凝土预制块或路缘石；树穴缘石顶面高宜与人行道面平齐，树穴内砌筑种草预制块，其高程与缘石顶面高齐平以利行人通行。常用树穴尺寸为100cm×100cm、125cm×125cm和150cm×150cm等。树穴尺寸应包括缘石在内。

2.电线杆及各类检查井的衔接

人行道遇有永久性电线杆等构筑物时，沥青混凝土人行道或现浇水泥混凝土路面应铺齐。铺筑预制面砖应采用切割砖或细石水泥混凝土补齐，并应调整人行道各类检查井的井圈高程至标准范围内。

3.相邻建筑物

人行道与建筑物相邻时，人行道应与构筑物接顺，不得反坡，并留出人行道缺口。如相邻建筑物与人行道高差较大时，应考虑增设踏步或挡土墙。

第十一章 桥梁基础施工技术

第一节 明挖扩大基础施工技术

明挖扩大基础施工的内容包括：基础的定位放样、基坑开挖、基坑排水、基底处理以及砌筑（浇筑）基础结构物等。

一、基础定位放样

在基坑开挖前，先进行基础的定位放样工作，以便将设计图上的基础位置准确地设置到桥址上。放样工作系根据桥梁中心线与墩台的纵横轴线，推出基础边线的定位点，再放线画出基坑的开挖范围。基坑各定位点的高程及开挖过程中高程检查，一般用水准测量的方法进行。

二、基坑开挖

基坑开挖的主要工作有：挖掘、出土、支护、排水、防水、清底以及回填等。施工时，应根据地质条件、水文条件、基坑开挖深度、开挖所采用的方法和机具等，采用不同的开挖工艺。

基坑在开挖前通常需完成下列准备工作：施工场地的清理、地面水的排除、临时道路的修筑、供电与供水管线的敷设、临时设施的搭建、基坑的放线等工作。

场地清理包括拆除房屋、古墓，拆迁或改建通信设备、电力设备、上下水道以及其他建筑物、迁移树木等工作。

场地内低洼地区的积水必须排除，同时应注意雨水的排除，使场地保持干燥，以便基坑开挖。

地面水的排除一般采用排水沟、截水沟、挡水土坝等措施。应尽量利用自然地形来设置排水沟，使水直接排至基坑外，或流向低洼处，再用水泵抽走。主排水沟最好设置在施工区域的边缘或道路的两旁，其横断面和纵向坡度应根据最大流量确定。一般排水沟的横断面不小于0.5m×0.5m，纵向坡度一般不小于3‰。平坦地区，如出水困难，其纵向坡度不应小于2‰，沼泽地区可降至1‰。在基坑开挖过程中，要注意排水沟保持畅通，必要时应设置涵洞。

（一）土方边坡及其稳定

1.土方边坡

为了防止塌方，保证施工安全，在开挖深度超过一定限度时，均应在其边沿做成一定坡度的边坡。

土方边坡坡度是以其高度H与宽度B之比表示。

根据各层土质以及土体所受的压力，土方边坡可做成直线形、折线形和台阶形。合理地选择基坑边坡是减少土方量的有效措施。

2.边坡的稳定

基坑边坡主要是靠土体内土颗粒之间的摩擦阻力和内聚力，使土体具有一定的抗滑力来保持稳定。当土体的下滑力大于抗滑力，边坡就会失去稳定而发生滑动，这种滑动一般是在一定范围内整体沿某一滑动面向下和向外移动。一旦土体失去平衡，土体就会塌方，不仅会造成人身安全事故，影响工期，有时还会危及邻近建筑物的安全。

基坑边坡的失稳往往是在外界不利因素影响下触发和加剧的。这些外界不利因素往往导致土体剪应力的增加或抗剪强度的降低。

引起土体剪应力增加的因素主要有：

坡顶上堆积物、行车等荷载；雨水或地面水渗入土中，使土中的含水量增加而造成土的自重增加；地下水的渗流产生一定的动水压力；土体竖向裂缝中的积水产生侧向静水压力；边坡过陡，土体本身稳定性不够。

引起土体抗剪强度降低的因素主要有：

土质本身较差或因气候影响使土质松软；体内含水量增加使土体内聚力降低、产生润滑作用；饱和的细砂、粉砂因受振动而液化等。

（二）基坑开挖的方式

基坑开挖的方式与基础的埋置深度、地质土的性质、施工周期的长短有关。可分为直立壁开挖、放坡开挖、支护开挖。按其基坑所处的环境可分为陆地基坑开挖和水中基础的基坑开挖两种。

1.陆地基坑开挖

基坑大小应满足基础施工要求，对有渗水土质的基坑坑底开挖尺寸，需按基坑排水设计（包括排水沟、集水井、排水管网等）和基础模板设计而定，一般基底尺寸应比设计平面尺寸各边增宽0.5~1.0m。基坑可采用垂直开挖、放坡开挖、支撑加固或其他加固的开挖方法，具体应根据地质条件、基坑深度、施工期限与经验，以及有无地表水或地下水等现场因素来确定。

（1）坑壁不加支撑的基坑

对于在干涸无水河滩、河沟中，或有水经改河或筑堤能排除地表水的河沟中；在地下水位低于基底，或渗透量少，不影响坑壁稳定；以及基础埋至不深（一般在5m以内），施工期较短，挖基坑时不影响临近建筑安全的施工场所，可考虑选用坑壁不加支撑的基坑。

不加支护的基坑开挖时，坑壁依靠土体本身的抗剪强度，或采取适量放坡的方式来解决边坡的稳定问题。

基坑开挖时，坑壁的形式有直坡式、斜坡式和踏步式等。

直坡坑壁基坑：当基础土质均匀，地下水位低于基坑，基坑顶边缘无荷载，土体处于半干硬或硬塑状态时，可采用坑壁不加支护而垂直开挖的方法。如果坑壁垂直开挖超过挖深限值时，可采取踏步式坑壁开挖法或考虑放坡开挖以及做成直立壁加支撑。斜坡坑壁基坑：在天然土层上挖基坑，若深度在5m以内，施工期较短，基底处于地下水位以下，且土的湿度正常，构造均匀时，可采用放坡开挖。如果基坑开挖通过不同的土层时，可按土层分层选定边坡坡度，并留出至少0.5m宽的台阶。若土的湿度过大，可能引起坑壁坍塌时，坑壁坡度应采用该湿度下土的天然坡度。

（2）坑壁有支撑的基坑

当基坑壁坡不易稳定并有地下水渗入，或放坡开挖场地受到限制，或基坑较深、放坡开挖工程数量较大，不符合技术经济要求时，可视具体情况，采用以下加固坑壁措施，如挡板支撑、钢木结合支撑、混凝土护壁及锚杆支护等。常用的坑壁支撑形式有：直衬板式坑壁支撑、横衬板式坑壁支撑、框架式支撑及其他形式的支撑（如锚桩式、锚杆式、锚锭板式、斜撑式等）。

常用的支撑方法有：

横撑式支撑。分为水平式支撑和垂直式支撑。

水平式支撑，断续或连续的挡土板水平放置。断续式水平挡土板支撑，适于能保持直立壁的干土或天然湿度的黏土，深度在3m以内的基坑。连续式水平挡土板支撑，适于较潮湿或散粒的土，深度在5m以内的基坑。

垂直式支撑，断续或连续的挡土板垂直放置。适于土质较松散或土的湿度很高、地下水较少、深度不限的基坑。

锚拉支撑。水平挡土板支在柱桩的内侧，柱桩一端打入土中，另一端用拉杆与锚桩拉紧，锚桩必须设在土的破坏范围以外，在挡土板内侧回填土。适用于开挖面积较大、深度不大的基坑或使用机械挖土的基坑。

短柱横隔支撑。打入短木桩，部分打入土中，部分露出地面，钉上水平挡土板，在背面填土。适于开挖宽度大的基坑，当部分地段下部放坡不够时使用。

钢板桩支撑。挖土之前在基坑的周围打入钢板桩或钢筋混凝土板桩，板桩入土深度及悬臂长度应经计算确定，如基坑深度较大，可加水平支撑。它适于在一般地下水位较高的黏性或砂土层中应用。

大型钢构架横撑。在开挖的基坑周围打钢板桩或钢筋混凝土桩，在柱位置上打入暂设的钢柱，在基坑中挖土，每下挖3~4m，装上一层钢构架支撑体系，挖土在钢构架网格中进行，亦可不预先打下钢柱，随挖随接长支柱，适于在饱和软弱的土层中开挖较大、较深的基坑，钢板桩刚度不够时采用。

钢筋混凝土灌注桩支撑。在开挖的基坑周围，现场灌注钢筋混凝土桩，达到强度后，在基坑中间用机械或人工挖土，下挖1m左右装上横撑，在桩背面装上拉杆与已设锚桩拉紧，然后继续挖土至要求深度。桩间土方挖成外拱形，使之起土拱作用。如基坑深度小于6m，或邻近有建筑物，亦可不设锚拉杆，采取加密桩距或加大桩径处理，适于开挖较大、较深（>6m）基坑，临近有建筑物，不允许支护，背面地基有下沉、位移时采用。

土层锚杆支护。沿开挖基坑边坡每2~4m设置一层水平土层锚杆，直到挖土至要求深度。适于在较硬土层中或破碎岩石中开挖较大、较深基坑，如邻近有建筑物，必须保证边坡稳定时才可采用。

地连墙加锚杆支护。在基坑周围现浇地下连接墙，开挖土方至锚杆部位，用锚杆钻机在要求位置钻孔，放入锚杆，进行灌浆，待达到强度，装上锚杆横梁，或锚头垫座，然后继续下挖至要求深度。根据需要，锚杆可设2~3层，每挖一层装一层，采用快凝砂浆灌浆。适于开挖放大、较深（>10m）、不允许内部设支撑、有地下水的大型基坑。

2.水中基础的基坑开挖

桥梁墩台基础大多位于地表水位以下,有时水流还比较大,施工时都希望在无水或静止水条件下进行。桥梁水中基础最常用的施工方法是围堰法。围堰的作用主要是防水和围水,有时还起着支撑施工平台和基坑坑壁的作用。公路桥梁常用的围堰的类型有:土石围堰、木笼围堰或竹笼围堰、钢板桩围堰、套箱围堰。

围堰必须满足以下要求:(1)围堰顶高宜高出施工期间最高水位700mm,最低不应小于500mm,用于防御地下水的围堰宜高出水位或地面200~400mm。(2)围堰的外形应适应水流排泄,大小不应压缩流水断面过多,以免壅水过高危及围堰安全,以及影响通航、导流等。围堰内形应适应基础施工的要求,并留有适当的工作面积。堰身断面尺寸应保证有足够的强度和稳定性,使基坑开挖后,围堰不致发生破裂、滑动或倾覆。(3)围堰要求防水严密,应尽量采取措施防止或减少渗漏,以减轻排水工作量。对围堰外围边坡的冲刷和筑围堰后引起的河床冲刷均应有防护措施。(4)围堰施工一般应安排在枯水期间进行。

三、基坑排水

(一)集水坑排水法

除严重流沙外,一般情况下均可采用。基坑坑底一般多位于地下水位以下,而地下水会经常渗进坑内,因此必须设法将坑内的水排除,以便于施工。集水坑(沟)的大小,主要根据渗水量的大小而定,排水沟底宽不小于0.3m,纵坡为1%~5%。如排水时间较长或土质较差时,沟壁可用木板或荆篱支撑。

(二)其他排水法

对于土质渗透较大、挖掘较深的基坑可采用板桩法或沉井法。此外,视现场条件、工程特点及工期等因素,还可采用帷幕法,即将基坑周围土用硅化法、水泥灌浆法、沥青灌浆法以及冻结法等处理成封闭不透水的帷幕。这种方法除自然冻结法外,其余均因设备多、费用大,在桥涵基础施工时较少采用。

四、基底处理

（一）基底检验

基坑已挖至基底设计高程，或已按设计要求加固、处理完毕后，须经过基底检验，方可进行基础结构施工。

基坑施工是否符合设计要求，在基础浇筑前应按规定进行检验。其目的在于：确定地基容许承载力的大小、基坑位置与高程是否与设计文件相符，以确保基础的强度和稳定性，不致发生滑移等病害。基底检验的主要内容包括：检查基底平面位置、尺寸大小、基底高程；检查基底土质均匀性、地基稳定性及承载力等；检查基底处理和排水情况；检查施工日志及有关试验资料等。

为使基底检验及时，以免因等候检验、基底暴露时间过久而风化变质，施工负责人应提前通知检验人员，安排检验。

1.检验内容

（1）检查基坑的平面位置、坑底尺寸、高程是否符合设计要求，偏差是否在现行有关规定允许范围以内。（2）检验基坑底面土质及其均匀性、稳定性，坑壁坡面是否平顺稳定，有无排水措施，容许承载力能否满足设计要求。（3）检查基坑和地基加固、处理过程中的有关施工记录和试验等资料。（4）检查基底地基经加固、处理后的效果是否达到设计要求。

2.检验方法。

（1）小桥和涵洞基底的地基检验

一般经过直观或触探器确定土质与设计要求符合时，即可签认进行浇砌基础。

经过直观或触探对土质有疑问时，应取土样做土的物理力学性能试验，如颗粒分析、天然密度、天然含水量、天然孔隙比、液限、塑限、密度、可塑性、压缩性和抗剪强度等，以鉴定土的容许承载力，或钻探2~4m以上，检查下卧层土质。

特殊设计的小桥涵洞对地基沉降有严格要求，当属于下列不良土质情况时，宜进行载荷试验。

风化颇重的岩层；松散砂类土的相对密实度≤0.33；黏质土的天然孔隙比超过下列限度时：黏土质砂（>0.7，低液限黏土>1，高液限黏土>1.1）；含有大量有机物的吹填土或砂土、黏土；含有大块杂质（尤其是多量碎砖瓦等）的填筑土。对经过加固处理的地基，应根据不同加固方法的质量要求采用相应的检验方法，包括量测加固范围、桩位偏差和桩体垂直度偏差；用环刀法取样或灌砂法测定压实度或干密度；用

第十一章 桥梁基础施工技术

静力触探或动力触探检验加固处理后的效果。

（2）大、中桥和填土在12m以上涵洞基底的地基检验

一般由检验人员用直观、触探、挖试坑或钻探（钻探至少4m以上）试验等方法确定土质容许承载力，确认符合设计要求后，即可进行基础施工。

在地质特别复杂，或在设计文件中有特殊要求必须做载荷试验时，才做载荷试验。必要时还应做土工试验，与载荷试验核对。

在特殊地基上已经加固处理又经触探、密实度检验后，尚有疑问时，则应再做载荷试验。确认符合设计要求后，才能进行基础圬工的施工。

（3）检验注意事项

地基经检验后，需要做大的加固处理时，应由施工单位邀请建设单位及设计单位共同研究确定。加固处理完毕，应再经检验合格后，方可进行基础施工。

桥涵地基检验，除了进行平面尺寸和地基变形观测外，检验方法主要有静力触探、动力触探、标准贯入试验、土压力、孔隙水压力及土位移测试，载荷试验、旁（横）压试验，排水固结法加固的地基有时还需做十字板剪切试验。无论何种测试方法都有一定的局限性，故宜采用多种方法进行综合评价。现场测试要辅以取样，做室内土工试验，如加固设计已规定有检验项目和检验方法的，按设计规定办理。

为了有较好的可比性，加固前后两次的测试项目应力求对应，甚至最好由同一组织、用同一仪器按同一标准进行。

检验后按规定格式填写地基检验表，由参加检验人员会签，作为竣工验收的原始资料。

（二）基底处理

天然地基上的基础是直接靠基底土壤来承担荷载的，故基底土壤状态的好坏，对基础及墩台、上部结构的影响极大，不能仅检查土壤名称与容许承载力大小，还应为土壤更有效的承担荷载创造条件，即要进行基底处理工作。

1.未风化岩石基底

对未风化岩层开挖至岩层面后，应清除岩面松碎石块，凿出新鲜岩面，并用水冲洗干净，岩面不得存有淤泥、苔藓等表面附着物。岩面倾斜时，应将岩面基本凿平或凿成台阶。对基坑内岩面有部分破碎带时，应会同设计人员研究处理，采用混凝土封填或设混凝土拱等方法进行处理，以满足承载力的要求。

2.风化岩层基底

岩石的风化程度对其承载力影响很大。在开挖至风化岩层时，应会同设计人员认真观察其风化程度，检查基底是否符合设计承载力要求。按设计要求适当凿去风化表层，或清理到新鲜岩面，将基坑填满封闭，防止岩层继续风化。

3.碎石或砂类土层

将基底修理平整并夯实，砌筑基础混凝土时，应先铺一层20mm厚的水泥砂浆。

4.黏土基底

基坑开挖时，留200～300mm深度不挖，以防止地面、地下水渗流至基面，浸泡基面，降低强度。砌筑前，再用铁锹加以铲平。如基底原状土含水量较大或在施工中浸水泡软，可在基坑中夯入100mm以上厚度的碎石，但碎石顶面不得高于设计高程。当基底土质不均，部分软土层厚度不大时，可挖除后换填砂土，并分层夯实。

5.湿陷性黄土

湿陷性黄土地基开挖时，必须保持基坑不受水浸泡，并尽量避免在雨期施工，否则应有专门的防洪排降水设施，并应按设计要求采用重锤夯实、换填或挤密桩法进行加固。

6.软土层

软土地基应按设计要求进行加固，可采用换土、砂井、砂桩或其他软土地基处理方法。在软土地基上修建桥梁时，应按设计预留沉降量。采用砂井加固的软土地基，按设计要求采取预压。桥涵主体必须分期均匀施工。在砌筑墩台、填土和架梁工程中，随时观测软土地基的沉降量，用以控制施工进度，使软土地基缓慢平均受载，防止发生剧烈变化或不均匀下沉。

7.泉眼

对于泉眼，应用堵塞或导流的方法处理。泉眼水流较小时，可用木塞、速凝水泥砂浆、带螺帽钢管等堵塞泉眼。堵眼有困难时，采用竹管、塑料管或钢管引流，待基础圬工灌注完后，向管内压浆将其封闭，也可在基底以下设置暗沟或盲沟，将水引至基础施工以外的汇水井中抽排，施工完后用水泥砂浆封闭。

8.溶洞地基处理

在地基下出现溶洞时，应会同设计部门研究处理，一般采取以下加固措施进行处理：（1）首先用勘测方法探明溶洞的形态、深度和范围，以便采取相应的处理方法。（2）当溶洞埋深较浅时，可用高压射水清除溶洞中的淤泥，灌注混凝土进行填充；当溶洞较深且狭窄、洞内土壤不易清除时，可向洞内打入混凝土桩。（3）当洞处在基础底面,溶洞窄且深时,可用钢筋混凝土板盖在溶洞上面,跨越溶洞。(4)当埋藏较深,溶洞内有部分软黏土时,可用钻机钻孔,从孔中灌入砂石混合料,并压灌水泥砂浆封闭。

五、基础浇筑

基础施工分为无水浇筑、排水浇筑和水下浇筑三种情况。

排水施工的要点是:确保在无水状态下砌筑圬工;禁止带水作业及用混凝土将水赶出模板外灌注方法;基础边缘部分应严密隔水;水下部分圬工必须待水泥砂浆或混凝土终凝后才允许浸水。

水下浇筑混凝土只有在排水困难时采用。基础圬工的水下灌注分为水下封底和水下直接灌筑基础两种。前者封底后仍要排水再砌筑基础,封底只是起封闭渗水的作用,其混凝土只作为地基而不作为基础本身,适用于板桩围堰开挖的基坑。浇筑基础时,应做好与台身、墩身的接缝联结,一般要求是:(1)混凝土基础与混凝土墩台身的接缝,周边应预埋直径不小于16mm的钢筋或其他铁件,埋入与露出的长度不应小于钢筋直径的20倍。(2)混凝土或浆砌片石墩台身的接缝,应预埋片石,片石厚度不应小于150mm,片石的强度要求不低于基础或墩台身混凝土或砌体的强度。

第二节 钻孔灌注桩基础施工技术

一、场地准备

钻孔前要进行准备工作,其内容包括:(1)场地为旱地时,应除杂物,换除软土,整平夯实;(2)场地为陡坡时,可用枕木、型钢等搭设工作平台;(3)场地为浅水时,宜采用筑岛施工,筑岛面积应根据钻孔方法、设备大小等要求确定;(4)场地为深水或淤泥较厚时,可搭设工作平台,平台必须牢固稳定,能承受工作时所有静、动荷载,并考虑施工机械能安全进出。

二、设备准备

根据地质资料,确定科学合理的钻孔方法和钻孔设备,架设好电力线路,配备适合的变压器。若用柴油机提供动力,则应购置与设备动力相匹配的柴油机和充足的燃油。混凝土拌和机、电焊机、钢筋切割机,以及水泥、砂石材料均要在钻孔开始前准备妥当。

三、埋设护筒

可以采用钢护筒,也可以采用现场预制的钢筋混凝土护筒,在放样好的桩位处,开挖一个圆形基坑将护筒埋入。护筒应坚实、不漏水,护筒内径应比桩径大20~30cm。采用反循环钻时应使护筒顶高程高出地下水位2.0m;采用正循环钻时应高出地下水位1.0~1.5m;处于旱地时,护筒在满足上述条件的基础上还应高出地面0.3m。

四、泥浆制备

钻孔泥浆由水、黏土(膨润土)和添加剂组成。具有浮悬钻渣、冷却钻头、润滑钻具、增大静水压力,并有在孔壁形成泥膜、隔断孔内外渗流、防止坍孔的作用。调制的钻孔泥浆及经过循环净化的泥浆,应根据钻孔方法和地层情况采用不同的性能指标。泥浆稠度应视地层变化或操作要求,灵活掌握。泥浆太稀,排渣能力小,护壁效果差;泥浆太稠,会削弱钻头冲击功能,降低钻进速度。

通常采用塑性指数大于25、粒径小于0.002mm、颗粒含量大于500%的黏土,通过泥浆搅料机或人工调和,储存在泥浆池内,再用泥浆泵输入钻孔内。泥浆泵应有足够的流量,以免影响钻进速度。大直径深孔采用正循环旋转法施工时,泥浆泵应经过流量和泵压计算来选择。对孔深百米以内的钻孔,一般可采用不小于2MPa的泵压。

五、施工方法

(一)基础施工

钻孔就位前,应对钻孔的各项准备工作进行检查,包括场地与钻机坐落处的平整和加固,主要机具的检查与安装。必须及时填写施工记录表,交接班时应交代钻进情况及下一班应注意事项。钻机底座和顶端要平稳,在钻进和运行中不应产生位移和沉陷。回转钻机顶部的起吊滑轮缘、转盘中心和桩位中心三者应在同一铅垂线上,偏差不超过2cm。钻孔作业应分班连续进行,经常对钻孔泥浆性能指标进行检验,不符合要求时要及时改正。

1.冲击法

用冲击钻机或卷扬机带动冲锥，借助锥头自重下落产生的冲击力，反复冲击破碎土石或把土石挤入孔壁中，用泥浆浮起钻渣，或用抽渣筒或空气吸泥机排出而形成钻孔。

2.冲抓法

用冲抓锥靠自重产生冲击力，切入土层或破碎土层，叶瓣抓土、弃土以形成钻孔。

3.旋转法

用钻机通过钻杆带动锥或钻头旋转切削土，用泥浆浮起并排出钻渣形成钻孔。

以上每种方法因动力与设备功能的不同而分为多种。

（二）钻孔

一般采用螺旋钻头或冲击锥等成孔，或用旋转机具辅以高压水冲成孔。根据井孔中土（钻渣）的取出方法不同，常用的方法是：螺旋钻孔、正循环回转钻孔、反循环回转钻孔、潜水钻机钻孔、冲抓钻孔、冲击钻孔、旋挖钻机钻孔。

正循环回转钻孔：利用钻具旋转切削土体钻进，泥浆泵将泥浆压进泥浆龙头，通过钻杆中心从钻头喷入钻孔内，泥浆挟带钻渣沿钻孔上升，从护筒顶部排浆孔排出至沉淀池，钻渣在此沉淀而泥浆流入泥浆池循环使用。其特点是钻进与排渣同时连续进行，在适用的土层中钻进速度较快，但需设置泥浆槽、沉淀池等，施工占地较多，且机具设备较复杂。

反循环回转钻孔：与正循环法不同的是泥浆输入钻孔内，然后从钻头的钻杆下口吸进，通过钻杆中心排出至沉淀池内。其钻进与排渣效率较高，但接长钻杆时装卸麻烦，钻渣容易堵塞管路。另外，因泥浆是从上向下流动，孔壁坍塌的可能性较正循环法的大，为此需用较高质量的泥浆。

旋挖钻机钻孔：旋挖钻机是一种高度集成的桩基施工机械，采用一体化设计、履带式360°回转底盘及桅杆式钻杆，一般为全液压系统。旋挖钻机采用筒式钻斗，钻机就位后，调整钻杆垂直度，注入调制好的泥浆，然后进行钻孔。当钻头下降到预定深度后，旋转钻斗并施加压力，将土挤入钻斗内，仪表自动显示筒满时，钻斗底部关闭，提升钻斗将土卸于堆放地点。钻进施工过程中应保证泥浆面始终不低于护筒底部，保证孔壁稳定。通过钻斗的旋转、削土、提升、卸土和泥浆撑护孔壁，反复循环直至成孔。

旋挖钻机特殊的桶型钻头直接取土出渣,不需接长钻杆,钻孔时孔口注浆以保持孔内泥浆高度即可,因而能大大缩短成孔时间,提高施工效率。由于带有自动垂直度控制和自动回位控制,成孔垂直度和孔位等能得到保证。桶钻取土上提过程中对孔壁扰动较小,桶钻周边设有溢浆孔,溢出泥浆可起到护壁作用。

旋挖钻机一般适用黏土、粉土、砂土、淤泥质土、人工回填土及含有部分卵石、碎石的地层。对于具有大扭矩动力头和自动内锁式伸缩钻杆的钻机,可适用微风化岩层的钻孔施工。

(三)孔径检查与清孔

钻孔的直径、深度和孔形直接关系到成桩质量,是钻孔桩成败的关键。为此,除了钻孔过程中严谨操作、密切观测监督外,在钻孔达到设计要求深度后,应采用适当器具对孔深、孔径、孔形等认真检查,符合设计要求后,填写终孔检查表。

清孔的方法有抽浆法、换浆法、掏渣法、喷射清孔法以及用砂浆置换钻渣清孔法等,应根据设计要求、钻孔方法、机具设备和土质条件决定。其中抽浆法清孔较为彻底,适用于各种钻孔方法的灌注桩。对孔壁易坍塌的钻孔,清孔时操作要细心,防止坍孔。

清孔的质量要求:对摩擦桩,孔底沉淀土的厚度,中、小桥不得大于$(0.4 \sim 0.6)d$(d为桩的直径),大桥按设计文件规定。清孔后的泥浆性能指标,含砂率为4%~8%,相对密度为1.10~1.25,黏度为18~20s。对支承桩(柱桩、嵌岩桩),宜用抽浆法清孔,并宜清理到吸泥管出清水为止。灌注混凝土前,孔底沉淀土厚度不得大于50mm。若孔壁易坍塌,必须在泥浆中灌注混凝土时,建议采用砂浆置换钻渣清孔法,清孔后的泥浆含砂率不大于4%。其他泥浆性能指标同摩擦桩要求。对于沉淀土厚度的测量,用冲击、冲抓锤时,沉淀土厚度从锥头或抓锥底部所到达的孔底平面算起。沉淀土厚度测量方法可在清孔后用取样盒(开口铁盒)吊到孔底,待到灌注混凝土前取出,直接测量沉淀在盒内的沉渣厚度。

(四)钢筋笼制作与吊装

钢筋笼的制作应符合设计和规范要求,长桩骨架宜分段制作,分段长度应根据吊装条件确定;后场制作时应在固定胎架上进行,以保证钢筋笼的顺直;注意在钢筋笼外侧设置控制保护层厚度的垫块;钢筋笼起吊入孔一般用吊机,无吊机时,可采用钻机钻架、灌注塔架。

(五) 灌注混凝土

1.灌注普通混凝土

在土中形成一定直径的井孔,达到设计标高后,将钢筋骨架(笼)吊入井孔中,灌注混凝土形成桩基础。每根灌注桩应留取混凝土抗压强度试件不少于2组。同时应以钻取芯样法或超声波法、机械阻抗法、水电效应法等无破损检测法对桩的匀质性进行检测。检测应符合下列规定:其一,宜对各墩台有代表性的桩用无破损法进行检测,重要工程或重要部位的桩宜逐根检测。其二,对质量有怀疑的桩及因灌注故障处理过的桩,均应进行检测。

2.灌注水下混凝土

灌注水下混凝土时配备的搅拌机等设备,应能满足桩孔在规定时间内灌注完毕。灌注时间不得长于首批混凝土初凝时间。若估计灌注时间长于首批混凝土初凝时间,则应掺入缓凝剂。

水下混凝土一般用钢导管灌注,导管内径为200~350mm,视桩径大小而定。导管使用前应进行水密承压和接头抗拉试验,严禁用压气试压。

混凝土拌和物运至灌注地点时,应检查其均匀性和坍落度等,如不符合要求,应进行第二次拌和,二次拌和后仍不符合要求时,不得使用。

首批灌注混凝土的数量应能满足导管首次埋置深度和填充导管底部的需要。首批混凝土拌和物下落后,混凝土应连续灌注。

在灌注过程中,导管的埋置深度宜控制在2~6m,在灌注过程中,应经常测探井孔内混凝土面的位置,及时地调整导管埋深。

为防止钢筋骨架上浮,当灌注的混凝土顶面距钢筋骨架底部1m左右时,应降低混凝土的灌注速度。当混凝土拌和物上升到骨架底口4m以上时,提升导管,使其底口高于骨架底部2m以上,即可恢复正常灌注速度。

在灌注过程中,特别是潮汐地区和有承压水地区,应注意保持孔内水头。

在灌注过程中,应将孔内溢出的水或泥浆引流至适当地点处理,不得随意排放,污染环境及河流。

灌注中发生故障时,应查明原因,确定合理处理方案,及时处理。

混凝土应连续灌注直至灌注到设计的混凝土顶面,以保证截切面以下的全部混凝土质量优良。

第三节 沉井施工技术

一、施工方法

沉井法施工就是在墩台位置上，按照基础的外形尺寸，用钢筋混凝土或混凝土预先制成一段井筒，然后在井筒内挖土，随着挖土，井筒借助于自重逐渐下沉，沉完一段，接筑一段，一直下沉到设计高程为止。

若为陆地基础，它在地表建造，由取土井排土以减少刃脚土的阻力，一般借自重下沉；若为水中基础，可用筑岛法或浮运法建造。筑在下沉过程中，如侧摩阻力过大，可采用高压射水法、泥浆套法或空气幕等加速下沉。

泥浆套法是把拌制好的泥浆，用高压泥浆泵（压力150～500kN/cm²），通过预埋在井壁中的压浆管，直送井筒下部，喷向井壁外部，在井壁外周形成一圈厚度为10～20mm的泥浆润滑套，使沉井下沉得又快又稳。

空气幕法则是向预埋在井壁四周的气管中压入高压气流，气流由喷气孔喷出壁外，沿沉井外壁上升，在井壁外周形成一圈压气层（亦称空气幕），使周围的土松动或激化，减少摩擦力，促使沉井顺利下沉。

当水很深，筑岛困难时，一般采用浮运法下沉沉井。钢丝网水泥双壁浮运沉井的井筒由内外两层井壁组成，用横隔板相连，同时又将井筒分隔成多个空格。通过对不同空孔的灌注，可以调节井筒的下沉。井壁用钢筋网和铁丝网组成壁体，抹以强度等级不低于M40的水泥砂浆，使之充满网眼，并具有1～3cm的保护层，就形成了井筒的两壁。

浮运沉井可以在岸上制造而滑入水中，也可在驳船上制造，而由驳船载运就位、吊放入水。

沉井下沉到达基底设计高程后，把井底清理干净，灌注一层封底混凝土，然后用混凝土或砂石填实井筒（也有留成空心的），再在筒顶灌注混凝土盖板，桥梁墩身和台身就是建立在盖板上的。

二、排除障碍

（一）施工过程中遇孤石

可采取潜水员水下排除、爆破等方法。在水下爆破时，每次总药量不应超过 0.2 kg 炸药当量。井内无水时，通过计算后，可适当加大药量。

（二）施工过程中遇铁件

可采取水下切割排除。

（三）施工前已经查明在沉井通过的地层中夹有胶结硬层

可采取钻孔投放炸药爆破的办法预先破碎硬层。

三、清底、封底及浇筑

不排水清底：（1）沉井下沉至设计高程后基底面地质满足设计要求，如有不符须进行处理时，其方法征得设计单位同意，必要时取样检查。（2）基底土面或岩面尽量整平。基底面距隔墙底面的高度和刃脚斜面露出的高度，满足设计规定的最小高度。（3）基底浮泥或岩面残存物（风化岩碎块、卵石、砂等）均应清除，封底混凝土与基底间不得产生有害夹层。清理后的有效面积（沉井底面积扣除在刃脚斜面下一定宽度内不可能完全清除干净的面积）不得小于设计要求。（4）隔墙底部及封底混凝土高度范围内井壁上的泥污应清除。

沉井在封底混凝土强度满足受力要求后方可抽水浇筑填充混凝土。

四、沉井质量通病以及对策

（一）基坑开挖

1.基坑底原状土未处理好

（1）现象

沉井制作时发生严重倾斜及大幅度沉降。

（2）原因分析

事先未掌握现场地层情况，基坑内暗浜或回填的松软土层没有挖除换填或者基坑底下杂土中障碍物未探明，施工时又不按技术要求进行地基处理。

（3）治理方法

对已发生严重倾斜的沉井可在高位处井底局部挖除砂垫层使井位纠正。

2.砂垫层密实度不均匀或不密实

（1）现象

沉井制作时沉降过大或明显倾斜。

（2）原因分析

基坑砂垫层承载力很差或明显不均匀，砂垫层施工未按分层摊铺振实的技术要求施工。

（3）预防措施

砂垫层施工必须按技术要求分层摊铺（每层松铺砂厚20～25cm），分层振实（密实度要求中砂的干重力密度为16KN/m³，粗砂为17KN/m³）

（4）治理方法

沉井倾斜较大的可在井身高位处挖出局部砂垫层加以纠偏。

3.基坑排水未做好

（1）现象

基坑砂垫层被水淹没。

（2）原因分析

对基坑内地下水或下雨等流入的地面水未及时排除。

（3）预防措施

施工前要准备排水设备和做好集水井等设施，并要采取拦截措施，不使地面水流入基坑。

（4）治理方法

增补基坑地表和基坑内的排水技术措施。

（二）沉井制作

1.外壁粗糙、鼓胀

（1）现象

沉井浇筑混凝土脱模后，外壁表面粗糙、不光滑，尺寸不准，出现鼓胀，增大与土的摩阻力，影响顺利下沉。

（2）原因分析

模板不平整，表面粗糙或粘有水泥砂浆等杂物未清理干净，脱模时，混凝土表层被粘脱落；采用木模板，浇筑混凝土前未浇水湿润或湿润不够，混凝土水分被吸去，致使混凝土失水过多，疏松脱落形成粗糙面；采用钢模板支模，未刷或局部漏刷隔离剂，拆模时，表皮被钢模板黏结脱落；模板接缝、拼缝不严密，使混凝土中水泥浆流失，而使表面粗或混凝土振捣不密实，部分气泡留在模板表面，混凝土形成粗糙；筒壁模板局部支撑不牢，或支撑刚度差，或支撑在松软土地基上；浇筑混凝土时模板受振，或地基浸水下沉，造成局部模板松开外壁鼓胀；混凝土未分层浇筑，振捣不实，漏振或下料过厚，振捣过度，而造成模板变形，筒壁表面出现蜂窝、麻面或鼓胀。

（3）预防措施

模板应经平整，板面应清理干净，不得粘有干硬水泥砂浆等杂物；木模板在浇筑混凝土前，应充分浇水湿润，清洗干净；钢模脱模剂要涂刷均匀，不少于两遍，不得漏刷；模板接缝、拼缝要严密，如有缝隙，应用油毡条、塑料条、纤维板或刮腻子堵严，防止漏浆；模板必须支撑牢固，支撑应有足够的刚度；如支撑在软土地基上应经加固，并有排水措施，防止浸泡；混凝土应分层均匀浇筑，严防下料过厚及漏振、过振，每层混凝土均应振捣到气泡排除为止。

（4）治理方法

井筒外壁粗糙、鼓胀主要是增大了下沉摩阻力，影响下沉，应加以修整。即将粗糙部位用清水刷洗，充分湿润后，用素水泥浆或1∶3水泥砂浆抹光。鼓胀部分应将凸出部分凿去、洗净，湿润后亦用素水泥浆或1∶3水泥砂浆抹光处理。

2.井筒裂缝

（1）现象

井筒制作完毕，在沉井壁上出现纵向或水平裂缝，有的出现在隔墙上或预留孔的四角。

（2）原因分析

沉井支设在软硬不均的土层上，未进行加固处理，井筒浇筑混凝土后，地基出现不均匀沉降造成井筒裂缝；沉井支设垫木（垫架）位置不当，或间距过大，使沉井早期出现过大弯曲应力而造成裂缝；拆模时垫木（垫架）未按对称均匀拆除，或拆除过早，强度不够，使沉井局部产生过大拉应力，而导致出现纵向裂缝；沉井筒壁与内隔墙荷载相差悬殊，沉陷不均，产生了较大的附加弯矩和剪应力造成裂缝；而洞口处截面削弱，强度较低，应力集中，常导致洞口两侧产生裂缝；矩形沉井外壁较厚，刚度较大，而内隔墙相对较薄、较弱，因温度收缩，内隔墙被外壁约束而出现温度收缩裂缝。

（3）预防措施

遇软硬不均的地基应进行砂垫层或垫褥处理，使其受力均匀，荷载应在地基允许承载力范围以内；沉井刃脚处支设垫木（垫架）位置应适当，并使地基受力均匀。垫木（垫架）间距应通过计算确定，应使支点和跨中发生的拉应力彼此相等，并应验算沉井壁在垂直均布荷载作用下的弯矩、剪力、扭矩（对圆形沉井），使其不超过沉井壁的垂直抗拉强度，拆除垫架，大型沉井应达到设计强度的100%。小型沉井达到70%；拆除刃脚垫木（垫架）应分区、分组、依次、对称、同步进行，先抽除一般垫木（垫架），后拆除定位垫架；沉井筒壁与内隔墙支模应使作用于地基的荷载基本均匀；对沉井孔洞薄弱部位，应在四角增设斜向附加钢筋加强。

（4）治理方法

对表面裂缝，可采用涂两遍环氧胶泥或再加贴环氧玻璃布，以及抹、喷水泥砂浆等方法进行处理；对缝宽大于0.1mm的深进或贯穿性裂缝，应根据裂缝可灌程度采用灌水泥浆或化学浆液（环氧或甲凝浆液）的方法，或者采用灌浆与表面封闭相结合的方法进行修补。缝宽小于0.1mm的裂缝，可不处理或只进行表面处理即可。

第四节　承台和系梁的施工技术

一、承台施工

（一）围堰及开挖方式的选择

当承台处于干处时，一般直接采用明挖基坑，并根据基坑状况采取一定措施后，在其上安装模板，浇筑承台混凝土。

当承台位于水中时，一般先设围堰（钢板桩围堰或吊箱围堰）将群桩围在堰内，然后在堰内河底灌注水下混凝土封底，凝结后，将水抽干，使各桩处于干处，再安装承台模板，在干处灌注承台混凝土。

对于承台底位于河床以上的水中，采用有底吊箱或其他方法在水中将承台模板支撑和固定，如利用桩基，或临时支撑。承台模板安装完毕后抽水、堵漏，即可在干处灌注承台混凝土。

承台模板支承方式的选择应根据水深、承台的类型、现有的条件等因素综合考虑。

（二）承台底的处理

1. 低桩承台

当承台底层土质有足够的承载力，又无地下水或能排干水时，可按天然地基上修筑基础的施工方法进行施工。当承台底层土质为松软土，且能排干水施工时，可挖除松软土，换填10~30cm厚的沙砾土垫层，使其符合基底的设计标高并整平，即立模灌注承台混凝土。

2. 高桩承台

当承台底以下河床为松软土时，可在板桩围堰内填入沙砾至承台底面标高。填砂时视情况而定，可抽干水填入或静水填入，要求能承受灌注封底混凝土的质量。

（三）模板及钢筋

模板一般采用组合钢模，纵、横楞木采用型钢，在施工前必须进行详细的模板设计，以保证模板有足够的强度、刚度和稳定性，能可靠的承受施工过程中可能产生的各项荷载，保证结构各部形状、尺寸的准确。模板要求平整，接缝严密，拆装容易，操作方便。一般先拼成若干大块，再由吊车或浮吊（水中）安装就位，支撑牢固。

钢筋的制作严格按技术规范及设计图纸的要求进行，墩身的预埋钢筋位置要准确、牢固。

（四）混凝土的浇筑

混凝土的配制除满足技术规范及设计图纸的要求外，还要满足施工的要求，如泵送对坍落度的要求。为改善混凝土的性能，根据具体情况掺加合适的混凝土外加剂，如减水剂、缓凝剂、防冻剂等。

混凝土采用拌和站集中拌和，混凝土罐车通过便桥或船只运输到浇筑位置，采用流槽、漏斗或泵车浇筑。也可由混凝土地泵直接在岸上泵入。

混凝土浇筑时要分层，分层厚度要根据振捣器的功率确定，满足技术规范的要求。

（五）混凝土养护和拆模

混凝土浇筑后要适时进行养护，尤其是体积较大、气温较高时要注意，防止混凝土开裂。混凝土强度达到拆模要求后再进行拆模。

二、系梁施工

（一）施工工艺流程

测量放样→铺设底模→钢筋安装→模板安装→混凝土浇筑→养护→模板拆除。

（二）具体施工工艺方法

1.铺设底模

按墩身系梁位置进行底模铺设。

2.钢筋安装

钢筋在加工场地预制成型，运至施工现场，采用常规方法进行焊接、安装。

在进行主筋（水平筋）接头时，将预埋筋按单面焊的搭接长度进行搭接，并满足同一搭接长度区段内接头错开500％，焊接标准执行施工规范的要求。安装时应注意预埋盖梁预埋钢筋。

3.模板安装

模板找正采用经纬仪跟踪测量，水平仪测量顶面高程的方法控制，模板支立前涂刷优质脱模剂，以保证混凝土外观质量及拆模便利。

4.混凝土浇筑

系梁混凝土采用集中搅拌站拌和，人工手持振捣棒分层浇筑振捣，塑料布覆盖洒水保湿养护的方法施工。

5.拆模

待混凝土强度达到设计规定强度再行拆模，采用人工配合吊车拆模。拆模时应注意不能损坏台体混凝土。

四、承台和系梁质量通病以及对策

（一）现浇混凝土结构的模板

1.基础模板缺陷

（1）现象

桥台的基础及桥墩的承台（水中墩除外）一般采用开挖基坑后浇筑垫层混凝土，然后在垫层上安装侧模。常发生沿基础的通长方向不顺直，顶面不平整，模板不垂直，模板底部走动，模板拼缝过大，接头不平整，模板表面不光洁等现象。

（2）原因分析

长度方向未拉直线进行校正；模板安装时，挂线垂直度有偏差；模板上口内侧未采取定尺支撑；模板直接支撑在基坑土壁上，无坚固的后靠力；模板平整度偏差较大，模板表面残渣未清理干净；模板设计不合理，刚度不够；未设置对拉螺栓；模板未涂脱模剂或者脱模剂选用不好等。

（3）防治措施

垫层混凝土的标高及平整度必须符合要求；模板应予设计，并有足够的强度和刚度；支撑应该满足强度和刚度的要求，不得直接支撑在土壁上，避免虚撑现象；模板在组装前应清理干净，并涂刷脱模剂，模板拼缝应该符合质量要求。

2.承台吊模缺陷

（1）现象

高桩承台由于在水中或虽在陆上但离原地面有一段距离，搭支撑架不经济，就采用吊模的办法，常发生吊杆松弛、底模下沉的现象。

（2）原因分析

模板设计的安全系数不够，支承系统不能承受承台混凝土和施工作业的全部重量，产生过量的挠度，甚至模板格栅断裂；底模搁栅未采用纵、横两道与基桩夹紧；吊杆紧固不够或强度不足。

（3）防治措施

合理的模板设计是确保模板安全使用的关键；吊杆宜与基桩主筋焊接，并确保焊接质量；吊杆的直径与根数应经过计算。

（二）立柱模板缺陷

1.现象

（1）模板走动造成立柱面变形、鼓出、尺寸不准、漏浆、混凝土不密实或出现蜂窝麻面。（2）柱模纵、横拼缝不密贴，造成漏浆，棱角不挺直，错缝明显，柱面不平。（3）柱身偏斜，上下不垂直，一排立柱不在同一条轴线上。（4）矩形立柱柱身扭曲，圆柱柱身失圆。（5）柱根部漏浆严重。

2.原因分析

（1）模板设计对混凝土的侧压力考虑不足，对立柱模的柱箍间距设置太大，采用的柱箍材料本身刚度不够，拼接螺栓偏小。（2）配置模板的精度不够，板缝不严密。（3）成排的立柱未按基准轴线定位，柱身上下未按轴线进行垂直校正或由于柱身支撑设置不够，造成柱身偏斜；或由于立柱钢筋本身偏移未经校正，就进行立柱套模。（4）柱模使用中，防护不当，造成柱模变形，使用后对模板表面的残渣未清理干净，拆模过早，拆模时任意敲拆，造成柱身棱角破损缺角。（5）柱模安装时，基底不平，未采取嵌缝找平措施。

3.防治措施

（1）成排立柱在模板安装前，应事先定出立柱的纵横轴线，在立柱模板上同时定出模板的纵横中线，安装时模板纵横中线对正定出的纵横轴线，并用垂线校正柱模的垂直度。（2）柱模安装前必须先找平基座，纠正立柱钢筋位置，当钢筋位置正确后方可安装模板。（3）根据立柱断面的大小及高度，计算按混凝土的侧压力，配置适当的柱箍及连接螺栓，防止跑模、鼓模。（4）立柱模板定位无误后，底部应支撑牢固，不得松动，可在基础浇筑时设置支撑用的预埋件（钢筋或者角钢等）以作支撑、在四角设置牢固的斜撑，以保证立柱位置的正确和稳固。（5）立柱模板不论是采用木模还是定型模板，拼缝都应平直、严密，板面应光滑平整，在拼缝处应采取嵌缝措施，确保不漏浆。（6）柱模在使用过程中，应保养、维修，拆模时应按顺序进行，严禁敲打拆模，防止损坏柱身棱角。拆模后应随时清除模板表面的残渣，并涂防护剂。如发现有变形、损坏应随即整修。

4.支架现浇梁模板缺陷

（1）现象

支架变形，梁底不平，梁底下挠，梁侧模走动，拼缝漏浆，接缝错位，梁的线形不顺直，混凝土表面粗糙，封头板不垂直，箱梁内倒角陷入混凝土内。箱梁腹板与翼

第十一章 桥梁基础施工技术

缘板接缝不整齐

（2）原因分析

支架设置在不稳定的地基上；除由于支架的不均匀沉降外，梁底模铺设不平整、不密实、底模与方木铺设不密明，梁底模板抛高值控制不当；梁侧模的纵横围檩刚度不够，未按侧模的查力状况布置合理的对拉螺栓；模板配置不当，模板接缝不严密，缝隙嵌缝处理不当。

（3）防治措施

支架应设置在经过处理的具有足够强度的地基上，地基表面应平整，支架材料应有足够的刚度和强度，支架立杆下宜加垫槽钢或钢板，以增加立柱与地基的接触面、支架的布置应根据荷载状况进行设计，以保证混凝土浇筑后支架不下沉；支架搭设应按荷载情况，根据支架搭设的技术规程进行合理布置；在支架上铺设梁底模要与支架上的梁或者方木密贴，底模要与方木垫实，在底模铺设时要考虑抛高值，抛高值宜通过等荷载试验取得；梁侧模的纵横围檩要根据混凝土的侧压力进行合理的布置，并根据结构状况布置对拉螺栓。

（三）预制构件模板

1.梁外模板缺陷

（1）现象

梁身沿纵向不平直，梁底不平整有露筋，梁两侧模板拆除以后发现侧面有水平裂缝，掉角，表面气泡粗糙。

（2）原因分析

模板纵向不顺直；梁底板垃圾没有清除；模板自身质量较差，混凝土浇筑后变形较大；底模未设置拱度。

（3）防治措施

梁的侧模板与底模板之间宜采用帮包底形式；侧模刚度要进行验算，尽量采用刚度较大的截面形式；梁的外模宜采用钢模板；模板使用完毕，应进行养护和维修，确保使用时模板光洁完好；在支架上现浇的梁，支架必须安装在坚实的地基上，并应有足够的支撑面积，以保证不下沉并应有排水设施；后张法预应力混凝土梁的底模应设置在台座上，同时考虑到张拉时两端的集中反力，两端的地基必须做加固处理，以满足需要。

2.梁内模上浮

（1）现象

在浇筑腹板混凝土时，梁内模开始上浮，使梁顶板混凝土变薄；在浇筑顶板混凝土时，梁内模开始上浮，造成梁顶面抬高并有龟裂性裂缝。

（2）原因分析

内模定位固定措施不力。

（3）防治措施

橡胶气囊内模，应设置固定钢筋并与梁主筋焊接；空心木模内模应与顶板对拉进行支撑。

结束语

公路桥梁工程建设过程中，施工遵循设计，设计源于实际。先进的技术与合理经济的设计是保证施工顺利进行的前提条件，优化公路桥梁的施工技术与设计是工程质量得以保障的根本。工程的设计应该考虑到方方面面，比如公路桥梁工程的质量、实用性、先进性，等等。设计应该做到既方便施工，又能在不增加工期和经济负担的前提下保证工程的顺利完成。施工应该从提高公路桥梁工程的质量，节约成本、缩短工期等方面进行。设计与施工是公路桥梁工程得以顺利完成的关键环节，只要能够保证设计的科学合理性，保证施工能有条不紊地进行，公路桥梁建设将会发展得越来越好。

参考文献

[1]冯明硕,薛辉,赵杰.公路桥梁工程施工技术[M].延吉：延边大学出版社,2017.12.

[2]黄关平.常规公路桥梁典型病害分析与养护对策[M].杭州：浙江大学出版社,2017.07.

[3]韩作新,陈发明.公路桥梁涵洞工程施工作业指导书[M].成都：电子科技大学出版社,2017.11.

[4]叶伟站,张兴周,丁国强.公路桥梁与土木工程[M].天津：天津科学技术出版社,2017.08.

[5]许英杰.公路桥梁施工技术[M].天津：天津科学技术出版社,2017.06.

[6]张凤枝,庞红伟,郝晓宇.公路桥梁与水利工程[M].北京：北京工业大学出版社,2017.05.

[7]韩少云,陈赣闽,韩卫娜.公路桥梁设计与施工技术[M].延吉：延边大学出版社,2017.05.

[8]李岩涛.公路桥梁与施工管理[M].沈阳：沈阳出版社,2018.09.

[9]晁海龙.公路桥梁与维修养护[M].天津：天津科学技术出版社,2018.02.

[10]关凤林,薛峰,黄啓富.公路桥梁与隧道工程[M].长春：吉林科学技术出版社,2019.05.

[11]张少华.公路桥梁工程与项目管理[M].北京：北京理工大学出版社,2019.05.

[12]潘永祥.公路桥梁与改扩建新技术[M].昆明：云南大学出版社,2019.

[13]丁雪英,陈强,白炳发.公路桥梁建设与工程项目管理[M].长春：吉林科学技术出版社,2019.05.

[14]杨斌,马跃明,汪遫.公路高架桥梁与长隧道施工及研究[M].北京：文化发展出版社,2019.06.

[15]于保华.北京高速公路巡检养护手册桥梁隧道[M].南京：东南大学出版社，2019.12.

[16]裴畅茂.公路桥梁养护与维修[M].北京：人民交通出版社，2019.01.

[17]刘相龙，高文彬.公路桥梁施工组织与养护管理[M].北京：中国原子能出版社，2020.05.

[18]张国祥，陈金云，张好霞.公路与桥梁施工技术及管理研究[M].北京：文化发展出版社，2020.07.

[19]刘勇，郑鹏，王庆.水利工程与公路桥梁施工管理[M].长春：吉林科学技术出版社，2020.09.

[20]杨飞.公路桥梁施工与隧道工程[M].天津：天津科学技术出版社，2020.07.

[21]戴安婵，肖智安，张琴光.高速公路桥梁工程与项目管理[M].长春：吉林科学技术出版社，2020.09.

[22]孙永军，林学礼，曲明.公路桥梁工程与施工管理[M].长春：吉林科学技术出版社有限责任公司，2021.07.

[23]李燕鹰，张爱梅，钱晓明.公路桥梁工程施工与养护技术[M].长春：吉林科学技术出版社有限责任公司，2021.07.

[24]冯少杰，高辉，孙成银.公路桥梁隧道施工与工程管理[M].长春：吉林科学技术出版社有限责任公司，2021.07.

[25]应江虹，苏龙.公路桥梁技术状况检测与评定[M].北京：北京理工大学出版社，2021.04.

[26]胡栾乔，聂丽群，吴耀南.公路桥梁工程施工与管理研究[M].北京：中国华侨出版社，2021.11.